教育部人文社科研究项目“以‘UDS合作实践共同体’为孵化器，
促进教育学知识创生与实践转化的行动研究”（项目批准号：11YJA880134）成果

学校改进叙事丛书/ 主编/杨朝晖

在“和”文化中生发超越的力量

—— 北京市羊坊店中心小学的奥林匹克教育之路

李冬菊 等◎著

编 委 会

序　言

这套丛书是首都师范大学首都基础教育发展研究院依托与北京市、西城区、海淀区教委合作开展的“UDS项目”①，致力于促进现代学校改进与自主发展的实践成果。

在实践中，项目立足校本，倡导学校自主发展。他们从学校领导团队整体发展入手，自上而下启动变革；从学校发展计划入手，优化学校整体运行结构和发展过程；通过行动研究和“三微行动”(微改进、微研究与微创新)促进学校日常文化变革。在此过程中，大学项目团队以沉浸式校本支持的方式，融入学校，日常跟进，伴飞引领。同时，充分发挥UDS的合作优势，催生变革，实现了学校日常文化静悄悄的革命以及UDS合作实践共同体的共同发展。

纵观这一成果，我觉得有以下几个突出的特点。

第一，探索聚焦学校的日常文化变革和自主发展，具有前瞻性和深刻性。

长期以来，中国的基础教育改革总是停留在课程的加加减减、教材的修修改改以及教学技术的提升和模式的建构上，而该成果抓住日常生活转

---

① 编者注：从2010年开始，首都师范大学依托与西城区和海淀区合作开展的“UDS合作学校发展共同体建设”项目、与北京市教委合作开展的“基于UDS合作的学校自主发展行动计划”项目以及“基于UDS合作的学校自主发展与效能提升”项目，对现代学校改进与自主发展的变革之路进行了持续的探索。UDS代表三方构成的合作实践共同体。其中的U是指大学(University)；D指地区(District)，特指地方行政部门；S指学校(School)。为了方便，人们习惯将这些以UDS合作实践共同体为依托的项目统称为“UDS项目”。

型——对学校日常生活进行批判与重建，鲜明地提出“改进在日常”的学校理念，通过以“质疑、对话、反思”为特征的反思性学研文化的建立，聚焦习以为常，关注熟视无睹，重构与优化学校师生日常生活空间和生活方式，从而将中国现代化所期待的文化转型任务落到了实处。因此，这一探索是非常具有前瞻性和深刻性的。

第二，这是一个非常务实的探索，成果具有可推广性。

这种务实不仅体现在“尊重规律，回归本真”指导思想上，更体现在“改进在日常”的操作性和适切性上——校校可以改进，人人可以改进，处处可以改进，时时可以改进。这不仅激发了教育工作者不断审视自我，寻求改变的向善愿望，更唤醒了每一个教育工作者自身的主体意识，激发了每一个行动主体的创新潜能和内在的行动力，实现在学校教育各个空间的微改进、微创新，从而为学生造就新的文化成长环境。因此，这一成果具有很强的可推广性，适合于所有学校的自我变革。

第三，探索符合时代发展的要求，体现了教育改革发展的方向。

新课程改革自实施以来，非常强调和重视学校的主体地位和主体能动性的发挥。在十八大的文件中，也明确提出了教育要进行整体综合改革，强调开展学校治理与协同创新。而该成果以整体、有机、复杂的思维方式，以UDS合作实践共同体为依托，从行政文化变革入手，聚焦于学校领导团队的整体建设，充分依靠组织的结构和系统，自上而下启动变革。通过“制定、执行、总结”三个环节的优化与创新，促使学校建立起自主发展的闭环机制，帮助学校形成从宏观到微观、从整体到局部的各个大小齿轮持续自主发展和运作的良好机制，从而很好地实现了发展的迭代螺旋式上升。这一发展经验符合当前学校治理中通过结构优化功能的思想，对学校进行深层的文化变革，体现了“深综改”的理念。

第四，促进了合作文化的新发展以及教育协同合作机制的新发展。

该成果在US合作的基础上，结合我国特有的国情，生成了新型的UDS合作文化与机制。S从被动的执行者、实践者，转化拓展为主动的发展者、行动研究的探索者；U从旁观的研究者、指导者，转化拓展为学校教育实践的介入者、支持者和行动研究者；D从项目的委托者、监督者、保障者，转化拓展为实践共同体的参与者、研究者和传播者，实现了US合作文化的新发展。

这种合作共赢的结果在今天的中国教育界是非常难能可贵的，尤其是它实现了地方行政角色的拓展与改变，这样的实践成果也是不多见的。

第五，探索出了大学与中小学、教育理论与实践双向建构与创新发展的新路径。

从知识论的视角，该成果提出“以‘UDS 合作实践共同体’为孵化器，促进教育学知识创生、转化与传播”的观点并付诸实践。这从一定程度上弥补了传统的“研究—开发—普及”的知识生产模式的局限，建构了促进知识创生与实践转化的新机制，实现了对教育理论与实践的双向建构与创新，为繁荣我国的教育学发展，构建有生命力的教育学做出了贡献。

总之，这是一项非常好的实践研究成果，有很多可圈可点之处，值得大力推广与践行。

我也祝愿 UDS 合作事业在新的教育改革背景下有更大的发展和更多的创新！

国家教育咨询委员会委员

联合国教科文组织协会世界联合会副主席

2016 年，立春

主编序

致力于改变，改变静悄悄

——探索现代学校改进与自主发展的变革之路

一、变革如此之艰

正如香港学者郑燕祥所言，“这是一个激变的世代，个人求发展社会求进步，浩浩荡荡成了世界的潮流，差不多每样事物都在变化之中，教育的转变也在所难免”。[①] 的确，面对如此变化的世界，教育必须做出应对与改变。当前，我国的基础教育课程改革已经进入第八轮。然而，不管怎样改革，其背后都在围绕“教育应该培养什么样的人”——这一个核心问题展开。培养能够适应现代社会发展需求的一代“新人”成为时代对教育的呼唤与要求。

其实，早在五四时期，梁启超就提出了塑造“新民”的理想，他希望国民应具有自治、自尊、自信、自强、自立、进取、冒险、坚毅、尚武等西方现代精神。陈独秀也敬告“青年”，要成为自主而非奴隶的，进步而非保守的，进取而非退隐的……“新青年”。然而，一个世纪过去了，我们国家早已进入到现代化发展阶段，但是培养“现代新人”的文化使命还远远没有完成，教育改革的任务依然艰巨，国家基础教育课程改革至今还跋涉在“深水区”[②]中。

叶澜教授曾这样来描述基础教育改革之艰难。她说，已有的教学理论传统之长，深入实践主根之深，形成的硬壳之坚，传习的可接受性之强，都使今日教学改革面临着强劲的真实“对手”。教学改革要改变的不仅是传统的教学理论，还要改变千百万教师的观念，改变他们每天都在进行着的、习以为

---

① 郑燕祥．教育范式转变：效能保证[M]．上海：上海教育出版社，2006.

② 人民教育出版社和中国教育学会于 2013 年 10 月 18～19 日在上海举办的“第三届基础教育课程改革与发展论坛”，其主题为“深水区：基础教育课程改革必经之地”。

常的教学行为，这几乎等于要改变教师习惯了的生活方式，其艰巨性就不言而喻了。①

二、聚焦日常生活变革

的确，我们在改革中遇到的真正难题和挑战，不是课程的加加减减、教材的修修改改，而是我们习以为常的日常生活方式，是来自教育者自身文化的阻碍。早有学者对我们的日常生活进行了研究与批判。他们认为，所谓日常生活是我们须臾不可分离的活动世界。它往往是一个凭借重复性实践和重复性思维而运行，以传统习俗、经验、常识等经验主义因素为基本图式，以生存本能、血缘关系、天然情感等自然主义因素为立根基础的自在的和未分化的领域。② 也许初看起来，日常生活有着微不足道的卑微外观，这也正是人们经常轻视它的原因。然而，日常生活通过家庭、教育、社会示范、模仿类比等方式，自发地渗透到一代又一代日常生活的主体之中，成为直接左右人的活动的“生活的样法”，即自在的文化因素。于是，日常生活的自在性、自发性与传统文化的惰性、保守性达到了契合。重复性和自在性的日常生活为具有稳固性和惰性的传统文化因素提供了根基和寓所，而传统文化的稳定性和保守性反过来进一步加强了日常生活的重复性和自在性。③

因此，有的学者认为，日常生活的转型是现代现象最直观、最具特色的形态表现，也是文化的内在动力机制。中国现代化所期待的文化转型任务如要落到实处，就应当对日常生活进行批判与重建。

由此看来，如果我们不能对日常生活加以批判和突破，教育的变革只会停留于表层，而不能引发文化的真正变革。

既然日常生活变革是教育的真正变革，那么，我们能否对学校的日常文化加以改变？怎样加以改变呢？

有人说：学校日常文化是流淌在指尖却抓不到挥不去的东西；是萦绕在心头却说不清道不明的东西；是走在校园内，从空气中都能感受到却难以恰当指代的东西。那就是文化！有人说，学校日常文化是一条活动着情感、社

---

① 叶澜．让课堂焕发出生命活力——论中小学教学改革的深化[J]．教育研究，1997(09)．

② 李小娟．走向中国的日常生活批判[M]．北京：人民出版社，2005．

③ 衣俊卿．现代化与日常生活批判——人自身现代化的文化透视[M]．北京：人民出版社，2005．

会习俗和群体行为的河流，永远不断地在学校内部流淌着。亚太教育研究学会会长郑燕祥教授认为："每所学校都有自己的校园文化，因此，重要的不是有没有校园文化，而是有什么样的校园文化。正确的、开放的、前进的、迈向未来的校园文化，对学校的发展自然有积极的影响，没落的、悲观的、封闭的校园文化产生的影响，必然是消极的。"

从这些理解中，我们认为学校的日常文化具有以下一些特征。

第一，群体性与弥散性。学校日常文化首先是一种群体性行为，它含涉于学校一切日常的教育教学活动中，体现在制度规范、活动礼仪、行为方式、话语内容与方式以及校园的物化风格等方面。可以说，学校日常文化无处不在。

第二，积淀性与稳定性。学校日常文化不是与生俱来的，而是经过长期的历史积淀形成的，学校日常文化一旦形成就会体现为稳定的价值观念和习以为常的思维定式、生活方式。

第三，日常性与无意识性。由于学校日常文化已经成为人们习惯了的思维方式、生活方式，因此，它就会以一种司空见惯和习以为常的无意识方式存在于日常生活的每个角落。

第四，整体性与规定性。学校日常文化是以学校群体成员所共同认定的潜规则、潜假设和价值观念为核心的学校制度规范、活动礼仪、行为方式、话语内容与方式以及校园的物化风格等内容的集合体。因此，它以整体的方式存在着。其中，潜在的规则、假设和价值观念、思维方式对人们的日常行为起着制约作用，影响和规定着人们的外显的行为和表达。

第五，复合性与建构性。学校日常文化具有复杂形态。在一所学校中，既有积极文化，也有消极文化的存在。虽然学校日常文化具有稳定性，但也不是一成不变的，经常因某些事物的介入和影响，而呈现此消彼长、不断变化的现象。

通过对以上学校日常文化的理解，我们得出如下认识。

第一，学校日常文化是学校保守文化寄居的寓所和载体。要促进学校自主发展并向现代化学校迈进，就要促进学校自主、自觉地对日常生活进行批判与重建。

第二，学校日常文化以积极的和消极的多种方式存在着，我们有必要化消极为积极，对消极的、悲观的、封闭的文化产生干预，推动积极的、进步的、开放的文化向前发展，用文化的力量变革学校，用文化的力量孕育学校。

第三，学校日常文化是人的文化，是全体成员共同创造的，虽然它对生活于其间的人有制约作用，但是学校日常文化是其与人不断进行建构生成的，因而作为具有能动主体性的人可以对学校日常文化进行改造。

第四，由于学校日常文化附着在人们日常的行为、做事方式之中，以无声的方式存在，因此，学校日常文化的改变也需要从日常例行化的行为方式入手，进行润物无声式的改变。

第五，由于学校日常文化建设是一个极其缓慢的过程，需要持久的建设与培育，因此，学校日常文化建设不仅需要耐心与坚持，更需要有不断的、持续的措施跟进，只有这样，新的文化特质才能得以诞生、固化与沉淀。

第六，由于潜在规则、假设和价值观念制约着人们的日常行为，因此，我们必须要研究服务于学校中心任务和学生需要的那些潜在规则、假设和价值观念、思维方式，并通过建立反思性的学研文化来触及它们，才能使学校发生根本性的改变。

第七，由于学校日常文化是一个由内而外的复杂结构体系，它以整体的方式存在着，因此我们也需要内外结合，从整体入手，利用多种文化载体，通过由内而外、由外而内的持续互动，才能促进变革真正发生。

正是基于以上认识，从 2010 年开始，我们依托与西城区和海淀区合作开展的"UDS 合作学校发展共同体建设"项目、与北京市教委合作开展的"基于 UDS 合作的学校自主发展行动计划"项目以及"基于 UDS 合作的学校自主发展与效能提升"项目，对现代学校改进与自主发展的变革之路进行了持续的探索。UDS 代表三方构成的合作实践共同体。其中的 U 指大学(University)；D 指地区(District)，特指地方行政部门；S 指学校(School)。(本书将这些以 UDS 合作实践共同体为依托所开展的项目统称为"UDS 项目")

三、致力于改变

UDS 合作为我们创建了平等合作的互动关系，创建了在一起共同探索学校自主发展变革之路的平台和可能。在五年多的实践中，我们从以下几个方面进行了探索。

（一）立足校本，倡导自主

我们认为，学校是教育系统的基本组织单位，是一个自组织系统。每一所学校都是不一样的，每一所学校都有能力认识和改进自己的问题。因此，我们提出“以校为本，主体承责”，即充分尊重学校的主体地位，充分调动学校领导、教师、学生的主体积极性和责任意识，充分认识和尊重学校原有经验的价值与基础，帮助学校挖掘自身的发展潜力，依据自身的现实条件，解决自身的特有问题，实现学校的自主发展。

（二）自上而下，管理入手

不言而喻，学校领导者对于学校日常文化的形成起着重要的作用。不同的领导风格、管理方式会形成不同的学校氛围以及学校成员之间的相互关系。尤其是领导者团队秉承的教育信念、思维假定、教师观念、思维方式、工作习惯等，对学校的整体发展起着至关重要的作用，因此，我们首先从管理团队入手，自上而下启动变革，提出“成事、成人、成己”三位一体的干部领导团队发展目标。

所谓“成事”，是指提升干部作为学校组织运行环境营造者和执行者的工作效能，包括提升日常计划制订与执行的能力、活动策划与组织的能力、工作总结与反思的能力等，以优化日常的组织方式、工作流程、管理习惯等。

所谓“成人”，是指提升干部作为校本教师领导者身份角色意识的认知与能力，包括优化学校现有的提升教师的日常发展的途径与做法，如校本培养的规划与落实、参与式校本培训的策划与组织、以行动研究深化校本教研等。

所谓“成己”，是指在成就他人、成功工作的过程中，也实现自我的内在成长与工作价值感的获得。

对于这些发展目标，我们不仅仅是一般性的号召，而是通过每个学期干部领导团队的工作坊研修、沉浸式的校本支持、校长沙龙、联系工作会议、学校活动开放日、校园走访活动、专题评比等一系列的措施和路径来加以落实和跟进的，进而逐渐形成“在参与培训中引领，在差异参看中改进，在伴飞互动中成长，在校本支援中浸润，在持续跟进中突破，在自我反思中前行”的发展机制和效果。

（三）聚焦结构，优化过程

管理学结构理论认为，结构决定组织功能。因为学校组织结构规定了组织内部的职权和责任的界限，确定了学校中的信息沟通渠道和沟通方式，确立了各专业教师间的活动方式，确立了学校中的有效资源的分配，因而学校的日常运行结构会影响学校的效能和学校日常文化。

那么，怎样才能改进学校日常发展的运行结构呢？在此，我们借鉴了对过程进行改进的结构性方法——"休哈特循环"，即计划(plan)—行动(do)—检查(check)—改进(act)循环(PDCA 循环)，提出"学校因规划而长远，工作因计划而扎实，生活因策划而精彩"的理念，努力提升学校理性办学能力，建立发展的目标意识。通过"制定、执行、总结"三个环节的优化与创新，促使学校建立自主发展的闭环机制；通过"三划"能力建设，帮助学校形成从宏观到微观、从整体到局部的各个大小齿轮持续自主发展和运作的良好机制。

(四)笃行于微，改进日常

学校的日常生活存在于哪里？它存在于我们每天习以为常的日常时空和例行化的事物之中。为此，我们提出"改进在日常"。学校日常的作息、节奏、流程、节日、典礼、仪式、会议、班级、科组等都是我们进行学校日常文化变革的对象和作用空间。

在此过程中，我们依托一些小而实的载体和抓手，致力于"三微行动"(微改进、微研究与微创新)，以实现发展的迭代螺旋式上升，以重构与优化学校师生日常生活与发展的空间。

在此过程中，我们对领导者团队开展了"在相互参看中学习，在自我反思中成长""在行动研究中发展前行""再学行动研究""让工作因策划而精彩""今年我们这样做总结"等主题工作坊研修，开展了"让故事在校园流传"的教育叙事案例培训和评比，以试图通过上述手段来帮助干部"学会在熟视无睹中发现问题，学会在习以为常中反思定势，学会在彼此参看中系统思考，学会在言说表达中明晰自我，学会在交流碰撞中获取思路"。我们相信，"量的积累必然带来质的飞跃"。

(五)融入日常，伴飞引领

鸡蛋由外打破是死亡，由内打破是新生。真正的文化变革必须要建立在学校内部主体意识的觉醒与生命力的勃发之上。但是，由于我们所致力于改变的学校日常文化具有异常坚固的保守性和稳定性，学校内部成员对此常常处于熟视无睹之中，很难从内打破和改变，因此，学校就需要借助外力，撬动变革，引入"鲶鱼"，产生"鲶鱼效应"。

我们的实践证明，作为外部力量的介入者——大学人员和地方行政人员共同以合作的方式介入到学校发展的变革中，不仅是必要的，而且是有效的。

在介入学校实践变革的过程中，大学项目团队始终以智力、道德和情感三位一体的能量聚集，作为立身之本和推动变革的基本力量，坚守如下的工作理念："尊重主体，顺势而为""站在身后，不替代""做推手不做枪手""帮忙而不添乱"。

在这样的理念之下，我们首先全面沉浸了解已有文化，帮助学校找到变革的突破口。在项目启动初期，我们对学校开展了全面的文化诊断。项目所采取的沉浸式校本支持方式则显示出了特有的功能魅力。通过持续的深入现场观察和感受，我们了解和诊断出了影响学校发展的学校日常文化中存在的深层主要问题，并帮助学校制定出有针对性的发展策略。校本支持专家与学校开展的持续的"日常性互动研讨"以及穷追不舍的不断"追问式"互动，成为我们发挥外来专业人员"鲶鱼"角色，帮助学校人员破解原有的思维观念和思维方式的主要方式和手段。

(六)发挥合力，催生变革

在中国现有的文化与组织架构下，要撬动学校变革，必须多主体参与形成合力才能使变革卓有成效。为此，我们提出"UDS合作共同体"的发展理念。这种理念表达了一种"彼此平等，相互尊重，多元共生，互惠共赢"的文化追求。它表明，在UDS之间不是"指导—被指导"的关系，也不是"我和你"彼此相互分离的关系，而是同处于促进学校教育发展的"实践共同体"中的"我们在一起"的关系，是一种有机的伙伴关系。在这样一种关系中，大家彼此发挥着各自不同的作用。这是一种作为独立的主体进行相互理解、相互对话、相互影响的新型文化，是一种合作共生的"伙伴"文化。

在这样的文化中，我们努力实现着多元共发展：人与学校共发展、校长与中层团队共发展、项目团队与项目学校共发展、共同体学校共发展、项目辐射区域带动更多学校共发展。

四、这里的改变静悄悄

转眼，五年的时间过去，我们的项目在一轮又一轮的推进和实践中不断发展、成熟，我们的共同体也在"改进在日常"的文化变革中悄然改变。

三里河第三小学原来是一所区域内发展非常良好的学校，但因多种原因，出现了发展的高原期。几年来，学校在邢晓琰校长的带领下，提出“改变是为了更好”的发展理念，努力激发每个人的潜能，坚信每个人都能做最好的自己。他们从变革干部的行政会入手，依托“月工作总结表”的不断改进，提升干部的自主发展能力，并以此带动学校会议文化、制度文化、文本文化等诸多方面的变革，带领学校走上了一条“幸福”发展之路。

育翔小学胡晓峰校长紧紧抓住项目契机，借助项目专家团队的力量，整合了“行为更进”和“全元心育”两大优势，明确确定了将“以行为更进式策略，促进学校‘育心教育’办学特色的形成”作为“十二五”的学校发展方向。他们从“改变干部管理行为”入手，逐步建立了一种“调查研究—计划制订—方案解读—过程指导—及时评价—总结反馈”螺旋上升的行动研究机制，形成了在研究状态下工作的习惯和以“尊重、服务、高效”为核心的新的行政管理文化，培养出了具有“公心、责任心、奉献心”的“育心型”干部，进而为学校探索“育心教育”之路打下了坚实的基础。

北京教育学院附属海淀实验小学(原田村中心小学)，立足于学校各个主体作用的发挥，提出“教师站前排”“学生站前排”的发展理念，让日常工作都成为师生自主发展的空间。在此过程中，他们让教师参与学校办学理念的梳理，让教师接待上海校长团来访，让教师自己来决定新教师的聘任，让教师自己制定团队的榜样标准，让教师成为学校会议的主角……使得教师个个都成为学校发展的参与者、建设者，并由此带动了教师自主发展的自觉，学校逐渐呈现出“田有界，春无限”的美好景象，在有限的教育空间内创造了诸多令人惊讶的无限可能。

羊坊店中心小学沿着学校的历史脉络，创建了以“和谐、超越”为核心的奥林匹克教育理念体系，将奥林匹克教育纳入学校计划、校园文化、课程资源、学生活动、体育项目，探索出了将奥林匹克教育与学校文化相结合的管理模式、与课堂教学相结合的教学模式、与构建高素质人才队伍相结合的培养模式、与学校教育活动相结合的实践模式，走出了一条适合学生健康发展的“奥林匹克特色教育”发展之路。

“十一五”末，北京市海淀区万泉小学形成了“营造绿色教育生态，传递教育幸福”的办学理念，初步构建起了绿色教育生态建设的构架体系。进入“十二五”以后，学校深刻认识到，好的教育就是要把日常工作做好、做扎实，日常高水平才是好教育。于是，学校把项目所倡导的“改进在日常”理念作为促进学校绿色教育生态建设发展的重要指导思想，从“三划”(规划、计划、策划)能力入手，从自我反思做起，不断推进学校日常文化改进和教育创新，引领教师从个人生活“小幸福”走向职业“大幸福”，把学校办成了一所家长满意、学生幸福的绿色教育生态学校。

在进行项目总结时，项目学校的干部们说，我们的变化是微不足道的，但又是每时每刻都在发生的。西颐小学殷卫红校长说：“‘改进在日常’，这是我们最深切的体验——改变无处不在。改变会带来不适甚至阵痛，但是我们痛并快乐着!”

干部的改变，带来的是教师、学生日常生活的变化：开学典礼、国旗下的讲话，从传统的说教模式，变成了学生自己当家做主的生动课堂；家长会、教师大会，从被动听讲、接受训导，变成了主动参与、互动研讨的开放式会议；社会大课堂，从上车傻吃、下车傻玩到有策划、有组织、有研究、有体验的研究性课程；“六一”儿童节，从只是少数学生的表演舞台，变成了所有学生自己的欢乐“嘉年华”；毕业典礼，从草草收场的简单仪式变成了丰富多彩、情趣盎然的系列毕业季课程……

不仅 S 在发生变化，D 的角色作用也在发生着变化。过去，地方行政部门开展推进工作通常是行政指令性的，受 UDS 合作实践共同体理念的影响，他们也逐步转变了观念和习惯。在一次次的互动与合作中，他们实现了从委托者、保障者到参与者、研究者，从评价者、监督者到激励者、传播者的角色转变。①

作为 U 方的大学团队，我们自身的改变与发展也极其显著。在此过程中，大学项目团队逐渐形成了发展学校的“人本”“校本”理念，形成了以整体、复杂性思维开展学校建设的思想，形成了学校日常文化变革与特色发展，校长、干部团队建设与校本教师发展等诸多领域的学校改进经验，积累生成了“立足校本的校长专业发展”“中层干部团队建设”“学校自主发展的共同体建设”“行动研究”“学校发展规划、计划、策划、总结”“平稳度过一年级”“以教育叙事促进教师发展”等多项主题的实践性知识。

---

① 刘会民，韩晓峰. 教育行政部门在 UDS 合作共同体中的作用[J]. 北京教育：普教版，2015(07).

我们的实践成果还成为教育部人文社科项目“以‘UDS合作实践共同体’为孵化器，促进教育学知识创生与实践转化的行动研究”(项目批准号：11YJA880134)的实践研究成果。

五、绽放花开，传播种子

面对项目几年来所取得的成果，我们为之欣喜，为之激动！我们以我们的行动证明了学校日常文化是可以改变的。这种改变虽然是缓慢萌生、潜移默化的，但却是水到渠成、自然花开的。我们实现了静悄悄的革命。

为了更好地呈现项目的探索成果，传播项目的发展理念和学校的自主发展经验，我们决定出版“学校改进叙事”丛书。在编纂本丛书的过程中，我们力图突出以下特点。

第一，力图整体呈现每一所学校日常变革与自主发展的脉络与经验。

在每一本书中，我们不仅要让读者看到发展的成果，更要看到成果背后的故事。因为正是这些故事才是导致发展成果的真正原因，也是本丛书致力于传播的最有价值的发展经验。这些经验也许是某所学校生成的，但我们认为教育是相通的，发展是相通的。我们所呈现的每一本书，都是一所所学校自主发展的大案例。案例的传播方式不是强行的行政命令，而是读者深入其中的启发与共鸣。我们期待着我们的故事能对更多有志于学校自主发展和教育变革的同人有所启发与引起共鸣，以让我们的项目理念和成果能在更广博的教育大地上传播和辐射。

第二，正确处理项目推动与学校自主发展的互动关系。

在学校发展的过程中，尽管UDS项目对学校的发展起到了很大的促进作用，但是，我们依然认为内因决定外因。作为一种外部的介入力量，如果没有学校自主发展意识的觉醒和能动作用的发挥，再强大的外力也无济于事。因此，在日常实践中，我们强调“顺势而为，整合融通”，努力将项目的发展理念，有机融入学校的日常发展之中。在丛书的编写过程中，我们也注意处理好学校自主发展与项目推进之间的关系，将学校的自主发展作为叙述的主线，而将项目的推进作为学校发展的背景或推动的外界因素来处理，以便让读者能更好地吸收来自学校一线自主发展的经验。

第三，鼓励学校以教育叙事的方式进行自我表达。

教育叙事探究倡导教师在研究时，不是去写那些自己并不熟悉的理论性文章，而是关注发生在自己真实教育生活中的实践本身，关注从内心流淌出来的声音，从而改进和重建自己的教育生活。因此，有学者认为，教育叙事为教师提供了一种可以让理论界听到教师自己声音的方式。它表明了叙事性的教育表达与科学性话语具有同样的地位，从而为教师在研究中的解放与赋权找到了一种现实的途径。我们很赞同这种认识，因此，非常鼓励学校以自己的叙事方式表达自己的实践与认知，以帮助他们建立起自己的专业自信和实践理性，为建立具有鲜活生命力的中国教育学做出自己的贡献。

第四，重结果，更重过程。

能够组织编写出丛书固然可喜，但是我们更加看重出书的过程。常常听到这样的声音，“让我们干可以，但让我们写，不会”。这正是一线教育工作者的真实写照。平时让大家写篇案例、总结、发言都不容易，更何况要写一本几十万字的书呢！因此，每一本书稿的新鲜出炉，都来之不易，经历了很多风风雨雨、沟沟坎坎。在成书的两年时间里，从坐在一起梳理学校发展线索，到逐步明确指导思想和撰写定位；从先堆砌出一堆堆原始素材，到逐渐拆分缕析，分门别类；从分工到人到组，生成每一章、每一节的主题和标题，再到一次次的讨论、修改，推倒重来……一次次的皱眉与流泪，一次次的颜开与欢笑，都构成了编写这部丛书的真实意义。

丛书的编写为每一所学校提供了重新认识教育、重新认识自我的机会、形式与可能。在编写的过程中，每个故事的叙述主体都实现了对自我的不断理解与审视。这不仅外化了他们的实践智慧，帮助他们实现了从观念到行为的转化与强化，更促进了他们对自身生命意义与价值的内在肯定，强化了每一位参与者的教育信念和教育自信，实现了从原文化到新文化的跨越与新生！因此，编写丛书的过程固然很艰辛，但是，我们认为这一切都是值得的！

迈克尔·富兰说：变革是一项旅行，而不是一张蓝图。① 他旨在说明变革的不确定性和复杂性。而聚焦于日常生活变革的学校自主发展与改进更是一项复杂的变革，充满了未知、艰难和阻碍。但是，在变革面前，问题恰恰是我们的朋友。我们不仅有“问题的朋友”，更有在一起共同面对问题的UDS项目的伙伴朋友。我们相信，通过这样的风雨同舟，通过这样的艰难

---

① 迈克尔·富兰．变革的力量——透视教育改革[M]．北京：教育科学出版社，2000.

与共，学校教育一定会朝着我们心中的理想目标不断迈进。

同时，我们也相信种子的力量，希望这套丛书能像蒲公英的种子那样，在广阔的教育大地上不断生根、发芽、开花、结果……

我要特别感谢国家教育咨询委员会委员陶西平先生，北京大学陈向明教授，北京市教委基础教育处张凤华处长，西城区教委赵蓬欣主任、张燕军主任、芦乃静科长，西城区教科所林春腾所长，海淀区教委张彦祥主任、吴瑾科长，海淀区教科所吴颖慧所长，首都师范大学首都基础教育发展研究院郑开义院长、张景斌院长、王海燕院长。因为有了你们的支持与帮助，才使得我们的项目得以启动与发展；因为有了你们的关注与鼓励，才给了我们不断前行的力量。

在这里，我更要感谢 UDS 合作实践共同体的所有伙伴们。“伴飞”的形容真是再贴切不过了！五年的风风雨雨，五年的伴飞历程，不仅让我们彼此成长、成熟，更让我们的心连在一起，收获在其他的工作中难以获得的幸福和快乐。虽然一路风雨兼程，但是，我们从不言弃，因为在那遥远的地方，一直有我们追逐的目标和梦想。

最后，我也要感谢出版界的朋友。正是因为有你们的赏识与推动，才有了我们今天的付梓。谢谢你们！也谢谢所有对我们的项目推进做出贡献的人们！

杨朝晖
首都师范大学
2016 年 2 月 22 日

目录 CONTENTS

引言：共享和谐　持续超越

奥林匹克运动是人类优秀文化遗产的重要组成部分，和谐的思想是中华优秀文化与奥林匹克文化的最佳结合点。奥林匹克教育提倡体育运动与文化和教育相融合，是一种全新的、全面的身心教育方式。

萨马兰奇曾说过："离开了教育，奥林匹克主义就不能达到其崇高目标。"奥林匹克运动作为一个手段可以改造我们的教学。奥林匹克教育专家裴东光教授认为，奥林匹克运动所倡导的精神、哲学、主义以及生活方式与我们提出的素质教育的理念非常契合——倡导青少年要有强健的体魄，希望青少年能够成长为一种和谐的人，一种有进取心的人，一种能与人和谐相处、相互尊重的人，一种自信的人。羊坊店中心小学(以下简称"羊中心")从2001年随着北京奥运会的成功申办，就开始了奥林匹克教育的探索之路。这个过程持续十余年，奥林匹克教育、育人理念一直在传承着。

2010年5月，我校加入首都师范大学与海淀区教委合作的"UDS合作学校发展共同体建设项目"(U指大学University，D指地区District，S指学校School。UDS代表三方构成合作共同体，简称"UDS项目")，开始实施"伴飞计划"。我们借助项目组专家指导团队的力量，共同开展调研，寻求一种由大学、政府、学校三位一体助推学校发展的新型合作模式。UDS项目在协助学校发展中，注重关注每所学校的价值理念和办学追求，尊重每所学校的发展脉络和自身的能动作用与思维方式，立足各个学校的现状基础，融入学校，顺势而为地促进学校自主发展。

一路走来，UDS项目团队专家围绕我校奥林匹克特色校建设目标，通过浸入式的校本支持帮助，促进了学校的内涵发展；通过UDS项目的系列培训，提升了学校中层干部整体管理水平，增强了干部的管理意识、服务意识、角色意识，提高了学校干部参与制订计划、及时调整计划、借势整合计划的日常工作能力，引领干部从日常学习开始改变，改变了干部们的学习习惯、学习方式和学习深度。

在“十二五”海淀区学校特色绽放活动中，我们敏锐地抓住发展的契机，沿着学校的历史脉络，挖掘出奥林匹克精神的育人实质，将奥林匹克精神融入学校教育，构建了以“和谐、超越”为核心的奥林匹克教育理念体系；将奥林匹克教育纳入学校计划、校园文化、课程资源、学生活动、体育项目，探索了奥林匹克教育与学校文化相结合的管理模式、与课堂教学相结合的教学模式、与构建高素质人才队伍相结合的培养模式、与学校教育活动相结合的实践模式，创建了奥林匹克特色教育文化经验，逐渐形成一个适合学生健康发展的“奥林匹克教育特色文化”，获得了“海淀区学校特色校本项目先进校”称号。如今，学校奥林匹克特色教育已经取得了巨大成绩，吸引了国内外教育专家的关注，学校的社会影响力日益彰显。

近几年来，羊坊店中心小学着力加强奥林匹克文化校园建设，开辟奥林匹克文化墙，广泛开展奥林匹克知识教育，将奥林匹克精神融入日常教育管理中。在奥林匹克精神的浸润下，羊坊店中心小学不断发展壮大，“和谐、超越”的种子也在孩子们的心中生根、发芽。

在探索奥林匹克教育办学的道路中，学校获得诸多殊荣。曾先后获得“全国德育先进校”、“国际田联少儿示范校”、“全国教育特色校”、“北京2008奥林匹克教育示范校”、“海淀区四个十工程校本项目示范校”“北京市魅力学校”等十多个荣誉称号。奥林匹克教育成果日益丰盛，学生获得的各项奖状证书不计其数。目前，学校奥林匹克教育模式进入创建特色学校、全新育人的新时期。

本书正是对在UDS项目支持下学校推进奥林匹克教育的阶段性工作描述与教育实践探索。全书共包含六章。第一章是“和”文化为奥林匹克教育奠基，主要讲述了我们如何构建“和”文化以及“和”文化生发出的力量；第二章讲述了奥林匹克教育办学方向的确定及办学理念的形成，解读了奥林匹克教育办学理念体系；第三章介绍的是干部在管理中突破自我，主要介绍了如何打造学习型管理团队、注重过程性管理、让反思成为习惯等内容；第四章围绕博睿斋骨干教师工作室、班主任工作室、青年教师培训班，展现了学校中的学习共同体助力教师专业发展的情景；第五章的内容是针对当下课堂教学的困境寻找突破口，以行动研究方法探索“三高课堂”（高参与、高活力、高效益）的探索历程；第六章从两个维度呈现了我们学校培养具有国际素养小公民的探索，即如何通过进校与放学、晨练与升旗等常规活动，通过奥林匹克教育系列活动来培养学生的。

总之，本书记录着学校建设历程中的方方面面，尽力向大家展示羊坊店中心小学人为学校发展所做出的努力和探索，展现学校的昨天与今天，展望学校更灿烂的明天。

我们也想谨以此书，献给曾经、现在和将来耕耘在羊坊店中心小学这片教育沃土中的教育者们、为学校发展做出奉献和贡献的专家与领导们，献给我们的学生们！希望这点滴的片段、精彩的瞬间唤起我们心中诸多最美好的记忆以及对教育的思考，祝愿羊坊店中心小学的明天更加美好！

李冬菊

2016年4月

第一章 “和”文化为奥林匹克教育奠基

走进羊坊店中心小学的校园，你一定会感受到无所不在的奥林匹克元素。从“世界走向和平，从我做起”的笑脸墙，到门厅巨大的世界地图，都令人感受到世界的广博与和平的崇高。正中的《体育颂》主题墙是奥林匹克精神的集中体现，上面塑有现代奥林匹克之父顾拜旦的头像。

在《体育颂》中，顾拜旦以极大的热情讴歌奥林匹克精神。他认为奥林匹克精神就是增强体质、意志和精神，并使人获得全面发展的一种生活哲学。奥林匹克精神谋求把体育运动与文化和教育融合起来，创造一种在努力中求欢乐，发挥良好榜样的教育价值，并尊重基本公德原则的生活方式。奥林匹克格言：“更快、更高、更强”，世人皆知。它充分表达了奥林匹克运动不断进取、永不满足的奋斗精神和不畏艰险、敢攀高峰的拼搏精神。在比赛场上，面对强手，发扬勇往直前的大无畏精神，敢于斗争，敢于胜利；面对自己则是永不满足，不断战胜自己，超越自己，实现新的目标，达到新的境界；面对自然则要敢于征服，克服大自然给人类带来的各种各样的限制，挣脱自然对我们的束缚而取得更大的自由！

顾拜旦本人在推崇“更快、更高、更强”的同时，又大力主张把“团结、和平、友谊、进步”作为奥林匹克运动所追求的最根本的目标。现如今，这些目标已不仅是奥林匹克运动以及世界体坛的宗旨，而且还成了全人类所需要、向往和追求的共同目标。

“以文育人、育文化人”、“在文化建设中提升办学质量”是我校近年的主要发展思路。我们坚持以奥林匹克精神作为学校办学理念的基石，让奥林匹克精神所倡导的相互了解、团结、友谊和公平竞争，浸润到校园的每一个角落。同时，我们将中华优秀的传统“和”文化与西方先进的奥林匹克理念相融合，最终构建了以“和谐、超越”为核心的奥林匹克教育办学理念体系。如今，以“和谐、超越”为核心的奥林匹克的文化价值、教育思想、精神内涵已经成为我校建设与教育的重要内涵与教育特色，成为我们追寻奥林匹克教育之梦的主要依托和基础。

第一节 构建“和”文化

众所周知，学校文化建设绝不是一蹴而就的事，尤其是创办有特色的学校文化，更需要经历漫长的发展道路。回首我校的文化建设发展历程，也走过了一段不平凡的发展道路。

一、“和”文化的由来

我校位于西长安街南侧，与军事博物馆、首都博物馆、中央电视台、铁道部、中联部、水科院毗邻而居，教育资源极为丰富。学校建校于 1945 年，有着悠久的历史和光荣的传统。

但是在 2006 年至 2009 年四年的时间，因为一些原因，学校经历了三次校长更换。频繁的校长更迭，使得学校教师团队人心不聚，中层干部也心怀忐忑。学校的管理长期处于无序状态。缺少核心凝聚力的学校犹如一盘散沙，严重抑制了学校的发展。

2010 年 1 月，就在放寒假的前一天，李冬菊校长来到我们学校。面对学校现状，李校长敏锐地认识到，学校教育工作如果没有和谐稳定的环境，教师无法踏实工作，势必会影响教育教学质量，影响学校的稳步发展。学校需要尽快确立共同的价值取向目标，凝心聚力。就这样，在第一次与教师的见面会上，李校长就快速而鲜明地提出了“人和兴校、常规提质”的办学思想，确定了学校文化建设“三引领”的策略，即“思想引领、行为引领、目标引领”。所谓“人和”，指人与人之间和气、和美、和谐、合作共赢；所谓“兴校”，是使学校兴盛、兴旺、红火；“常规提质”就是扎实做好日常教育教学工作，提高学校办学质量。她认为，只有用文化理念点亮办学特色，规范教育教学行为，才能获得学校内涵式发展。

有志于教育事业的教师们，从内心盼望学校有新的改变、新的发展。“人和兴校、常规提质”的办学思想一经提出，就得到了教师们的欢迎。作为一种理性认识和价值追求，“人和兴校、常规提质”对于我们当时的羊坊店中心小学(以下简称“羊中心”)来说，起到了重要的定向和引领作用。

但是，冰冻三尺非一日之寒，要想改善学校的状态谈何容易。UDS项目在对学校调研的报告中曾这样描述当时的学校现状：学校内部的教师团队缺乏凝聚力与活力；学校各项规章制度有待进一步规范和健全；在学校文化内涵上的建构与提升上还显不足；学校领导班子年轻化，缺乏经验，导致指导力、执行力不足；教师的教育教学能力层次不均衡，有针对性的校本教研不足，教师队伍的整体水平有待提高。诸多原因综合在一起，导致很长一个时期学校的发展处于停滞状态。

面对发展危机往往需要领导发挥自身的领导力和决断力。刚到学校的李校长，面对学校发展的严峻形势，果断确立了以构建“和”文化建设来统一思想，凝心聚力的发展思路。

二、家和万事兴

我国素来有“和”文化传统，对于中国人来说，以和为贵、与人为善，信守和平、和睦、和谐，是生活习惯，更是文化认同。孟子在《公孙丑上》中提出了“天时不如地利，地利不如人和”的观点，极大地突出了“人和”的重要性。良好的人际关系是和谐校园的一个重要元素。古人云：“家和万事兴。”又云：“修身齐家治国平天下。”习近平主席也曾说过，“中华文化崇尚和谐，中国‘和’文化源远流长，蕴涵着天人合一的宇宙观、协和万邦的国际观、和而不同的社会观、人心和善的道德观”。

“和”文化具有深厚的思想文化渊源，又非常契合我校发展的实际，但是如何找到构建“和”文化的突破口呢？即将到来的寒假让李校长找到了突破口。

(一)特殊的“寒假作业”

2010年1月23日，在学期末总结大会上——也是李校长第一次参加全体会，与羊中心教师的第一次见面，李校长就给全校教师、干部布置了一项“寒假作业”，即干部、教师搜集“家和万事兴”的警世格言，撰写箴言感悟。李校长希望通过这一项特殊的作业，使教师们对于我国源远流长的“和”文化有一定认识，对于和谐建校有进一步思考。

渴望发展的老师们非常认同李校长提出的“人和兴校”办学思路。在用心思考之后，老师们纷纷提交了自己的作业：

和谐可以凝聚人心，和谐可以团结力量，和谐可以发展事业。一个团队如果团结协作达到和谐的境界，那么，这个团队就能够把分散的力量凝成集中的力量，把个体的智慧凝成集体的智慧，把分散的目标凝成统一的目标，把每一双充满希望的手紧握在一起，凝成无坚不摧的拳头。

作为羊中心的一名教师，我们应该真正把自身的命运与学校发展结合起来，励精图治，扎实工作，多出成果，奋力推进学校发展。学校发展的最终目的也是为了老师们的生存与发展，为了老师们的幸福与快乐。我深信：只要我们心心相印，并肩前行，我们学校再创辉煌的目标就一定不再遥远，我们一定能奋力创造学校和老师们更加美好的明天！

——韩冰

在羊坊店中心小学这个大家庭中，每个老师心目中都有着美好的企盼，那我们势必要明白一个道理——上下团结的力量太大了。我们的学校有着优良的传统，大家紧紧团结在学校的旗帜下，同心同德，心手相连，共同面对前进路上的挫折与坎坷。老师们越来越团结，学校自然就会越来越好！

——韩琪

季羡林老先生说过：“构建和谐社会最要紧的是人内心的和谐，只有和谐的心，才能够处理好同他人的和谐，同社会的和谐，以及同自然的和谐。”所以，让我们从身心和谐开始，拥有一颗感恩的心，就可以将真诚缔结成梯。你拥有诚信的资本，你就可以为世界增添一份和谐，因为诚信是社会的基石。让我们守望身心和谐，共创美好未来。

——段晓颖

孟子云：“敬人者，人恒敬之；爱人者，人恒爱之。”同样，助人者，人恒助之。俗话说：“一个篱笆三个桩，一个好汉三个帮。”我们当老师的也常对学生说：“团结就是力量。”团结互助出凝聚力、战斗力和创造力，一块砖，只有堆砌在一起才能成就万丈高楼；一滴水，只有汇入大海才能获得永存！一个人，要成就事业需要团结；一个社会，要和谐美好也需要团结；一个国家，要繁荣富强更需要团结！一个校园，只有处处盛开团结互助之花，这个学校才能成为教师教书育人的家园，孩子健康成长的乐园。

——田成雨

就这样，和谐和希望的种子在教师们的心中悄悄埋下，在羊中心慢慢地开花结果。

(二)不平常的“大拜年”

在李校长到校的第一次全体会后，她就邀请所有年级组长留下来工作聚餐，这也是她第一次跟组长们非会议式的交流。在聚餐中，李校长建议各组长利用这个即将到来的春节，带点红红火火的杜鹃花去给自己的组员拜年，能去几家就几家。

校长的这个建议意味深长，因为只有各组团结了，学校这个大集体才会更具凝聚力。事实证明，当干部们在春节期间到教师家中走访时，老师们都很惊讶。其中一位老师激动地说：“我工作二十多年了，这还是第一次有领导到我家来……”

春节“团拜”活动，给我们全体干部教师上了一堂示范课。正是这件看似不起眼的小事，却使得学校的干群之间、组员之间、教师之间的关系在悄然中发生了变化。在那个假日里，干部、教师间的真情沟通，为新学期学校的“和”文化建设打下好基础。

我记得李校长来校的第一件事就是搞“和”文化，校长常说的一句话就是“家和万事兴”。当前的第一件事就是要大家心往一处想，劲往一处使。共同面对眼前的一切挑战和机会。这使老师们对学校的未来充满了期待。

——李秋莉

学校是孩子们学习成长的地方，是老师们工作生活的地方，更应该是老师们温馨的“家”。“和”文化首先关注的也是人的价值。之后，学校积极为教师解决子女入学问题、早餐问题；为困难教师申请补助，送去温暖；营造舒适的教工就餐环境；组织丰富多彩的教工活动时，“羊中心，我们是一家人”的和谐校园氛围浓浓地弥漫在校园的每一个角落，使我们身在其中的人倍感幸福。

三、系列论坛营造“和”文化

只有“家和”，才能“万事兴”。学校就如我们的家，只有家中的每个人都和谐相处，我们才能更好地去开展工作，去感受健康愉悦的生活。新学期到来之际，学校开展了一系列论坛活动，目的就是凝聚人心，营造“人和”的团队氛围。这一系列的论坛活动为教师之间提供了一个交流与对话的平台，在论坛上，既有思想的碰撞，也有专业的引领，同时又是我们彼此教育的过程。

(一)“家和万事兴，校兴我更荣”

2010 年 3 月，新学期伊始，学校就召开了“家和万事兴、校兴我更荣”的教师沙龙活动，教师们从不同角度诠释了对“人和兴校、共创和谐校园”的理解与感悟。

在第一次“和”文化建设论坛上，李秋莉老师分享了她收集的“和”文化小故事：

草地上，一群水牛正在吃草。忽然，有群野狼向牛群袭来。几头幼小的牛掉头就想逃跑，这时，一头老牛叫住了它们。问道：“你们几个跑步的速度比狼快吗?”

小牛说：“我们牛这么少，野狼那么多，打起来我们不是它们的对手。”

老牛说：“不要害怕，咱们的牛角是最好的利器，只要大家齐心协力，一定能够战胜狼群。”

老牛把所有的牛叫到一起，教它们尖角朝外站成一个圆圈，说：“好了，我们的阵势摆好了，现在可以战斗了。不过，我希望大家充满信心，不要以为我们牛少就不是狼群的对手。勇敢些，不要害怕！无论狼群从哪个方向进攻，我们都用角对付它们。”

狼群围攻上来了。它们凶猛地扑向水牛，可万万没有想到，一开始就碰到了牛角上，不得不往后退。狡猾的狼群从两面进攻，也同样被齐心的牛群击退。最后，无可奈何的狼群分成几伙从四面八方同时进攻牛群，结果仍然是一个个都碰到牛角上，它们只得带着伤逃跑了。

为数不多但沉着勇敢的水牛，依靠相互合作，终于战胜了凶恶的狼群。

——李秋莉《合则共存，分则俱损》

李老师的小故事告诉大家，要把自己融入到学校这个大集体中，学会尊重、学会合作。这样无论将来要面对多少困难，只要大家齐心协力，我们的学校一定会发展得越来越好！

王宏伟老师也在论坛上为我们分享了她的小故事：

在一条小河里，一群乌龟正无忧无虑地嬉戏时，灾难突然降临，一张巨大的渔网将它们全都装了进去。

群龟本能地缩起它们的脑袋和手脚，不敢睁眼向外张望，只好听天由命。年龄最大的乌龟开始小心翼翼地伸出它的脑袋，想观察一下周围的情况。等它睁开眼睛的时候，发现它们全部被关到一个瓦罐当中。这个瓦罐不是很大，也不是很高。老乌龟经过观察，判定周围的确没有任何危险，才用手推了推其他的小龟们。小龟也陆续地睁开了自己的眼睛，发现所有的同伴都成了“瓮中之鳖”，大伙全都不顾一切将各自的身体竖立起来，手和脚不停地扒着瓦罐的壁，试图爬上去。可是瓦罐又光又滑，它们所有的努力都无济于事，最后全都累得摔倒在罐底。只有那只老乌龟没有任何举动，因为根据多年的阅历，它心里十分清楚，这样做全都是徒劳的，要想脱险，没有一个好办法是不行的。经过它的苦思冥想，终于想出了一个好主意。老乌龟说：“如果你们想从这个鬼地方出去的话，就不要再蛮干，全部听我指挥。”大伙全都一动不动。老乌龟继续说道：“凭我多年的经验看，如果单靠我们每个龟的力量，是绝对出不去的，我们只有团结起来，才有可能出去。你们看过人类盖房子吗？我们不妨也学一学，一个爬上另一个的背上，直到离罐口不远时，这样我们的高度才能达到爬出去的条件。”大伙一听，觉得有道理，可是，每只乌龟都想最先出去，没有一个愿意趴在最底下，所以，大家迟迟没有行动。老乌龟把身体向下一蹲，对大伙说：“来吧，踩着我上去！”老乌龟这一带头，大伙纷纷地拥了上来，按照刚才制订的计划，有条不紊地进行着，最后陆续有小乌龟爬了出去，只剩下了老乌龟和另外两只小乌龟，怎么也爬不出去。无论是已经爬出瓦罐的乌龟，还是仍然留在罐中的乌龟都很焦急，不知道下一步该怎么办。这时老乌龟对外面的乌龟喊道：“把这东西推倒！”爬出罐外的小龟们立刻行动起来，不一会儿就推倒了这个瓦罐。最终，所有的乌龟都脱险了。由这个故事，我不禁想到了我的学校。俗话说：“众人拾柴火焰高。”一所学校的成功是离不开每个教师的努力，更离不开教师之间的相互协作，这就是至高无上的团队力量。它可以完成个体无法完成的任务，还能创造无法想象的奇迹。所以，我们必须树立以大局为重的全局观念，不斤斤计较个人利益和局部利益，将个人、局部的追求融入到学校的总体目标中去，最终达到学校的最佳整体效益。

——王宏伟《众人拾柴火焰高》

这次论坛的顺利召开，为学校的发展奠定了基础。老师们渐渐明白了学校要发展“人和”是前提，只有大家心往一处想，劲儿往一处使，学校的凝聚力才会越来越强，才会越有发展的潜力。

（二）寻找“我身边的感动”

在“家和万事兴，校兴我更荣”论坛成功举办的基础上，我们又开始筹划“我身边的感动”师德论坛。正是“和”文化的建设，才使得学校发生了巨大的变化。这些变化在学生的行为表现上；在家长信任的微笑里；在教师彼此的鼓励中。“和文化”如春风化雨，滋润了学校全体教师员工的心田，学校里涌现出许多爱岗敬业的感人故事。

在这种氛围下，学校举办了《我身边的感动》师德论坛，教师间相互夸赞身边榜样的故事，互相启迪，相互影响，让感恩、互助、奉献的精神在教师间传递。透过老师们的故事，你可以深深感受到榜样的力量是无穷的！身边这层出不穷的感人故事让我们切身体会到了“家和”的温暖。张丽老师在自己平凡的生活中感受到了幸福，在不平凡的事业中体会着职业幸福感。

她的发言如下：

我们是平凡的，我们没有豪言壮举，可我们从事的事业却是不平凡的。我们是辛苦的，可我们又是最幸福的，我们拥有无数孩子最纯真的笑脸，最纯净的心灵。老师们，既然我们选择了这份职业，就把我们的心交给它吧！心在哪里，幸福就在哪里，让我们一起来享受着这份职业带给我们的幸福吧！这幸福的来源之一便是自己的好同事。

闫老师在年级组中年龄最大，她用自己的行为书写着对教育工作的执著与热爱，对学生的关爱与期盼。我和闫老师搭班备感幸福，我常常被她的言行所感动。办公室里，闫老师在和同组的几位数学老师讨论着什么，原来，她是在为备战“阳光杯”和同组的数学老师推敲教案。说实话，作为一位有着近 30 年教龄的老教师，能够积极参加“阳光杯”教学，对于我们青年教师来说，本身就是一种激励与鼓舞。闫老师却把它当成了当前最重要的事情来做，每一个环节她都要追求精益求精，光是学案中的一道前测题，她都是改了又改。在上完“阳光杯”的课后，我对她说：“这下您可以松一口气了。”她淡淡一笑，回答：“是啊，这几天为了备课，都有好几天没给我大姐打电话了。”说者无意，听者有心，我知道闫老师是有着每天给她大姐打电话的习惯的，她真是把“阳光杯”的课放到心上了，把工作当成事业来耕耘！

——张丽

语言是有温度的。透过栾红艳老师的《感动》，你会感受到老师之间那份真挚的情感，贴心的问候，暖人心田。

清楚地记得元旦前几天一个周日的早晨，我还没起床，就感到自己的腰疼痛难忍，后来越来越厉害，连翻身都很困难。我只好一整天躺在床上休息，并在腰上贴满了膏药，整个家里弥漫着膏药的味道。我想自己还年轻，恢复得快，明天就好了，不会影响上班的。可第二天一早起床时，仍然不见好转。时值期末，孩子们要复习，班上还有好多事等着我去做呢！我就咬了咬牙，坚持去了学校。周一早上我吃过早饭，来到办公室，小芳老师一眼就看见我腰直不起来，关心地问：“怎么了？是腰疼吗？”我点点头。组长李老师闻声赶来，说：“得赶紧到医院看看啊，这多难受，是不是着凉了？赶紧拔拔火罐，贴贴膏药。”“贴上膏药了，您闻我身上有这么大的麝香味。这次也不知怎么了，特别疼，连床都起不来，连袜子都穿不上了。”我皱着眉头说。小芳接着说：“我特理解你，前几天我也腰疼了。多保暖别着凉，对了，我这还有热贴，你拿去用吧！”说着赶忙从抽屉里找了热贴塞到我手里。顿时，我的心里暖暖的。上课铃声响了，我像平常一样咬着牙坚持把课上完了。徐老师看见我穿着厚厚的羽绒服上课，一脸关心地问我：“怎么了？脸色不好看？”“唉，不知怎么了，腰特别疼。”我满脸愁容地轻声回答。徐老师叮嘱了我半天，让我注意身体，有空去看看中医。后来同组的姜小燕老师、韩冰老师也知道我腰疼还来上班，都来关心问候我，告诉我好多怎么缓解腰疼的方法，嘱咐我要多休息。我感到我们老师之间真是互相关心，互相帮助，一股股暖流涌上我的心田，好像减轻了我腰上的疼痛。

处处留心皆感动，让我们多留心周围的人和事吧，只要你是一个细心的人，是一个有心人，你就会发现，原来感动就在我们的身边，温暖就在我们之间。有这样一句话：“人之所以会感动，是因为他生活在爱之中。”人间有爱，人间有情，我们又有什么理由要让忙碌蒙蔽我们的眼睛而无法享受感动的滋味呢？

感动无处不在，只要你善于发现！郭冬燕老师在《身边的感动》中讲道：

来到羊坊店中心小学这个大家庭后，我每时每刻都在感受这里的每一位老师带给我的感动。

那天，头晕的老毛病又犯了。睁开眼睛，所有的事物都在眼前晃悠。“你第几节有课？我帮你上吧！”“早读我帮你看，你休息一下！”“你这样不行，最好去医院看看。”……这些看似简单的话语，却足够令我感动一辈子。我为领导们对我的鼓励和帮助感动；我为同事们对我的信任和支持感动；我为每个人见面时的那一声“嗨”感动；我为每一项活动中忙碌的身影感动；我为每一次课后的争论感动……

费老师是六年级组的数学老师，虽然她在我们三个当中年龄最大，但工作热情丝毫没有减退。在同事们的眼中，她就是“老黄牛”精神的典范。她是一位很有经验的老教师，我们遇到问题就特别爱向她请教，有时我们都戏称“姜还是老的辣”，她总是微微一笑。她爱笑，笑着走进教室和学生们在一起，摸着老犯错误的愣小子们的头促膝而谈，架着老花镜认真批改作业，默默地弯腰捡起地上的纸屑。在她眼中这些顽皮的孩子都是可爱的天使，总是在跌跌撞撞中长大。稍有闲暇，她总是认真查阅各种教学期刊，不断进行“充电”，所以她的课总是充满激情、引人入胜。也正因如此，她所带的班级很稳定，学生学习成绩提高很快。对于学困生，她总是结合个性差异，有针对性的悉心辅导，哪怕加班加点，她也要让每一名学生不“掉队”。几十年如一日，每位了解费老师的人无不为她的平凡而执著的坚持深深感动。

在羊中心这个大家庭里，我们可以感受到亲如兄弟姐妹般的温暖，这种感动拉近了同事之间的距离，也赋予了我们战胜困难的勇气。

有一次，在我对自己能力发生质疑而黯然神伤时，佟艳华老师发现了我。那时已经下班了，她送走了最后一个学生，正要走出校门时，看见耷拉着脑袋、无精打采的我。她毫不犹豫地走向了我。在太阳的余晖中，羊中心的校门前，佟老师如同一位亲切的大姐姐一样开导我，又以一名老教师的身份，将自己的经验传授给我……

还记得，郭冬燕老师在见我第一面时，我需要作息表，郭老师二话不说，拿起笔和纸，立即替我亲手写了一份出来；姜小燕老师，看我嗓子哑了，直接把她的小喇叭给我用了；李小芳老师，泡了润喉的茶递了过来；闻竹老师端来热热的豆浆让我“歇一口气，加点能量再上”；潘丽云老师和蔼地看着我，"小董，不急，学生和老师也得有一个相互了解的过程，他们接受你了，你就成功了！"栾红艳老师怕我忙忘了各种学习机会和疏漏工作，每次都亲自通知我，把任务细致交代与我，每次，她"都不会放弃"我……当你置身于春天般的环境中时，你的心中也一定充满了温暖，拥有了富有生命力的力量。在羊中心日子里，我享受和同事们共事时的快乐，也汲取着从她们身上传递来的友爱的力量，感受到"一家亲"的快乐。我喜欢这样的工作环境，也希望自己能把这种和谐的情感与氛围传承下去，和羊中心一起，走在"人和兴校"的大道上。

——董静《情感聚人　人和兴校》

这次论坛上，老师们分别从爱岗敬业、爱生如子、关爱同事这三个方面分享了各自感人的小故事，让我们在这一个个平凡而鲜活的事例中，受到了教育，得到了启示，更感受到了爱的温暖。

(三)"弘扬正能量，做最好的自己"

一所学校的和谐不仅需要以赏识的心态看待他人，构建积极的人际关系，更重要的是保持自身的和谐。这就需要教师自身不断汲取正能量，付出努力，不断学习，提高自身，丰富自身。所以，我们又开展了读书论坛活动。希望教师们分享读书经验，交流心得体会。

陈鹏老师在《正能量的人拥有快乐智慧的人生》的随笔中，写满了对正能量与幸福感的诠释。她说："正能量的人，会对生活乐观，他们知道生活本来就悲喜交加，所以已经学会坦然面对。当快乐来临时，会尽情享受；当烦扰来袭时，就理性解决。他们相信改变的力量，确实无法改变时，就坦然接受。"

我幼年丧父，家境贫困，却积极进取，乐观向上，学习刻苦，手不释卷，小学毕业时是全校唯一一个考上昌平二中重点班的。初中毕业时，是学校同时报考普师英语专业的同学中唯一一个被录取的。但生活对我的考验却是残酷而且长期的。记得12岁的一天清晨，我突然感到视物模糊，视野变小，不一会儿，头部一侧剧痛，伴有脸部、手部的麻木以及恶心呕吐、腹泻、乏力等症状。从此以后，我被这种叫做先兆性顽固型的偏头痛纠缠了整整30年，常常会因为劳累或情绪有大的波动而身体欠佳，但我却一直保有幽默、乐观的天性，从容笑对每一天。

我认为助人是快乐之源，帮助别人就是在帮助自己，我们每个人都可以是传播善良与快乐的天使。在与人交往中我除了热情地帮助别人，还努力利用自己的幽默及好口才感染别人，给身边的同事、朋友带去快乐和欢笑。每年的联欢会上，我都会献上积极向上的精彩对联。今年，更是以一首小诗真诚地赞美了甘于奉献的羊中心人，传达出了我们人民教师的正能量！

奉献是什么
是匀匀叉叉中肩膀的僵硬，眼睛的酸涩
是教育教学上取得的累累硕果

奉献是什么
是倾一腔热血去铸造人类灵魂
是引万道清泉来浇灌祖国花朵

奉献是什么
是青春白发的无悔付出
是几十年如一日的踏实工作
奉献，就是我们羊中心人的本色

——陈鹏

“如果你想从人生中获得快乐，就不能只顾自己，必须为他人着想，因为快乐源于你为人人，人人为你。”这是王朝晖老师在读《正能量》这本书后，感受深刻的一句话。

当把《正能量》一书阅读完毕的时候，我不禁有了一种脱胎换骨的感受，“活出全新的自己”这句来自封面上的话语，在自己心中爆炸。

“我们的首要任务，并非触及遥远的地方，而是处理眼前的工作。”这句话让我茅塞顿开。身为班主任的我，平日的工作较为烦琐，一件件事情如同小山一样让自己心烦气躁，总觉得工作好像没有尽头一样，这样就不自觉地让负能量占据心中的主导地位。读了这本书后，我意识到遇到事情首先不要抱怨，因为它不会因你的抱怨而消失，对应该做的事要有重点的规划，安排好先后顺序。今日事今日毕，做好今天的事情，明天再说明天的，这并不代表着无序，而是一种很好的心理减压，因为过多的担忧会让自己烦躁。谁都希望自己快乐、轻松地工作。基于这句话我现在在和大家工作的时候经常会说“先干好这件事，明天的再说。”饭要一口一口地吃，事情要一件一件地做。身为年级组长的我，给自己定的工作原则就是“全心全意为人民服务”，组训就是“工作有你有我，快乐因为你我”。同时我也经常和身边遇到麻烦的同事说：“没有什么大不了的，尽力就好。”“你太了不起了，这件事让你来做我放心”。“大家辛苦了，注意身体，劳逸结合。”等等这样的话语，同时自己也会身体力行，为大家带头放松一下。“如果你想从人生中获得快乐，就不能只顾自己，必须为他人着想，因为快乐源于你为人人，人人为你”。

一系列“家和万事兴”教师论坛活动的开展，奠定了学校“和”文化建设的基调。宽容、理解、相互支持、服务他人……和谐、友爱的风气在学校温馨酝酿，渐渐成为学校的新气象。“家和万事兴”也成为教师们的发展共识。

李校长特别善于调动教师们的积极性，上任伊始，一改开会时领导从头唱到尾的现象，动员老师们到处搜集资料，挖掘‘和谐’的深层意义，教师们分别走到台前讲讲自己对‘和谐’的理解，联系我们学校的实际情况，怎样做才能和谐，怎样才能‘家和万事兴’。通过大家自主学习，有序讨论，大家的思想逐步统一，意识到了我们做法不妥之处，努力方向渐渐明晰，大家思想渐渐统一。

——徐淑霞

伴随“和”文化建设的一系列举措的落实，在“和”文化强大气场的氛围中，日渐心稳的全体教师们，在李校长的带领和激励下，重新焕发出年轻的活力，以崭新的形象重新展现在公众面前。正如一位老师所说：“当你走在林荫路中，是棵棵花草点缀着你的路；当你走在小溪边，是朵朵浪花装饰着你的路；当你走在生活中，就会有一颗颗心、一份份爱充溢着你的路！我们学校大家庭中发生的每一件大小事，感动你我他，温暖你我他。”

四、条块结合，建设合力团队

李校长来到羊中心以后，首先在管理上发现了问题。我们学校一校两址，两校发展很不平衡，管理中存在客观上的困难。但是，由于管理分工不当，工作琐碎，事情繁多，大家不能够全身心地投入到自己主要的工作当中，也难于形成工作的合力。除此之外，我们学校的管理干部普遍年轻，管理经验不足；自身业务水平不精，有区级以上骨干称号的仅1人。同时，多数干部与人合作、协调能力不够。支持他人工作、补台意识不足，打造和谐团队的意识不强，因此，亟待解决合作、服务问题。

鉴于以上问题，李校长果断进行了管理结构的变革，逐步打造出一套科学的“条块结合”管理模式。

所谓“条块结合”管理模式，实质上就是对学校进行两条腿管理。既注重校区的独立性又注重部门行政管理职能的横向统摄性。由于我校是一校两址的特殊原因，造成管理过程中出现因对计划、规章制度、职责等方面理解的不同而产生麻烦和冲突的现象，常常出现本校与分校不能同步推进工作的情况。“以块管理”则可以有效避免本校分校之间的工作要求差异，让两校的主管主任分别负责相应工作，这样能保证两校平稳深入一体化发展。而“以条管理”则是指将学校的工作按照内容不同划分为教学、德育、后勤三条主线，每条主线内容由专职人员统领负责。

“条块结合”管理模式，不是简单的条块结合，是在对体制深刻认识的基础上总结出的一个更为科学、系统、适用的更高层次的管理模式。这种模式整中有分，分中有整，相互交叉，扬长避短，有利于学校的统一领导，分条负责，形成工作合力，强化了专业性；分块实施，保证了全面性的全程管理，更充分发挥了学校的办学优势。

学校就是一个“五脏俱全”的小麻雀，各个部门的管理、沟通需要密切配合，“条块结合”的管理模式下，更需要管理人员之间的默契合作。一个工作的完成，往往需要一个环节一个环节的不断推进，每一个环节都至关重要。为此，李校长进一步带领干部、教师开展拓展训练，进一步强化大家的团队意识。

不动的“集体木鞋”

四月份的一个休息日，学校组织教师们到怀柔参加拓展训练。

两个队的队员“穿上”巨大的“木鞋”，双脚踩着两根长长的木板，每个人手提两根与木板相连的绳子，听从教练的口令前进或后退。一起体验集体行走的感觉，新奇而有趣。

三局两胜的规则，前两局我们1∶1战平，队员们摩拳擦掌，准备迎战第三局。与前两局不同的是，这一局，没有人喊口令指挥了。

第三局开始了，第一队迅速地前进，而我们队的“集体木鞋”先是迟疑了一下，慢了半拍。随后，无论队员怎样用力，“木鞋”像钉在地上一样，一动也不动，任凭我们使出浑身的解数——拉住绳子的手红了，左右脚不停地踏步，“集体木鞋”就是纹丝不动。我们原地不动地僵持了几分钟，而第一队已经胜利到达终点了，他们雀跃着，欢呼着，为彼此间的默契合作鼓掌……

而我们队仍然滞留在原地，急切、窘迫的心情可想而知。

此时此刻，教练大声喊起了口令——左脚踏三下，右脚再踏三下！“木鞋”终于缓缓前进了……

比赛结束后，我们的队员凑在一起进行了认真的讨论和回顾，分析了失败的原因。在教练喊“开始”之后，我们不应急于使“木鞋”前进，后面的队员观看前面队员的步伐，短时间进行步调的调整，待队员左右脚的步伐整齐一致后再起步共同往前走。否则，每个人的目标是一致的，但缺乏整体的协调统一，力量凝聚不到一起，只有以失败而告终。如何增强团队精神及协调配合的理念，目标一致，共同进退，在前进中形成团队节奏，我们做的很是欠缺。

——陈丽

这个小小的拓展训练，给参与活动的每一个人都上了深深的一课。在分享体验时，大家纷纷说：在一个团队中，人与人之间既是一个独立的个体，又是一个密不可分的群体；虽然深知工作的难度，大家都很高兴地接受，都具有必胜的信念，就是成功的第一步；每个部门，每位教工在工作中积极配合，前呼后应，完成工作就能轻车熟路；默契是团队的基础。懂得他人的重要性，自己才能更好地工作；良好沟通对团队合作非常重要，个人目标的实现有赖于团队目标的实现，团队目标的实现需要团队中的每个人发挥作用，个人在组织中起积极作用时也许不明显，但一旦起消极作用，对组织的危害就非常大；每一项工作的完成都要需要每一个部门每一位同事共同合作才能顺利完成，团队的成员必须统一标准，相互合作，有效沟通，才能顺利高效地完成任务，从而达到合作的最高境界。

就这样，在机制搭建和不断的打造中，一个讲团结、讲合作、敢负责、讲奉献的干部、教师团队意识逐渐建立起来。这为我校的“和”文化奠定了坚实的基础。

五、在“和”文化大气场中“常规提质”

教学是学校工作的主旋律，是学校发展的生命线，为此，李校长引领教师聚精会神进行教学教研，一心一意谋求教学质量提升，向教师强化“提高教学质量是责任、是使命、是责无旁贷”的思想。为此，我们坚持教务、教学、教研共抓齐举，引导教师积极转变教学理念，懂得珍惜机会，抓住机遇，努力拼搏，开展了共研共备的大练兵活动。

(一)共研共备，共享共荣

学校“阳光杯”教学评优课、学区“新新杯”教学评优课是我们每年一次提升教师教研水平的重要载体。为此，我们以海淀区“教学管理先进校的评选”为契机，深入开展课堂实效性专题研究，向教师提出：“共备共研，优势互补”“过程扎扎实实、结果共荣共享”，“既是竞争对手，更是合作伙伴”。从而使课堂教学的研究真正成为每一位教师成长和提高的舞台。在接下来的一个学期里，我们有计划地开展了系列研究活动。

九月：课堂教学“大”练兵(每位教师开学上报第一次试讲时间)。

十月：课堂教学“大”研究(实现组内的共研共备)。

十一月：课堂教学“大”前进(分学科推出优质课)。

十二月：课堂教学“大”收获(分学科反思交流，课堂教学成果固化)。

最后，我们还组织教师开展了交流分享会，引导教师懂得个人的成长离不开团队的帮助。懂得感恩你的团队、你的伙伴、感恩帮助过你的所有人。瞿萍老师在随笔里写道：

那次的示范课，我和我的团队付出了许多，但是收获更多的是来自方方面面的鼓励、支持。这让我的心久久不能平静。我为有这样的同事和集体感到自豪、骄傲，更让我抑制不住表达我的感激之情。

我非常感谢我们的校长，她给了我挑战自己的勇气，给了我敢于展示自己的信心。从接到任务的第一天起，校长就一直在给我减压，她鼓励我“参与就是胜利”，让我从忐忑不安变得信心百倍。我积极备课，研究学生，试讲、研讨，每一天我都很充实。看光盘、与专家面对面，每一天我都有新感悟。校长在她繁忙的工作中抽出时间，专门听我的试讲，在教法上给我悉心的专业指导。吕宏艳主任和冯晓燕主任连续几周追踪式听我的课，为我出谋划策，共同商讨课堂。她们无私的付出，深深地影响着我，感动着我。我的同事，是我最好的伙伴。组长井伟老师犹如军师一般。她的身影，她的智慧渗透在我的课堂中。从环节安排到课件的修改，再到学生的发言，她毫无保留。忘不了金艳老师，听课笔记本上记录的密密麻麻，课件中的每一个细小问题，都逃不过她的眼睛。杰华老师给我珍贵的小纸条上，列出的1、2、3……以及潘丽云、刘建华、仲美玲、侯国仙等众多的老师们，自始至终地帮助我，支持我，为我加油助力。每一天我都在感动中度过。上至校长、主任，下至普通的教师，对于这样一个小小的活动，大家倾注全力，认真研讨，不分你我。无不体现出老师们之间的团结协作，互帮互助，亲如一家；无不体现出老师们极高的工作热情和共研共备、共同提高的愿望。这是对我校“和谐、超越”办学理念的最好诠释。

——瞿萍《一滴水只有放进大海里才能永远不干涸》

(二)营造和谐开放的教研文化

在大练兵活动中，我们取消了“推门课”，同时建立了公开课的交流机制，让每位教师把自己的课堂公开，各教研组积极上报公开课。同时设立了教研组“周教学研究日”，每周集中时间以教师课堂教学为载体，展开协商式观课、评课活动，用合作的力量，帮助每个人进步。

取消“推门课”，看似一个小小的变动，但是这小小的举措，却是一次思想观念的飞跃。它拉近了教师与教学干部的距离，二者不再是检查与被检查的关系，而变成共同研究、共同成长的关系。老师们热烈响应，积极主动地报课、上课，放下了思想包袱，再也不用提心吊胆，而是集中精力备课、钻研教材、把心思都放在了提高课堂教学质量上，课后教研有实效，教学干部深入课堂并随各组教师进行听课、评课，在集体议课时引导大家畅所欲言，集思广益，提高了教师们对课堂教学的认识，为我们实施课堂教学的有效性，提高自身执教力奠定了较好基础。同时，我们要求骨干教师、组长、教学干部带头上公开课，为的是让公开课成为一种风气，让教师能够以开放的心态打开教室门。

此外，我们还取消了教师个人备课检查制度，引领教师树立：“我负责我的质量，我规范我的行为，我研究我的课堂，我改善我的课堂，我享受我的课堂。”

同时，我们也引导教师认识到，只有建立在规矩上的自主和自由才是真正的自由和深度的和谐。之后，我们规范教学管理，制定了《羊坊店中心小学教学常规五环节实施细则》，完善了《学校教学质量监控措施》，修订了《教师考勤细则》，以常规的不断优化为质量提升奠定基础。

在此过程中，教学干部深入教研组参与教研活动，了解组内教研计划落实情况。教研组长组织每周 1 次活动，每次活动有主题，确保时间、内容、地点、组织人、记录人，老师全员参与，学期末，各教研组进行集体备课交流，进行教研总结，增强校本教研活动实效性。每位教师学期听课不少于 10 节，教研组长学期听课不少于 15 节。教研组还强化资源共享、同伴互助意识，使教师与教师之间互通有无，教学相长，使校本教研真正做到有实效。

和谐开放的教研文化奠定了教师聚焦课堂、研究课堂、提高课堂的研究基础；奠定了学校新的骨干教师队伍建设的基础；加深了教师对“人和兴校”的认同和对“成功始于和谐，合作胜于竞争”的认同，营造了“和”文化大气场。教师们在教育教学实践中对“人和兴校，常规提质”的理解更加深入，对教师职业所赋予的责任认识更加透彻。

“家”是强有力的后盾。安洪洋老师在参加完学区“新新杯”竞赛后这样写道：

作为一校之长，李校长的工作繁忙我们都能想象。但是电话、NBC、面谈……通过各种渠道，李校长就像一个家长关注着我这个即将赶考的孩子。“什么都别想，你还年轻。你就想，这次参赛的任务就是跟着有经验的老教师们学习怎么备课，怎么备赛，去体验，去收获，去成长。有收获就值得!”简单几句话，瞬间让我的心静下来。不再有那么多压力。呵呵，我想，一个好的心态在大型比赛中是十分重要的！

这次比赛让我感受到语文教学是一件非常有意思的事情，让我感受到学校的“和”文化。备赛的过程忙碌充实，有收获也有感悟。家人们的一言一行让我明白了人与人之间的情感，就在于真心的帮助与信任！

——安洪洋《我的力量之源是学校》

2012 年 4 月，安燕老师代表学校数学高年级团队参加了羊坊店学区“新新杯”课堂大赛。有机会参加这样的大赛，对每一位老师都是难得的。透过安燕老师的总结，我们就会理解这里的老师为什么如此珍惜这样的机会。

同伴互助，给我增添了力量。刚接到任务，我内心比较紧张，我深知比赛的重要和严格，所以丝毫不敢怠慢，在第一时间学习教材，收集资料，看视频，有些手忙脚乱。这时候，吕主任帮我想办法，分析课改精神，介绍了海淀课堂需要关注学生的生长。在准备课的近一个星期，心情无比的沉重。我们五年级教研组是一个和谐团结的集体，郭冬艳、王宏伟两位老师帮我找资料、找课件；吕主任给我联系了教研员夏老师，他给了我无私的帮助。六年级组的姜老师、韩老师和葛老师在听完试讲后，也毫无保留地提出了自己的见解，让我对本课有了新的认识，我非常感谢他们。

——安燕《凝聚团队力量　互助快乐前行》

教育是一门实践的科学，经验尤为宝贵。一个人的经验是大家的财富。共研共备，让一个人的经验成为大家的财富，让每一个人都可以分享到大家的智慧。这样，我们的课堂就是集体智慧与个性化设计相融合的最佳体现。

英语组潘丽云老师做研究课前的那段时间里，井伟老师和瞿萍老师主动来帮忙，她们在一起说教材，谈教学设计，有时忙碌到很晚。为了帮我出一份满意的语文命题试卷，李小芳和佟艳华老师为我献言献策。她们主动查阅资料，多次听我说命题，给我中肯的意见，帮我不断完善手中的这套试题，真的是不分彼此。数学组郭冬燕、闫吝如和姜小燕三位老师为了学生的点滴进步，她们自己出习题，练口算，还经常聚在一起研讨学生易错题的解决对策。特别是对那些学困生，真是煞费苦心。身边拥有这样一群热爱工作、乐于研究的同事，想不进步都难！

——摘自四年级组《同研共备齐成长》

有人说：“没有优秀的个人，但有优秀的团队。”对于这一点，我们是深有体会。一个人的力量毕竟有限，只有发挥团队的力量，才会创造出更多的辉煌。沿着以“人和兴校、常规提质”办学思路，我们羊中心的这支教师队伍在合作中发展，在互助中前行，逐渐营造了互助、合作、服务的优良人际关系，形成了李校长提出的“团结协作，勤奋敬业，创先争优”的十二字工作状态和优良风气；团结奋进，合作共赢的“和”文化成为了我校的主流文化。

第二节 合力构建“组文化”

管理的最高境界是建设团体文化，而组文化恰恰是我校文化体系的组成之一。它是提升年级组、教研组战斗力、增强年级组、教研组凝聚力的重要手段。当学校“和”文化的整体氛围形成以后，组文化的建设就纳入到学校发展的重点工作之中了。

一、各具特色组文化

在组文化的创建中，我们引领年级组、教研组信守学校教育理念的核心价值，遵从学校规章制度，在努力培养具有国际素养的学生的同时，创设和谐发展、各具特色的组文化。

在大家的共同努力下，我们欣喜地看到，各组的组文化如雨后春笋般破土而出，为学校的发展增添了勃勃生机。

一年级行政组在原来七位班主任基础上又增加了五位科任老师，可以说一年级行政组成员组成是全校组成最复杂的一个组，他们用 654321 来概括自己的组文化。6 是指 12 位教师涉及班主任、体、英、美、品、音六类教师，5 是指办公地点分在五个办公室，4 是指办公室处在四个楼层，3 是指年龄结构老中青三代，2 是指 12 位老师身处两个校区，1 就是要把这么分散的组员凝聚在一起，形成合力，拧成一股绳。这是顺利完成本学期工作的前提和保证。

“工作有你有我，快乐因为你我”。这句话是二年级行政组的组训，也是她们在工作中很推崇的一种工作文化，或者也可以称其为一种工作理念。这种理念来源于李校长提倡的“和文化”，这是一种具有向心力的文化，是一种家的文化，更是一种正能量的文化。二年级行政组共有教师十二人，年龄段分别涉及了老、中、青三个年龄段。很像一个家庭，有慈祥的长者，有稳重的中年人，还有充满朝气的年轻人，大家在一起其乐融融。面对学校的工作，群策群力，面对教学新课题他们悉心研究，面对收获和成功又可以共同分享。于是，“工作有你有我，快乐因为你我”的组训就此诞生了。你中有我，我中有你，亲如一家这不就是一种“和”文化的体现吗？

三年级行政组认为，环境的和谐会使办公室温馨无比。她们力争建设温馨、积极、协作的办公室氛围，感觉如“家”。让教师每天走进办公室，就能拥有一个愉悦的心情，让教师在办公室体会到家的温暖，获得工作的快乐和幸福。在开学初的组内会议中大家各抒己见，最终确定“快乐工作，幸福生活；成就彼此，和谐发展”为组训口号，并装裱悬挂于办公室墙上。在组内十人大合影的旁边，她们还将自己喜欢的照片也贴在了墙上，与学生的合影体现了老师对孩子的温暖的爱；与配班老师的双人照体现了两人精诚合作的决心；单人照更是张扬着老师们活泼、时尚和童趣……一张张小小的照片看似简单，却让你走进办公室的一瞬间有种回家的感觉，“家”随意又充满温馨。

四年级行政组可以说是一个大家庭，拥有11位教师，老、中、青兼顾。姜老师、闫老师、佟老师和潘老师四位老教师经验丰富，是组里的“智囊团”。郭冬燕、李小芳、李秋莉、闻竹老师有活力、有干劲，对工作充满了无限热情。走进四年级组，就如同走进了一个温暖的家。老师们彼此间相互关心，互相帮助，亲如一家人。她们认为做任何事，只要全力以赴，发挥集体的智慧合力，就没有做不好的。大家都争做“正能量”的传递者。醒目的“照片墙”上可以看到一张张灿烂的笑脸，照片旁边是大家用心撰写的座右铭，它会时时激励老师们朝着自己的目标努力前行。她们最终决定用“凝聚智慧合力，体验职业幸福”作为组训，就是想在学校“和谐、超越”的办学理念指引下，挖掘本组教师潜力，深入开展高效课堂的研究，充分发挥伙伴互助的作用，高效学习的同时，快速提高学生的学习能力及学习成绩。当学生学有所成，取得优异成绩时，恰恰是为人师最幸福的时刻。

五年级行政组在大家集思广益，各抒己见的基础上，本着“和谐超越，亲如一家”的宗旨，最终达成了共识，确立组训为：“投入才会深入，付出才会杰出，用心才会开心，和谐才能超越。”团队口号：“团队成就自我，细节左右成败。”她们的座右铭是：“唯有你时时欣赏别人，你才会体会真爱的回报。”组文化核心确立之后，全组教师齐心协力，营造浓厚组文化氛围——布置办公室。从文化内涵的阐释，张贴的形式，布局的安排，大家出思路的出思路，打字的打字，剪纸的剪纸，齐心协力，人人参与，处处彰显着主人翁精神。工作上的事大家不分你我，紧密配合，用行动践行着组文化的内涵。

六年级行政组的组名为快乐一家，又称Happy Family。“手拉手，心连心，我们是一家人”是他们的口号。这是一个由十个人组成的一个和谐、温馨的大家庭。他们互帮互助、齐心协力、共同努力、争创佳绩。虽然学科不同，年龄不同，性别不同(就如同 Family 这个词组的字母组成大小高低各不相同一样)，但是他们追求高效课堂，追求“和”文化的心是一样的。他们的组训是：“‘和’是一首歌，山高人为峰”。组徽是用不同字体的“家”字，拼成一个“和”字，还创编了组歌——“和谐之歌”：“一心装满校，一心装满家。家是你和我，和是一首歌。”

英语教研活动以教师的发展作为价值中心，做到既“成事”又“成人”。在学校“人和兴校”的理念下，英语组提倡团结合作，互帮互助的教研氛围。在学区“新新杯”教育教学活动中，英语组井伟、刘金艳两名老师进行了课堂授课，组里全体老师以这次活动为契机，深入开展了各项教学研究活动，充分发挥集体备课的优势。英语组老师认真研究教材，共同研讨，完善每节课的教学设计，并积极调课听课，在课后及时研讨，对课堂中的闪光点和不足提出实效性的意见和建议，力求教案与课件的日臻完善。在整个活动中，英语组处处洋溢着团结互助、和谐共进的感人氛围。

“始于主动、寓于真诚、终于满意”是后勤服务组的组训。话不多，却表达了组里老师的一份真诚，他们愿意通过每个人的努力，全心全意为大家服务，做好学校的后勤保障工作。

优秀的教师团队文化是校园管理文化的一种新型表现形式。羊中心一个个拥有特色的组文化既具有“和谐”文化的共性，也充分体现了各组的特点与特色。它最大限度地发挥了团队的独特优势，也更加有效地激励教师，促进学校的发展。它们犹如学校里一道道靓丽的风景，绽放着异彩，散发着无穷的魅力。

二、和谐组文化，感人故事多

团队发展靠家和，团队凝聚靠感恩，团队管理靠目标，团队长久靠文化。“以团结互助为荣”就像一束明丽的小花，其散发着道德的馨香，她让我们知道，生活在羊坊店中心小学这个大家庭里，我们都是相亲相爱的一家人。“以团结互助为荣”就像一盏指路明灯，她总能照亮我们。将爱心洒向学校前行的路，她让我们知道，播种和收获一份感动，同时可以体会和咀嚼一份感动。无论播种或收获一份感动，都令我们这个大家庭增加一份爱心和温馨。在学校组文化建设的过程中，涌现了很多感人的小故事，这些小故事恰恰是团队建设的写照，尽管我们无法全面记述，但还是希望与读者分享几个属于我们的小故事。

同心协力温暖如家

那是10月中旬的一个夜晚，当我在家里打开电脑，准备把开学以来给班里孩子们精心拍摄的照片制作成视频小片的时候，我发现电脑里的软件已经过期了。我赶忙发短信给语文教研组长，晚上九点多收到她的回复：“刚刚哄孩子睡着了，试了试我的软件也过期了。”这下可麻烦了，眼看着10月底就要向家长开放了，如果我们的小片儿做不出来，那么整个活动中就少了一个家长最关注的亮点。

第二天早晨我赶快把这件事跟组内教师和学校领导都做了汇报，校领导给我们找来电教老师，大家一起利用课余时间尝试其他制作小片儿的软件，但还是觉得效果不如我们一直用的万兴的软件好。于是组内老师又开始还是决定再试试看看能不能找到原来的软件。大家分头行动，有的上网下载，有的向认识的人请教如何恢复原来的软件，还有的给其他学校的老师打电话寻找。功夫不负有心人，终于，在大家的共同努力下，在专业人士的指导下，我们的软件又恢复了作用，那一刻，大家的脸上都露出了灿烂的笑容。

——安洪洋

做一朵盛开的向阳花

我们的二年级组，是一个团结、乐观、向上的小家，无论谁有困难，组里其他老师都会第一时间赶来帮忙。有老师生病了，大家主动帮她代课；有老师要去参赛、做课，大家积极为她排忧解难；学校要进行家长开放活动，组里教师一起研讨、出谋划策、互相支持，每个人都无私地贡献着自己的资源，不分彼此……这样的例子不胜枚举。其实，我们只是学校的一角。学校里的每一位干部和教师都在用实际行动制造正能量，李校长牺牲休息时间帮助参赛选手反复磨课直到深夜；每次活动都可以看到各位干部辛勤工作、无悔付出的身影；老师们共研共备、共同提高；同事间互帮互助，宽容默契，为学校的品牌发展贡献着自己的力量……在羊中心这个大家庭里，我收获到了很多温暖与感动，正是这种正能量支撑着我前进的脚步，使我不畏惧任何困难。同时，作为一名年轻的党员，在平时的工作生活中也要积极做一名正能量的传递者，用微笑面对生活，用责任对待工作，用爱心鼓励学生，用善心帮助他人。正能量正传递在每个羊中心人的心中，愿我们都能成为一朵盛开的向阳花，尽情地向着太阳微笑。

——郭蕊

我们家的“60后”“70后”“80后”

我们六年级行政组是由10名老师共同组成的一个集体，是一个凝聚力很强的团队。我们是由“60后”“70后”“80后”三个年代教师共同组成的团队。三个年代人，三个年代不同的思想，却同时拥有着一个理念，那就是齐心协力搞教育，团结互助在一起。

我们“家”的“60后”——李维平老师是我们组最有经验的老师了。我们总是有事没事地喜欢追着李老师问东问西，而她总是毫不吝啬地向我们传授自己的宝贵经验。俗话说得好：“家有一老，如有一宝”。那用在我们组就是组有一老，更是一宝。说到宝，我们组还有三宝呢！体育李振峰老师、书法刘春海老师、品德杨正芝老师。先来说说李振峰老师，不管寒冷还是炎热，总是充满激情地带着学生们进行体育锻炼，所带领的校级跳绳队，在比赛中屡获佳绩。虽说李老师不和我们在同一个办公室，但是李老师的心时刻和我们在一起。当组里需要李老师帮助的时候，你一定会看到他的身影。再说说刘春海老师，他是市级书法学科带头人，对待书法教学更是潜心钻研，认真上好每一节课，培养了一大批喜欢书法的孩子，还承担着指导老师们练习书法。再说说杨正芝老师，不仅是本学科的市级骨干，而且她多才多艺，酷爱文艺，承担着带领本校老师跳舞娱乐的活动。在今年元旦年级组展示活动中，杨老师教全年级组老师舞蹈，大家一起和杨老师学舞蹈的场面至今还历历在目。想到这，我不觉心头一热，正像我们组的组歌中所唱的“一心装满校，一心装满家。不分你和我，和是一首歌。”在他们身上有许多值得我继续学习与传承的东西。

我们“家”的“70后”是中流砥柱。他们拥有较好的业务水平，丰富的教学经验，同时又不失创新的想法。张志华老师是六年级组的数学教研组长，她教学能力强，是践行学校高效课堂中的一名尖兵，她培养的学生口头表达能力强，思维活跃，成绩突出。安燕老师是我们的“智多星”，点子多，思维活跃，遇到困难，他一定是我们的坚强后盾，同时他还是学校青年班的领头军，是青年教师的榜样人物。张亚妮老师关心、爱护学生，班主任工作有条不吝，教学上对自己要求严格，教学方法灵活多样。

最后说说我们“家”的“80后”——音乐陈明老师。她具有“80后”不服输，不甘示弱的精神。负责学校合唱团工作，尽心尽力，使越来越多的孩子们喜欢上了唱歌，用他们美妙的声音唱出了心中的希望。陈老师为了这群喜欢唱歌的孩子们，总是加班加点的工作，从不计较个人得失，为孩子们付出了很多，带领他们获得了海淀区合唱比赛二等奖的好成绩。

在这个充满温情的“家”中，我收获最大的是踏实，感受最深的是和谐。

——栾红艳

和谐奋进　共放光彩

作为一名新任教研组长，如何进行团队管理建设，是我首先要面临的重要问题。那么如何进行团队管理建设呢？开学初，在与李校长进行了一次深入的谈话后，我们以学校“和谐、超越”的办学理念为纲领，确立了“亲如一家的和谐团队”的管理理念。我们组的人员各具特点。刘建华老师：热情洋溢，干劲十足的老教师；杨正芝老师：美丽大方，品社学科的权威；侯国仙老师：漂亮可爱的科学老师，深受孩子们的爱戴；闻竹老师：我们学校的IT精英，善解人意的小妹妹。因为大家是一家人，所以“让每位组员享受集体的快乐”就成为我的工作思路。在日常工作中，我做到了思考在前，引领在先。我关注每一位组员，多激励，多提醒，为大家提供有效的支持和必要的帮助。组内两位老教师眼睛不好，不能长时间盯着电脑，于是开学初，在询问她们的进度后，我帮他们制定了教学进度。在刚刚上报高效课堂巡展课时，我首先报名，作为示范课，为组内其他教师做引领。

对教研组的管理形成网格管理，以点带面，以高效课堂的推进和“新新杯”为契机，发挥骨干教师的作用。品德学科以杨正芝为龙头，信息技术由闻竹全面负责、综合实践由赵莉娜牵头，分校品生和科学由李熙凤和刘建华老师引领，让科任组凝心聚力，共同奋进。

作为一个教研组，教研工作始终是我工作的重中之重。为了组织好本组的教研活动，我多次请武淑红老师参加我组的教研活动，进行指导。每次的教研活动，由专人负责，大家共研共备，组内每个老师都有任务，本学期每人都负责至少四个教研活动主题。

我们不仅是个和谐的教研组，还是个团结奋进的教研组。真诚相助，相互支撑，体现在很多事上。这学期，我们组的任课教师的课时都在20节左右，教学任务很多，还有两位即将退休的老教师，但组内的教学研究、听课评课、科技活动等工作没有一丝懈怠。在“新新杯”和科技节活动中，就集中体现出我们组的特色。“新新杯”是本学期的重点工作，我们组的闻竹是参赛选手。我第一时间跟她研讨教案，听她说课，为她提供修改意见，尽我所能地为她提供帮助。杨正芝老师在每次听完闻竹试讲后，都将自己的建议附在她的教案相对应的地方，以帮助闻老师修改教案。

——赵莉娜

“和”文化力量带给羊中心的转变就发生在教师们身边，体现在点点滴滴的生活小事之中，教师们不经意的行为之中。当这些行为逐渐成为教师们的习惯时，内化为教师们的价值观时，就能给学校发展带来有力的支持和无尽的能量。

安洪洋老师的《便利贴的温度》，就让我们通过只言片语，体会到了凝聚着来自伙伴间的大能量。

便利贴的温度

学校就是一个大家庭，家人们给了我很多帮助，让我在这里成长了不少，提高了能力，也有了自己小小的成绩。在这个大家庭中，感动却一直未变，始终伴随我成长。这些点滴的感动都被我“收藏”在电子便利贴里，如阳光般，时刻温暖我的心！

我“收藏”的便利贴：

——张志华

一天五节课的她，放弃了唯一一节可以休息的时间，帮我看班。要知道她没有我们班的任何授课任务。我想，这只出于对我这个家人的关心，对孩子的负责。

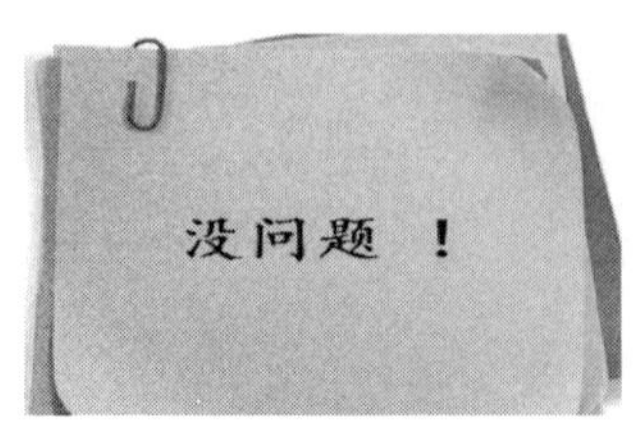

——刘春海、侯国仙

每当有了听课任务，或是临时培训离校需要代班，需要帮助组织学生放学。他们回复我最多的，就是这三个简单却感动我的字。对于科任老师来讲他们一天的课程安排很紧，可作为家人他们给予我的是不假思索的肯定！支持！

——张辉、张志华

记得那天，中午才得到通知，可以去万柳分部听窦桂梅老师的课。一走就是我们三个班主任啊！正在苦于如何调课，是她们俩挺身而出！或许你想不到，他们两个人带领全年级的学生。因为管理得当，孩子们的安全保障了，纪律保障了，我们三个语文老师如愿听到了专家的课。学到了不少知识。

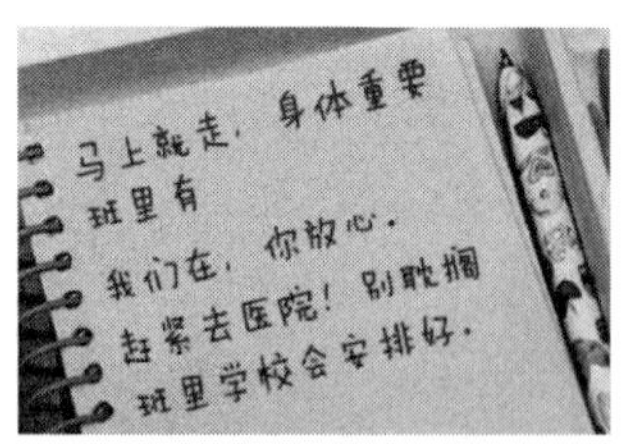

——姜小燕、张志华、吕宏艳等

三年级结业式当天，自己因为过敏身上、脸上都肿了。看到我的样子，她们第一句话是关心我的身体状况。作为家人，他们让我感受到了什么是爱！作为领导、教师，他们让我感受到了他们对学校对学生那一份强烈的责任感！

我的电子日记中，还有很多很多便利贴，记录着那些人那些事，记载着我的感动。一张张色彩鲜艳的便利贴，如同一道美丽的彩虹，与文字构成一幅和谐的图画。

在我们学校里，每一位老师都有这样的故事，也许，你觉得这很平常，是的，在我校这些都是日常发生的平凡琐事，但是，正是这些平凡小事，让我们为这里的百姓建设着一所优秀的小学校，为这里的孩子提供着最好的教育。

——安洪洋

第三节 做幸福教师，筑精神家园

李校长“人和兴校”思想上的引领，奠定了我校“和”文化的基础。系列“和”文化论坛的举办，促使教师们渐渐转变了固有的认知，纷纷从各自不同的角度，表达了对和谐团队的向往和追求；团队拓展、共研共备、建立特色组文化则加强了教师的团队意识。全校教师、干部的精神面貌发生了巨大的变化。于是，“做幸福教师，筑精神家园”又成为我们引领教师的更高文化追求。

一、做教师的榜样

李校长所倡导的和谐、进取的学校文化，在潜移默化地影响着全校师生的身心和行为，提升着全体教职工的职业幸福感。同时，她也以自己的人格魅力影响着学校每个人，引导每个教师爱学校、爱职业，努力调动每位教师的积极性。

井伟老师说：“来到羊中心，李校长就一心扑在工作上。她常告诫大家：作为一位老师，想把知识传授给学生，要能让他们愉快地接受，扎实地掌握才行。只有这样，才不负众望。这才是办让家长放心、社会满意的教育。只要有空，她就会走进老师们的课堂，了解我校教师的教学现状，并及时予以点评，恰当地进行点拨与鼓励，极大地调动了老师们参与教学研究的积极性，教研氛围日渐浓厚，教育教学成绩稳步提升，这是大家有目共睹的。”

李校长不仅倡导，更重要的是以身作则。她自己也把更多的精力放到了师生身上，以提升教师的生命质量，通过“服务”让教师感受幸福。这些点滴教师们都看在眼里，记在心头。

随着工作中与李校长的接触日益增多，我发现李校长是个对待工作认真细致，而且很体恤下属的领导，尤其是对我们青年教师，更是关心备至。她非常注重对我们青年教师的培养，经常进班听课，并耐心地为青年教师进行指导。赛课前夕，参赛老师们紧张地备赛，这时从校园联系网站上传来校长的嘱咐：“各位老师辛苦了，备赛的过程中注意身体。”平实的话语却让人感动莫名，校长在百忙之中不忘叮咛老师们调整作息，注意身体，而她自己却为了帮助一些青年教师整理教学思路而忙碌到深夜。还记得李校长和我们度过的第一个春节，在那个充满喜气的节日里，我们意外收到了校长为每位老师送去的特殊礼物——一盆新鲜的兰花，同时收到了校长的祝福短信。工作这么多年，第一次遇到如此体贴入微的领导，老师们都很感动！

——李燕《难忘的新年礼物》

“要有自信，你很优秀，我帮你改稿子。”李冬菊校长找到我，充分肯定了我的工作，她鼓励我，希望我抓住这次评选紫禁杯班主任的机会，勇敢地去尝试参评。当我打了退堂鼓时，李校长却不放弃，下班后，她帮我把工作理念重新定位，一点点帮我清点了我的工作业绩，理清了我的汇报的思路，一份思路清晰的草稿诞生了。看着她帮我整理的那张 A4 纸，我感觉到了：这些年我真的在成长。我突然有了自信——我行！接下来几天，我们一起整理了材料。李校长帮我确定了汇报稿的几个主题，我把资料分门别类地填充进去，她又帮我精心挑选了我在教育教学中的案例，几个主题的标题，从刚开始的短句，到后来排比式短语，最后确定了排比句式的祈使句，五个标题让人感到温馨大气。她总说“细节决定成败”，一份四千多字的稿子，她字斟句酌，甚至不放过一个标点符号。经过我们的共同努力，我终于获得了“北京市紫禁杯优秀班主任一等奖”。“这喜讯犹如一道光辉，温暖了我曾经自卑的心，照亮了我铿锵前行的路。这就是我们的李校长，她不爱高谈阔论，每每只是简单几句朴实的话语就让人心中感到服帖，舒服而又感动。她用自己的言行让我们感受到了集体的温暖和凝聚力。”

——薛秋兰《成长的足迹》

安洪洋老师也有同样的经历和感受：

不会忘记，在第一次试讲后，校长把我叫到办公室，听我说课，和我一起备课。课堂上每一个问题的处理，她都细心地记录下来。不放过每个细节，帮我排除万难，不断鼓励和激励我，使我感动不已。不会忘记，那天我们一直说到六点多。当我离开，提醒她注意休息时，她说：“不休息啦，马上就得出发，还有会呢。”她在百忙之中抽出时间帮我备课，是不是连晚饭都吃不上？校长就像家长，给了我最强大的支持！

“和”文化的构建过程就是建设一个温暖而充满活力的校园生活过程。在这个过程中，李校长是我们的领路人、贴心人。

二、建和谐幸福的团队

融洽的同事关系、和谐的干群关系影响着教师之间的和谐相处；正能量的感染，影响着每一位教师的职业环境幸福感。在此基础上，我们又引导教师进行职业规划，鼓励创优争先，让每位教师深刻认识到没有目标的生活与工作是没有幸福感的。我们开展了教师职业规划培训，引导教师在追求职业的成就中，树立自信，追求幸福。

李校长经常说：“一个好的老师，应该像一杯好茶，让学生回味无穷；应该像一本好书，让学生百读不厌。好老师语言应该是幽默的、善意的、容易为学生所接受的。好老师应该扮演好几种角色——学生的保护者、学习方法的传授者、学生前进路上的引路人、学生的玩伴。好老师，应该是大度的，要有容忍学生犯错误的度量；好老师，应该是无私的，应该是非常注重情感教育的。而所有的好老师，还有一个共同的特点，那就是——他(她)爱学生，学生也爱他(她)。爱的传递与回馈，是教育工作最美好的职业精神，成就了最崇高的职业幸福感。”

做学生喜爱的教师，让自己的人生在小小讲台上升华才能更具幸福感。这就是我们所要倡导的教师追求。为此，学校引领教师“人人创优”，通过评选“和谐共进年级组”、“常规岗位能手”、“金牌教师”、“年度榜样人物”、“学生喜爱的教师”等，引领教师体验职业成就感与幸福感。

在李校长的引导下，几年来教师团队不断涌现出一批家长信赖，学生喜欢的好老师。教师在这一过程中也感受到了作为一名教师的荣誉感，深深地提升了幸福感。

赵莉娜老师在她撰写的《关注学生的需求　点燃兴趣的火花》里写道：

我是一名综合实践课教师，综合实践活动强调对现实问题的解决和对知识的综合运用，更关注解决问题的实践过程及由此产生的丰富多彩、生动鲜活的体验。综合实践活动还鼓励教师对教学内容进行资源开发和二次开发。为了调动学生的学习兴趣，为了让学生乐于探究、勤于动手和勇于实践，我每学期都会做这样一个课前学生调研。

调查问卷

1. 上学期你最感兴趣的学习内容是什么？
2. 假期，你做了关于哪些方面的调查？
3. 本学期，你想研究关于哪方面的内容？
4. 你想学习哪些知识和技能，把你感兴趣的内容写下来。

让学生把本学期想学的知识技能和感兴趣的内容写下来。然后我再把学生提出的内容进行分类整理，找出适合学生智力发展、促进知识积累、提高技能的内容进行资源开发。我带领四年级学生先后开展了"传统玩具我来做"、"绳的游戏"、"我爱织布"等几个大主题活动，在"传统玩具我来做"这个大主题活动下，开展了"华容道"、"七巧板"、"翻板玩具"等不同的小主题活动。

在"绳的游戏"大主题活动中，开展了有趣的"结"和"翻绳游戏"两个小主题活动。我带领孩子们一起畅游在绳和结的知识海洋中，从上古的结绳记事到云南的十八怪之一——鸡蛋用草串着卖。学生们学会了用活结和死结捆瓶子，并会用四种方法系鞋带。在做"翻绳游戏"时，很多同学从开始的手指僵硬，到能做到只用 32 秒就能连翻一整套的七种图形。还有很多同学自创了"蝴蝶"、"菊花"、"海上日出"等花样。课下孩子们总是追着我问这儿问那儿，说自己又创造了哪些花样，又研究出了一种既快又简单的打结方法。

用微笑面对学生，同时也收获学生的微笑。尊重学生，同时也被学生尊重——教育就会在这种双向认同的过程中得以延伸，人生也因此变得厚重起来。想学生所想，爱学生所爱，把学生看做是千姿百态的花朵，精心呵护，做学生最喜欢的老师，这就是我一直的尝试和努力。

——赵莉娜《关注学生的需求　点燃兴趣的火花》

1918 年 2 月 24 日，顾拜旦在洛桑自由希腊人协会的会议讲话中说："体育教育者的任务，在于让优秀品质的种子在人体里开花，在于让人们学会举一反三，将这些品质从某种特定环境移植到整个大环境中，从某种特殊类别的活动转移到个体参与的所有行动当中。”

我校作为全国奥林匹克教育示范校，也许我们的体育教师——周晨光老师的教育故事，正是对奥林匹克先驱顾拜旦先生教育理念的佐证。

走近学生，就是完善生命

这件事发生在好几年前我接低年级体育课时，他是二年级×班的小A同学，教他的教师都感到头疼，在班里这孩子几乎所有的课都上不下去，他根本坐不住。大家对这个孩子许许多多问题的谈论，激起了我的好奇心。“真的有这么难教吗？或许我会让他有所改变吧！”我默默地想。

某日，遇到这孩子的妈妈又来校解决孩子的问题，于是我上前攀谈。面对家长止不住的泪水和无奈的倾诉，我决定向自己发起挑战，用自己的方式来帮帮这孩子。于是，不论是在课上还是课下我都对他多了几分关注。通过几次体育课的留心观察，我发现他喜欢干什么就干什么，我行我素，从来不把老师放在眼里。当老师批评他时，他就会流露出满不在乎的样子，或者根本不理睬。“不行！我必须缩短我们之间的距离，才有可能改变他。”一次体育课上，我抓住他一点优点故意放大表扬了他，下课后，又特意让他和我一起送器材回办公室，并趁机非常和蔼地问他：“你平时最喜欢上什么课？”“你喜欢体育老师安排的游戏吗？”“原来你是个很棒的孩子……”孩子回答我的是简单的几个字和不冷不热的表情。

经过缜密思考，我决定把全校上操音乐控制任务交给他。当然，我实际上已经把音乐做到了全程规划，全程控制，这样，只需要把自动转为简单的手动，就能保证课间操需要。第二次我边上操边与他暗中互动提示，第三次我让他独立操作，并且在全校表扬他做事认真独立，有责任心等等，以后上操的一个月，都是他独立控制和操作。他的自信心和责任感不断提高，全校师生的掌声就是对他最好的鼓励。

此后，他完全变了，每次课堂上他都像个小老师，一边和同学们一起学习玩耍、一边帮我维持课堂纪律，时而还为同学们做漂亮的示范，下课时全班同学都向他报以热烈的掌声。每次下课我都会被孩子们围绕，很多时候还把我们围个水泄不通。而他也总是乐在其中，表情总是幸福、快乐，还有真正的尊严。他的进步，代表了他的成功。

——周晨光《走近学生，就是完善生命》

从平凡的日常教学工作中感受生活，享受生活，寻找生活中的乐趣，自有一番味道。有人说：“当老师挣不了多少钱，事儿可不少。”也有人说：“当老师，千万别当小学老师，就是一个孩子王，家长又那么事儿多！”所以，你也许会问，教师的幸福从何谈起？做一名小学教师更是谈何幸福？幸福在哪里？但是，李小芳老师却始终认为：风物长宜放眼量，教师生涯最幸福。

做一名幸福的小学教师

还记得一次上公开课试讲，从教学环节设计到指导学生学习方法的操作，出现了不少问题，但听课的领导和老师却给了我很高的评价，还利用课余时间帮助我一字一句的修改，使我备受鼓舞。我想，作为教师队伍里的一员，能得到了组织的信任、领导的关心，还有同事们的热心帮助，这让我感到在学校工作是幸福的！还记得带完毕业班的那个教师节，班里的随班就读学生孙牧曦的家长特地打来电话问候，说什么也要送一箱奶表达家长对我的谢意。多少次手把手教牧曦写字词，多少次课下一句句的鼓励，多少次与家长的沟通……换来的不正是家长的理解与支持吗？记得今年春天，在一个课间，一名学生刚走出教室又跑了回来。她神秘地从小兜里掏出两个核桃，说：“老师，这是送给您的，很好吃！”我接下两个核桃，感觉沉甸甸的。那一整天，我都被一种幸福感包围着。

身为教师的我们，有被人误解的时候，有被学生气急的时候，也有被成堆的琐事困扰的时候。但是，当我面对孩子那天真无邪的笑脸时，我的烦恼便会烟消云散。清晨，当我迎着第一缕阳光，迈着从容的脚步踏进校园时，孩子们从四面八方跑过来，亲切地喊：“老师好！”的时候，我都感到无比的快乐和幸福！

幸福感让平凡的生活充满诗意。透过刘春海老师的随笔《感受心灵之美幸福而行》，你就会感受到教师的职业幸福不是教师职业的崇高，因为历史早已为她正名；教师的职业幸福不是教师工资有多高，因为清贫永远是职业特征。我们的教师的职业幸福更多地来自我们的团队。

感受心灵之美幸福而行

见过这样的小棒吗？为了准备我的区级研究课，准备这看似简单的道具，你会在大街上的各个小店里，见到云赛红的身影。见过这样的场景吗？每个人的生日都在她的心中，烛光闪闪，照耀温情。她就是李凯悦——我们的组长。见过这种磁贴吗？普通得不能再普通，可在我的眼中总有一个纤细的身影，每次在我需用磁贴的时候，段小颖都会从分校送到我的手中。和谐的环境，让我活力倍增，信心渐强。环境就具有这么大的力量，从里到外影响着你。这样的职业环境净化着每个人的心灵，有了这样的职业环境，才有了我幸福的职业人生！

——刘春海

成就学生是幸福的，传道、授业、解惑是幸福的。幸福感就是在这些朴素的日子里，你觉得自己是个幸运的人，你就是幸福的。杨正芝老师在《平凡职业美丽人生》个人随笔中这样写道：

在参加2012年全国名师同步课程资源录制课程的过程，让我变得更加阳光自信了。这是一个很艰巨的任务，两节一年级的课，以电视、网络等多种渠道传播，由于受众面不一样，任务的难度可想而知。一学期我的手头有四本教材及教参，六年级的品社、六年级的音乐、一年级首师大版两本教材。单周区里活动，双周市里活动，19节课要在三天到四天里完成，我只能利用中午时间给学生录音，每天修改教案到半夜。

在这紧张的工作中，为什么让我变得更加阳光自信了呢？我的自信源于身后一支优秀的团队，他们是我坚强的后盾。我周围的领导、同事们给予我最大的支持与帮助，为我前行的道路上增添了动力和信心。我很高兴能生活在这样温暖和谐的大家庭中。没有领导、老师们给予我的指导、帮助，就没有我现在的进步。我也将把这份厚重的爱传递给周围的同事，用快乐、感恩的心态、尽自己所能帮助周围的人。

拥有阳光心态，就会享受工作的快乐。李凯悦老师每天都有着阳光般的心情，她分享说：

家和万事兴，学校队伍建设塑造上突出一个“和”字。办公室是团结战斗的集体，提升整体工作水平的关键，在于有一支招之即来、来之能战、战则必胜的坚强团队。应注重营造奋发向上、拼搏进取的工作氛围，也促进了他们的能力提升和政治成熟。应大力倡导和发扬团队精神，班子成员、干部之间相互信任、相互配合、相互关心、相互沟通、相互谅解。做到大事讲原则，小事讲风格，树立“分工不分家”的观念。现实表明，做好办公室工作必须以“和”为贵，“家和万事兴”，互相补台，好戏连台。只有将全体干部的工作目标和切身利益统一起来，才能形成“九牛爬坡，各尽其力”的强大合力，推动办公室工作顺利开展。

与同事相处久了，大家都有共同的感慨，每天同事间共事的时间比自己的家人相处时间还要长。因而有一个快乐的心情与同事共处，与同事间相处，更要多一些宽容与理解。凡事不能斤斤计较，多关心体谅别人，在个人利益遇到冲突时，一定要尽量把他人的利益放在前面，凡事做到简单就是最好。人常说：“家和万事兴。”无论大家、小家都是这样的道理。所以在工作中有了快乐的心情，回到家里心情自然快乐！

作为小学教师独有的幸福感，该是一份怎样的实在！让我们跟着李雪老师一起去体验，她在《让我们幸福着前行》中写道：

教师节那天早晨，学生们兴奋地把一束束鲜花和自制礼物送给我，我微笑表示感谢。上操时一名男生悄声问我，老师，自己画的画是不是比花好。我随声说，是呀。后来一想是因为他送了我一张画，不禁在心里偷笑。后来，他每周送我一张画，虽然很稚嫩我都珍藏。

她是个少有的淘气女孩，一天我看到她走路不太对，就叫住她问，为什么不好好走？她说脚疼，我一看原来鞋不合适，把脚磨破了。就拿来创可贴帮她贴上，那一天，她特别遵守纪律。孩子虽小也体会得到老师的关爱。从孩子们点滴的进步中我体会着幸福。

幸福是清晨那一声声甜甜的问候，幸福是课堂上渴求而专注的目光，幸福是作业本上稚嫩的“1、2、3”，幸福更是傍晚道别时那轻轻地挥手……幸福时时萦绕在身旁，就像淡淡的茉莉花香，静静地在教室里流淌。幸福像一汪清泉，滋润着我们干枯的心田；更像一杯浓郁的咖啡，它的醇香与甜美让我们久久地回味……幸福就像花儿开在你我心中！

学校之所以是孩子们学习成长的乐园，是因为一种文化滋养了这块沃土，是因为一群内心充满了爱和幸福的园丁为了花的美丽、苗的茁壮而精耕细作，无怨无悔！而这一切的得来是源于我们对教师职业的理解与追求，源于我们“和”文化的提出与构建。“和”文化建设不仅为动荡之中的学校带来生机与活力，更为学校后续的发展奠定了基础。在温暖、和谐，彼此相亲相爱，追求幸福和超越的“和”文化中，我们开始载着奥林匹克教育的梦想起航。

② 第二章　追求我们的奥林匹克梦

现代奥林匹克运动的发起人、法国教育家、国际体育活动家、“奥林匹克之父”皮埃尔·德·顾拜旦在其散文诗《体育颂》中，将体育看成是“美丽、正义、勇气、荣誉、健康、进步与和平”的化身。

顾拜旦在《体育颂》中高声吟唱：

“啊，体育，你就是培育人类的沃土！你通过最直接的途径，增强民族体质，矫正畸形躯体，防病患于未然，使运动员得到启迪；让后代长得茁壮有力，继往开来，夺取桂冠的荣誉。”

“啊，体育，你就是进步！为了人类的日新月异，身体和精神的改变要同时抓起，你规定良好的生活习惯，要求人们对过度行为引起警惕。你告诉人们遵守规则，发挥人类最大的能力而又无损健康的肌体。”

“啊，体育，你就是和平！你在各民族间建立愉快的联系。你在有节制、有组织、有技艺的体力较量中产生，使全世界的青年学会相互尊重和学习，使不同民族特质成为高尚而公平竞赛的动力!”

顾拜旦对奥林匹克精神的阐释是：“理解、友谊、团结、参与、合作、公平竞争。”

《奥林匹克宪章》对奥林匹克运动是这样表述的：奥林匹克运动的宗旨是通过开展没有任何形式的歧视并按照以互相理解、友谊、团结和公平比赛的奥林匹克精神来教育青年，从而为建立一个和平而更美好的世界做出贡献。

人之所以为人，是教育奠定了根本，教育是奥林匹克的灵魂！顾拜旦先生提倡的奥林匹克精神不只是为体育的注解，也是整个教育的明灯。

在距离现代奥林匹克发源地雅典 12000 公里的北京市羊坊店中心小学，一群勇于探索的教育工作者们正在把顾拜旦先生提倡的奥林匹克精神应用到教育实践中，探索出一条独特且可行的奥林匹克教育之路，一个关于奥林匹克的教育之梦悄然发芽。

第一节　奥林匹克教育办学方向的确定

一、我们的奥林匹克情结

每所学校都有自己的历史传承。在和谐的氛围初步营造后，李冬菊校长开始了学校可持续发展的进一步思考。她带领大家经过近一年的细致调研，查阅了学校各类文档，全面总结了学校半个多世纪的办学实践经验。在此过程中，领导班子分析了学校发展过程中的特点，从中梳理出学校开展的奥林匹克系列教育活动的脉络，将学校 2001 年至今开展的奥林匹克教育活动归纳为四个阶段。

第一阶段：2001—2003 年奥林匹克教育初步探索阶段。学校在奥林匹克教育专家裴东光教授指导下，在时任校长的领导下，从模拟奥运运动项目开始，体验奥运魅力。当时，2002 年，我校组织的首届"模拟古代五项奥林匹克运动会庆典"，被教育界称为奥林匹克教育的一次创新，奥林匹克的种子根植于每一个孩子的心中。学校成为全国首例在学生中全面开展奥林匹克教育的学校。

第二阶段：2004—2006 年，奥林匹克教育不断发展阶段。学校提出"在奥运背景下培养具有国际素质的一代少年"的育人目标，奥林匹克育人理念逐步清晰。紧扣这一目标，学校推出系列相关的校本课程。

第三阶段：2007—2009 年奥林匹克教育深入探索阶段。借着北京举办 2008 年奥运会的契机，大量师生积极参与丰富的奥运活动，学校荣获首批"北京 2008 奥林匹克教育示范学校"的称号，荣获"奥林匹克教育德育成果奖"。

第四阶段：2009 年至今的后奥运时代。学校着力构建奥林匹克教育体系，用奥林匹克精神引领教育教学研究，建设特色的学校文化。

由此可见，从最初的"小小奥运会"，到如今将公平、互助、超越等奥林匹克精神融入学校教育的全部，全校师生在五环的映照下一路走来，用十五年的发展诠释了我们的奥林匹克教育梦想。

二、新的机遇与挑战

2010 年 5 月，羊坊店中心小学成为“UDS 合作学校发展共同体建设项目”的一员，这一项目是 2010 年首都师范大学与海淀区教委合作开展的学校建设项目。项目中的 U 是指大学(University)，D 指地区(District)，特指地方行政部门，S 指学校(School)。UDS 代表三方构成合作共同体。该项目是一项具有一定行政色彩的工作计划；是以学校实践改进为直接目的的行动研究计划；是地方行政部门、大学、学校三方合力共建的合作计划。在这个由高校研究人员、区域政府的管理人员和学校教师干部三方构成的学校发展共同体中，大家合作探索如何提升学校的管理品质、办学品质，如何促进学校、教师、学生的发展。首都师范大学首都基础教育发展研究院孙素英教授成为了我校的下校专家，每周定期到学校进行沉浸式校本支持。UDS 项目对于我校来说是一个巨大的挑战，但同时也是一次千载难逢的机遇，我们必须抓住这个机遇，使学校有一个质的飞跃。

6 月 UDS 项目组和海淀区小教科来到我校进行调研，听课、访谈、参观校园、阅读学校规章制度和文字材料，更全面地了解学校，对学校进行诊断。在反馈中，项目组对学校干部教师的整体状态、和谐的人际关系、干部的工作能力等都给予了积极的肯定，但同时也指出学校办学理念体系尚未形成，系统的话语表达还没有显现，学校奥林匹克办学特色虽然已经有所显现，但还远没有深入到教师层面，无论从深度和广度都还有很大的提升空间。

我们意识到这次调研对于我校发展的关键性，所以对于项目组的反馈意见给予了高度重视。为了引领学校的发展，UDS 项目组开展“三划建设”，提出“学校发展因规划而长远，因计划而扎实，因策划而精彩”。“三划”的提出，给学校教育带来新的视角，新的高度，新的形式，使我们目标性更强，思路更清晰，引领我们把目光进一步聚焦到奥林匹克教育的特色发展上。

三、探寻新方向

虽然学校已有的奥林匹克教育基础孕育了办学理念的萌芽，但由于存在诸多制约学校发展的因素，在 2010 年前，学校一直没有形成明晰的办学思想和明确的发展方向。经过深入分析我们认为，多年来学校教育一直重视学生的体育成绩和竞技成绩，但对体育的内涵挖掘不够，忽略了学生体育精神的培养。学校的德育工作，理论和说教的多一些，从实践中进行品德培养的措施和方法少一些。

就这样，经过探讨、研究，我们明确了学校在现有奥林匹克教育的基础上，进一步深化和拓展奥林匹克教育的内涵与途径，走出一条符合学校实际的特色教育之路的新愿景，让奥林匹克教育成为学校教育核心内涵和名片，从而为学生建立起积极、活跃、健康的生活方式和有特色的校园生活。而要做到这些，当务之急就是要建立起系统的办学理念体系和实施框架。

第二节　奥林匹克教育办学理念的形成

办学理念是教育实践提炼成的办学理想和办学信念，是学校的精神之所在。认识到奥林匹克教育与学校办学的精神追求与一脉相承，我们开始了为期一个学期的办学理念的学习、研讨、提炼过程。在这个过程中，我们在李冬菊校长的引领下，在 UDS 项目专家的帮助下，经历了头脑风暴、学习研讨、深化聚焦、专家论证、教代会通过等诸多扎实的过程环节，逐步形成了系统的学校办学理念体系框架。

一、全员学习大讨论

从 2011 年开始，我们开展了全员、全面的有关奥林匹克教育办学特色方案的学习、研讨、提炼研磨过程。

我们首先在学校开展了深入的调研活动。我们先后召开各种座谈会，进行问卷调查，开展头脑风暴，让老师们每人提炼最能代表奥林匹克精神的关键词，结果，全校提炼了 100 多个关键词。如何引导教师深化理解奥林匹克的精神实质，进一步聚焦学校的办学理念呢？唯有学习！

于是，所有的教师都参与到这次理念的学习中去。大家查阅有关奥林匹克教育的知识，所有的人都以主人翁的责任心为学校的发展贡献着自己的力量，在不断的研讨当中，教师主体性得到充分的发挥。大家对奥林匹克教育的内涵又有了更深、更广的认识。

在学习中，老师们逐渐认识到奥林匹克教育是将体育运动、文化和教育融为一体的教育，强调将身体、心灵及精神等品质均衡地结合起来，强调相互了解、友谊和团结；强调竞技运动的公平与公正；这种奥林匹克教育是一种全新的身心教育方式，倡导尊重、理解，公平、公正，宽容、友爱的和谐思想，弘扬“更快、更高、更强”追求卓越的精神。所以“奥林匹克”不仅是一种精神，还是教育机会，更是教育理念。把握好教育角度，教育教学、德育工作就会在新的时期拥有新的内涵。因此，学校教育内容与奥林匹克教育相契合，将奥林匹克教育融入学校教育中，能够给学校教育带来新的视角，新的高度，新的形式，从根本上改变学校教育重说教、轻体验，重成绩、轻精神的现状，培养学生的责任感、担当精神、公民素养等，并可以从“奥林匹克教育”模式的研究中探求出一条具有学校特色的教育之路。

高度的认同带来的是高度的继续投入。在学习的基础上，我们又进行了核心词语的再聚焦，通过统计把出现频率比较多的词语进行研讨，这样做就是让大家的智慧进行碰撞与分享。在一次次的辩驳、讨论后，把大家的思想逐渐统一起来，最终从 100 多个关键词中，提炼成“和谐，超越”这两个最能体现奥林匹克精神和符合时代要求的核心词语作为了学校办学理念内涵。

二、构建奥林匹克办学理念体系

在确立了核心理念关键词后。我们接着召开了“聚焦特色，寻求发展”为主题的文化创建交流会，并以“和谐、超越”为核心理念，确定了学校的办学目标、出台了新校训。我们在原有的育人目标、校徽图案基础上，考虑到时代的需求和学校现在发展特点，初步构建起学校办学理念体系框架。在此过程中，UDS 项目组孙素英教授查阅了大量的有关奥林匹克教育的文献资料补充到体系中，多次来到学校帮助研磨方案，其修改的稿件达八次之多，每一次的修订即使方案更加趋于完善，每一次都对干部的认识有一种提升。

学校办学理念体系框架初步架构完毕后，我们在全校家长会上进行宣讲，征询家长的反馈，使办学理念体系更加清晰完善。在此过程中，全校师生、家长还参与了校歌的编创、谱曲。

2011 年 9 月 29 日是我校历史上不寻常的一天——在我校召开了海淀区 UDS 项目第一次三方联席会议。通过召开奥林匹克教育专家教授学者、教育行政管理部门、校方三方论证会，我校办学理念得到专家认可。参加会议的有海淀区教委张彦祥主任，小教科吴谨科长、王芳老师，UDS 项目总监李延林教授，项目主持人杨朝晖教授、项目顾问万福院长、张梅青校长，此外还有项目外请专家蒋建华教授。在这次会议上，李冬菊校长做了题为“在文化创建中提升学校办学品质”的发言，就学校在海淀区“十二五绽放计划”实施过程中的行动进行了介绍；提出羊坊店中心小学要创建特色文化，要进一步传承学校奥林匹克教育的优势，创新奥林匹克教育内涵，让奥林匹克精神植根于我们的德育、智育、体育、美育之中，全力打造羊坊店中心小学奥林匹克卓越学校。这为羊坊店中心小学的进一步发展提供了机遇与挑战。与会的专家学者对学校的办学理念的定位，给予了充分的肯定。

通过召开奥林匹克教育专家、教授学者论证会，奥林匹克教育理念体系和特色方案体系更加成熟和完善。于是，学校教代会通过了《奥林匹克教育办学理念体系与特色建设方案》。至此，我校的办学理念体系完全形成。

以下就是我们办学理念体系及其解读。

(一)办学理念：和谐、超越

1. 和谐

“和谐”一词，蕴含和衷共济、内和外顺与协调、和睦之意。和谐就是人与自身、人与他人和社会、人与自然的和谐互动关系。中华文化的和谐精神可以归纳为“和而不同、求同存异”，即事物不仅是整齐一律和平衡对称，更重要的还在于在差异中求协调，在不齐中见整齐，在整体上给人以匀称一致、和顺适宜的感觉，并使主客体达到矛盾统一。

和谐也是奥林匹克文化与中华文明的最佳结合。和平是奥林匹克和谐理念的首要内容。《奥林匹克宪章》明确指出，“奥林匹克主义的宗旨是使体育运动为人的和谐发展服务，以促进建立一个维护人的尊严的、和平的社会”。《奥林匹克宪章》对奥林匹克精神的定义：“相互理解、团结友谊、公平竞争”这是创造和谐的基础。对于学校而言，和谐包含三个层面：

师生和谐，以学生和教师的发展为目的，实现学生、教师、学校整体的进步和持续的和谐发展。

生生和谐，即学校通过具有整体性、均衡性的课程结构，使学生在身体、智慧、情感、态度、价值观和社会适应能力等方面协调发展，实现生命整体的和谐性。

环境和谐，即学校的人文环境有包容个性、感受心灵自由、促进思维活跃的生活空间；有帮助每一个成员获得成功、实现自身价值的发展平台；有相互之间交流、沟通、理解、接纳的人际关系；有宽松、民主、友善、融洽的学习和工作氛围。

2. 超越

“超越”的核心是更高、更快、更强。现代奥林匹克崇尚在公平原则下顽强拼搏、不断进取、勇于奋斗的精神。胜利，源自超越自我、战胜挫折的顽强信念，具有国际素养的小公民应当是一种自强不息、顽强拼搏、超越自我的人。

顽强拼搏、自强不息是奥林匹克教育下的每个人都应具有的精神。在困难面前不低头、在压力之下不逃脱，用坚韧的毅力去探索，培养顽强拼搏、自强不息的精神。

(二)办学思路：人和兴校，常规提质

“人和”指的是人的和谐。学校努力培育互助性的干群关系，合作性的同事关系，服务性的师生关系。共同营造“和谐”上进的人文环境，达到团队“和谐共生”的理想状态，强调合作胜于竞争。

常规提质就是立足常规，创新发展。常规是实现超越的基础，只有抓实常规，常作常新才能实现真正的超越。

(三)办学目标：办国际化奥林匹克教育卓越学校

通过五年甚至更远的时间，立足国内教育优势，探索国际化奥林匹克教育的新途径，真正做到让每一个学生都能够和谐发展！让奥林匹克教育浸润到学校的每个角落；让奥林匹克的精神滋养每一位孩子的心灵；每一个孩子都能展现生命的丰富性和主动性，都有属于个体生命的发展空间。

(四)育人目标：培养具有国际素养的小公民

培养具有独立精神和全球化视野的高素质的小公民。让每一个孩子都具备一个信念：热爱地球村的家园——祖国；具备两种精神：科学精神和创新精神；具备三大意识：责任意识、超越意识与国际意识；具备四种品格：自律、自尊、自信和自强。

(五)校训：让优秀成为习惯，让习惯成就卓越

古希腊哲学家亚里士多德就说过：优秀不仅是一种行为，而且应该是一种习惯。“优秀”是一个形成良好习惯的过程，是一个不断学习的过程，是一个不断超越的过程，是一个不断完善的过程。

奥林匹克精神的核心是“相互理解、团结友谊、公平竞争”。要求学生有较强的学习能力和思维的活跃性与敏捷度，有创新能力。能顺应时代的要求，有一定的领导力、影响力，有极强的人格魅力。让每一个学生在自己的基础上更加杰出，为成就卓越、幸福的人生奠基。

（六）口号：做最好的自我

一个人能力有大小，才能各有异。因此，我们把“尽最大的努力，做最好的自我”定为羊坊店中心小学每一位师生共同的追求。

（七）校徽

1. 文化意蕴

校徽的主体由中国汉字的“羊”演变而来，其中包含着“中”字，整个字在校徽的中“心”构成学校校名的缩写。校徽底色为蓝色，象征着天空，“羊”字的两点代表两棵幼苗，寓意羊坊店中心小学的教师用心营造一种绿色、人文的生态教育。学生都是一棵棵生机勃勃的幼苗，在学校这个和谐的大环境下茁壮成长，不断超越进取，向着更高、更快、更强的目标奋进。下方以橄榄枝的交叉簇拥为支撑框架，象征着和平，表达了让世界充满和平从我做起的决心，诠释着羊坊店中心小学的奥林匹克情结。

2. 造型

校徽构图基本造型取材于圆形。上方学校的全称，与下方的橄榄枝构成一个圆形，和谐生万物，圆形是圆满、稳固、完美的象征，寓意学校营造和谐，追求卓越、完美的思想境界。

3. 色彩

蓝色代表智慧，黄色象征着文明，红色代表羊坊店中心小学全体师生的热情，绿色蕴含着尊重，倡导人与自然和谐相处。表达了学校用智慧不断超越进取，用热情与尊重架起与外界的交流合作之桥。

(八)校歌

沿着办奥林匹克特色教育，创建国际化卓越学校这条发展总思路，学校全体师生又继续创建了“奥林匹克教育活动体系”，形成了“五个纳入”的发展战略，即将奥林匹克教育办学理念纳入学校发展计划，纳入校园文化，纳入课程资源，纳入学生活动，纳入体育活动。形成了“四个探索”的发展建设思路，即探索奥林匹克教育与学校文化相结合的管理模式，探索奥林匹克教育

与课堂教学相结合的教学模式，探索奥林匹克教育与构建高素质人才队伍相结合的培养模式，探索奥林匹克教育与学校教育活动相结合的育人模式。

至此，以创新和发展“奥林匹克教育”内涵为切入点，将奥林匹克精髓渗透到德育、智育、体育、美育的发展中，着手培养具有国际视野、适应社会发展的新一代国际化小公民的“奥林匹克教育”特色办学模式被基本构建出来。它是在羊中心特有学校的土壤中生长起来的，是经过广泛研讨，逐渐聚焦，经过全员参与共同生成的、师生所共同追求的学校愿景，是全体羊中心人的未来发展的基本行动框架和指南。之后，在行动框架的指引下，奥林匹克教育在学校德育、智育、体育、美育中全面展开，学校进入创建特色学校，全新育人的新时期。

在我们探索奥林匹克教育的过程中，还得到了国际奥委会委员、执行委员会委员何振梁先生，国家奥组委执行副主席李炳华先生、北京市教委杜松彭副主任、国家奥组委新闻宣传部杨志成处长、北京奥运办程晗主任等领导的支持和指导。

新的办学理念体系必将引领我校进一步的可持续发展！我们相信，在后奥运时代，奥林匹克教育、育人理念在未来一定会得到传承与弘扬。

3 第三章　干部在管理中突破自我

众所周知，学校办学质量的高低，社会声誉的好坏，关键在于干部和教师队伍的建设。目前，学校发展愿景明确，学校办学理念已成体系，如何办好国际化奥林匹克教育卓越学校，打造一支优秀的管理干部队伍，成为羊坊店中心小学发展的紧迫任务。

在2010年1月，李冬菊校长通过对学校中层领导干部调研发现，中层管理干部队伍存在年轻、缺少学习、管理经验少、分工不明晰、有重复布置工作现象、有问题沟通不及时、处理问题意见不一致、为完成任务而完成任务等问题。

针对这些问题，李冬菊校长理性分析了干部队伍现状，提出实行“干部首问制”，在工作中，要加强自我管理，严格要求自己，干部要做好教师的榜样，勇于承担重任，以人格魅力提升其在教师中的威信。在这一管理思想的引领下，学校通过例会学习、专题学习、暑假学习与UDS项目系列培训，提升干部的思想素质和管理水平。尤其是在“UDS合作学校发展共同体”项目和“学校发展从我做起，从计划开始”、“改变在日常”等一系列主题培训中，进一步提升学校中层干部整体管理水平，经过3年的UDS项目研修、实践，我们真切地感受到学校发生的变化、每一个中层干部发生的变化！三年来，一次又一次的学习与培训，增强了干部的责任意识、服务意识、角色意识，使干部队伍有了全新的改变。

第一节　学校发展从我做起

中层干部既是学校各种政策法规的执行者和指导者，又是校长与全体教职工的桥梁，还是执行先进决策的排头兵。因此，打造团结、和谐与高效的中层干部团队成为学校管理研究的重要课题。中层干部素质的优劣，工作效率的高低，直接影响着学校的发展和前途。建设一支具有现代观念、高素质的中层干部团队，一方面需要学校严格落实干部选拔标准，拔高干部队伍基础水平；另一方面需要学校为干部自身的发展提供平台，组织干部集中学习、研讨。

一、UDS 研修的“头脑风暴”

2010 年 8 月 18 日和 19 日，在延庆中银大厦，UDS 项目召开了“学校发展从我做起，从计划开始”的暑假工作坊研修活动。这次研修采用全新研修理念，有效利用暑假时间，集中对中层干部进行培训，让中层干部在暑期进行“充电”，增强其自我角色意识。

融学习研修和工作推进于一体的“工作坊”，是参与式研修的一种重要方式，也是 UDS 项目的重要推进机制。它以成人学习理论为指导，以现实问题为引领，以弹性化的研修活动设计为依托，通过自我反思和同伴互助的团队学习，实现工作与研修一体化，最终实现个人与组织、学校发展与项目推进、知识生成与外化等多项目标的“多赢”结局。在“工作坊”机制的推进下，UDS 项目组力求实现两个目的：第一是提升管理团队的工作生活品质和绩效，重点提升影响学校效能的五个关键能力：问题的发现与研究的能力；计划活动的策划与组织能力；与他人沟通与合作的能力；自我反思与提升的能力；领导团队学习和发展的能力。第二是促进学校组织的文化变革，重点变革学校的行政文化变革。

本次工作坊活动主要由 UDS 项目主持人——首都师范大学的杨朝晖教授策划并主持。

8 月 18 日上午 8：30 工作坊活动开始。活动的第一个主题是“学校发展从我做起”。杨教授让大家以比喻、画画的方式描述自己目前的职业生活状态以及自己的工作角色定位。大家均以高度的热情投入到对自己的描画之中，其中有人将自己比喻为辛勤工作的“小蜜蜂”，有的人将自己描述为甘于寂寞的“小草”，有的人把自己的生活状态描述为“五味杂陈”，有的人将自己描述为充满阳光的“向日葵”……不一会儿，各组的展板就变得色彩斑斓起来。大家相互观赏，相互解读，纷纷表达着“我是谁”的主题。

为了更好地帮助大家加强对自己的角色理解，提升自己的角色认同，杨教授特意邀请了两位中学的同行进行自己的经验分享。第一位是丰台区南顶中学德育主任张立清主任。她发言的主题是“换个思路来工作”。张主任结合自己的实际工作介绍了自己是如何转变思想观念，创建和谐的工作氛围以及如何开展校本德育的研究，培养老师们的科研能力。如她向大家介绍了如何改变例会形式，营造良好的氛围、如何通过“小”问题研讨，促进学校德育工作的推进。

第二位是海淀区万泉河中学李文副校长。她发言的主题是“在心灵成长中找寻阳光”。李校长以自己的亲身经历，介绍了她在新到一所薄弱学校时是如何转变心态，扮演自己的角色的，她从改变心智模式、进行系统思考、组织团队学习、不断超越自我等几个方面，进行了详细的工作介绍。

两位同行的发言真实、具体、感人，她们的敬业精神，她们的创新工作都给研修者留下了深刻的印象，因而激起了强烈的反响，把大家对于自身角色的思考提升到一个新的高度。借此，杨教授推动大家深入讨论她们扮演了哪些角色、她们是如何扮演好这些角色的、这些角色发挥了什么功能。讨论完毕，各小组派代表把每组的讨论结果进行分享、交流。

首都师范大学苏尚峰教授对大家的交流进行了点评。苏教授从对角色的认识、角色的感知、角色理解和角色演绎四个方面谈了自己对角色的认识，使大家对于角色的认识更上升到一个更高的理论水平。接下来，活动再次向前深入，杨教授以“我的角色发展新期待”为题，引发大家对自身角色进行再次重新思考和认识，并仍以图画和比喻的方式来加以表达。在榜样引领和理论引领的双重作用下，大家进一步内化自己对于自身角色的理解和定位，并明确表达出自己努力的新目标、新方向。

参加完UDS项目会议，最直接的感受就是两点，一是思想决定高度，二是行动决定成败。“有高度的思想，名师的引领，对我们来说犹如黑夜中的灯盏，能让我们找到方向并获得加快步伐的力量。而这种思想也决定我们的高度，决定我们最终的成败。这种思想能给予人希望，给予人美好，给予人快乐，给予人可持续发展的动力！思想决定高度，而一颗仁爱、诗意的赤子之心则决定思想的高度！纵观张老师一次次的活动的设计，我思索着是什么使她取得了成功，是她的行动。既然工作的角色已经定位，那么就竭尽全力而不仅仅是尽力而为！行动，而不是等待与观望，让自己的行动更有时效性，因为行动决定成败！”

——冯晓燕

身为一名干部，我觉得自己要具备六个意识：即大局意识、服务意识、学习意识、竞争意识、效率意识、团队意识。

——李秋莉

倡导校内好风气，三“多”三“互相”：干实事多一点，真诚待人多一点，替集体着想多一点。人格上互相尊重，学术上互相包容，生活上互相关怀。

——武淑红

暑期在UDS项目一系列的“头脑风暴”式的学习中，中层干部受到了精神上的震撼。一方面中层领导干部对照自己的工作进行了反思，对工作有了更加深刻的认识；另一方面中层领导对自己的职业角色和职责担当有了新的见解。大家纷纷表示，在日后的工作中至少要做到以下几点：第一，面对困难，积极寻找解决办法，面对工作上的失误，勇于承担责任，不推脱、不逃避。第二，转变角色身份，从中层领导者转变为“服务者”，由对团队成员工作的“监督与督促”转变为“引导与帮助”。第三，开拓进取，培养创新意识、团队合作意识，建设出一支“互帮互助、积极进取”的中层领导团队。

二、完善、改变例会学习制度

2011年，学校发展形成良好态势，教师队伍的专业成长更需要干部的引领和表率，需要快速提升干部的综合素质和管理水平。

为了加强干部队伍建设，我们建立了干部学习制度。所谓“干部学习制度”是指学校抽出固定的时间对中层领导干部进行培养，一般表现为学校的中层领导干部集体讨论会、固定外出学习与交流等学习形式。“书山有路勤为径，学海无涯苦作舟”，领导干部在学习中同样辛苦，但同样也会获得进步，实现个人的成长。

例会的首要内容就是集体学习，每次行政例会固定学习内容，主要是学习管理理论和教育理念，交流自己的见解感受，碰撞管理思想，不断提高自身的管理能力。在学习例会中，李校长多次倡导干部多学习、善思考、提素质，做有思想的管理者。

认识自己的“中层”地位

中层干部是学校的核心人才，是承上启下的中坚力量。是学校管理水平和教学质量的不可或缺的执行官和实践者。没有强大的执行中层，就没有真正的名校、名校长！没有执行力就没有竞争力！执行力是2003年以来企业管理关注焦点，为什么看似雄心勃勃的计划总是一败涂地——执行力不足，为什么好的决策总是一而再再而三地付之东流？——执行力不强！执行力是什么？执行力是如何完成任务的学问；执行力并不是个新东西，是执行并完成任务的能力，执行力是中层干部能力构成的主要方面。一个中层干部，既是领导的参谋，又是领导的助手，同时要带领本部门员工做好本职工作。为此，作为中层要做好两件事。

一、提高自我的角色意识

中层干部建立自身的威信，树立较强的影响力非常重要，是体现干部领导力的重要方面。干部威信有两种，一种是职务权力威信，另一种是非职务权力威信，而权力威信往往会受到非权力威信的影响。如果非权力威信建立得好，权力威信就更加有效。

提升自己的形象，首先要会做人，俗话讲正人先正己，就是要自己做到思想正、行为正、行事正，让人感到可信。二是要有爱心，对人要关心，关心他们的发展、进步、工作、生活，对他们的困难要真心实意地给予帮助。三是要会做事，要不断提高工作能力，做到视野开阔、思路清晰、敬业有为、积极进取、善于创新，既抓大又不放小。树立自身的非权力威信，就会形成强有力的战斗力。

为此，作为干部应牢固树立三个意识：角色意识、责任意识、服务意识，树立“无功即是过”理念，要有学校发展的紧迫感和使命感，真正把所有心思和能量凝聚到干事业上，把本领和精力用在学校发展上。

二、转变自身的工作理念

管理工作要做好，还需要中层干部转变自身的工作理念。其中包括：

“学习就是工作”。

干得有效是因为想得明白，想得明白来自学得明白；学习是学校最重要的价值观；确立“我们不是不合格才需要学习，是因为要思考、要成长、要发展而学习”的新观念；要树立终身学习的思想。教师的继续教育从“九五”、“十五”到现在的“十二五”，作为重要的标准，只有每个人都在不断地学习，不断地充电，不断接触新的观念、新的事物，起点才会是高的，水平才会是高的。下个学期我们会加大学习的力度，有任务驱动才会逐步养成自觉学习，尤其是干部要起到好的作用。

此外，我们还要树立“最具有发展力的思想才能孕育最具发展力的学校”的理念。

工作即人与事的结合，一方面是事改变人，事赶人；一方面人改变事，人赶事，智慧来自学习。

新思路来源于碰撞与交流，新突破来源于创新与闯劲，新局面来源于实践与探索，新举措来源于先行与坚持。只有干部带头，积极实践找准位置、选好角度、打主动仗、相互提携，才能真正赢得和谐发展的主动权。

——李冬菊

随着 UDS 项目的不断推进，项目组提出“改变在日常”的发展理念，提出从日常例行化的工作和活动改起。对于这一理念，我们深深认同。因为这与我们学校提出的“常规兴校”的办学思路不谋而合。

项目组进行的第一次假期工作坊研修中，就向干部团队鲜明提出了“学校发展从我做起”的理念。于是，我们也从自身做起，从干部队伍学习制度改变做起。

反思干部以前的学习状态：落在口头的情况多，落在实际行动的少；购书发给干部进行自学的时候多，利用专门时间组织学习的机会少；干部干得多，想得少，忙于事务而疏于学习；校长讲的多，干部参与讨论的少。为此，我们学校提出改变从干部的学习开始。我们变被动式的、走过场式的学习为主动参与、互动式的学习，使干部的学习发生根本性的改变，表现在以下几点：

1. 学习习惯的改变

每个假期，办公室首先制订新学期的干部学习计划，精选学习内容编辑成册，在开学初发到干部手中。在 2012 学年我们重点学习了《执行力的核心在于责任心》这本书，为干部合理搭配“营养套餐”。

每周行政例会前 40 分钟进行理论学习。提前布置学习内容，明确学习要求，干部自学相关材料，分析管理案例，写出学习心得。会上积极参与讨论，畅谈管理思想，交流管理心得。

在学习《在每个岗位上，对每个环节负责》的文章之后，宋东主任谈道：责任就是把工作中的件件事情做好，就是对自己所管理的事情 100％承担责任，不去推卸，不找理由。李莲华主任认为：如果你有了很强的责任意识，就算你有再多的工作，就算你面对再多的困难，你都不会退缩。执行与落实的本质靠的就是责任心，一种兢兢业业负责任的态度，一种对事业的忠诚之心。

“例会学习制”是打开干部视野和胸襟的窗口，大家看到了自己的不足和短板，视野拓宽了，思路开阔了，干部的认识水平和综合素质逐步提升。

2. 学习方式的转变

“头脑风暴法”又称智力激励法、脑力激荡法，是一种激发创造性思维的方法。它是通过会议形式，让所有参加者在自由愉快、畅所欲言的气氛中，通过相互之间的信息交流，每个人毫无顾忌地提出自己的各种想法，让思想火花自由碰撞，好像掀起一场头脑风暴，引起思维共振，产生组合效应，从而形成宏观的智能结构，产生创造性思维的定性研究方法，它是对传统的专家会议预测与决策方法的修正。在各种定性决策方法中，头脑风暴法占有重要地位。

自从学校参与了首都师范大学UDS课题组项目以来，学校在悄然变化着。从细微处一点一点地提升与进步。UDS暑期集中干部培训中，采用最多的是“头脑风暴法”，组织干部围绕一个主题进行即兴发言。学习时，当场发学习材料，干部自学10分钟，列出发言提纲，进行思想碰撞。发言时间仅为一分钟，而且要求不重复别人说过的内容，以辩论、评议为支点，掀起学习的“头脑风暴”。实现个体学习和团队学习有机结合。这种学习方式对学校中层干部来说是新鲜的，更是紧张的，然而却收效颇丰，悄然改变了中层领导干部的学习方式。

为此，在我们的学习例会中，我们也会不定期穿插“头脑风暴”，组织干部围绕一个主题进行即兴发言。例如，3月5日学雷锋日这一天，干部集中学习了“雷锋精神”，然后分成两个组进行深入的讨论与交流，李莲华所带的组先进行了别出心裁的策划，以“牵手雷锋精神，奉献和谐校园”为主题，结合干部的三个意识，诠释雷锋精神与学校管理工作的契合点。刘荣红主任代表本组在汇报中谈道：行政干部在工作中要带头弘扬“雷锋精神”，把“奉献、友爱、互助、进步”的火种传承发扬，手牵手、心连心，让雷锋精神在校园内传递，为校园增添一抹别样温暖的阳光，更好地带动教师团队共建和谐美好温馨的家园。

为了使学习更加深入，校长对两个组的汇报进行点评，行政干部进行互评。通过取长补短、碰撞观点，启迪思想，以辩论、评议为支点，掀起学习的“头脑风暴”。

3. 学习深度的改变

我们提倡学习与思考相结合，学习与工作需求相结合。中层干部处于管理的第一线，每天要面临繁重的管理任务，也意味着面临无数的挑战。集中学习时间里对这些日常工作中问题的讨论，可以更好地推动自己工作的开展，也有助于帮助同事克服工作中的困难。

下面是一次行政会上，对“极强的责任意识促使个人工作取得极大进展”的案例进行学习后，中层领导们深受触动，就自己理解的“责任意识”展开了充分的讨论，也在这个讨论过程中收获满满。

“责任”通俗地讲就是“自己分内的事情”，是一个人必须要做和应该做好的事情。增强责任意识，就是要求中层干部牢记肩上的重任，把思想集中到干事上，把精力凝聚到做实事上，把工夫施展到抓落实上，兢兢业业地完成自己的工作任务，卓有成效地履行自己的神圣职责。因此，干部要有强烈的事业心和责任意识，责任是一种担当，是一种信任，是一种态度，是推动学校发展的内在动力。

——李莲华

我理解的职责就是做好自己分内的事情，规范化管理，要脚踏实地，认认真真地去做。

一、要对人付出真情，不要虚伪。

二、要以身作则，不要只发号施令。

三、运用管理的智慧，带领大家快乐工作。

对待同事、伙伴、下属，一定要将心比心，以心交心、以心换心，要经常换位思考，对做得好的，要多加鼓励、表扬、赞许、赞美，对做得差一点的伙伴，也要多激励。

要把团队办成“团队是我家，人人都爱它”，就会心往一处想，劲往一处使，就会具有高度的凝聚力、战斗力。

——冯晓燕

强烈的责任感是做好每一项工作的首要条件。文中的李莉，最开始是一名单位的普通接线员，对自己的要求很高，要比别人做的更好，把每个岗位上的每个环节都做到极致。

作为一名中层干部，一要有一股激情和热情，尽心、尽力、尽责。二要有细节决定成败的认真精神。三要有狠抓责任落实的求实精神。四要有“谋事”和“做事”的心态。“谋事”就是要动脑筋、花心思去悉心谋划。“做事”，就是要实实在在、一步一个脚印，全力以赴地去做好每一阶段、每一环节的工作。

——陈丽

有人说，假如你非常热爱工作，那你的生活就是天堂，假如你非常讨厌工作，你的生活就是地狱。所以，我认为在工作中要勇敢地负起责任。

自己要加强学习，用智慧引领学科教研团队，提高教学质量。眼界决定境界，定位决定地位，思路决定出路。只要找准了方向，就不怕路有多远。自己要提高教学监控能力，引领学科教研团队发展，带领我校的高等数学教师团队及英语教师团队。加强团队建设，追求工作实效。

“三个和尚有水吃”，面对自己的工作岗位，时刻记住，这就是我的工作，不要忘记我的责任，工作意味着责任。

——吕宏艳

工作就意味着责任，岗位就意味着任务。

学校把食堂工作交给自己，是对自己的信任，所以就要负责任地做好这项工作。为了确保食品安全和人员安全，自己每天早晨总是六点四十分到校，晚上要等大家吃过员工餐后才离校。严把进货关，对购进的原材料等每天都要检查。要求食品加工中的每一道工序，每一个部门、每一个人都按规范去做。

服务上我们也是在不断改进。我从 2 月 7 日开始上班，一直到现在都没有休息一天，几乎每个周日都要来学校。对工作负责就是不断地提高工作态度和工作水平。

——田成雨

在这次集体学习责任意识的行政会上，大家收获颇丰。不但对个人承担责任有了全新的认识，更对团队成员之间的配合有了全新的理解。的确，一个团队里，如果每个人都有强烈的责任意识，分工明确，那么这将是一个所向披靡的团队。因为强烈的责任，让这个团队的“合作”变得简单；因为强烈的责任，让这个团队的“沟通与交流”变得融洽；因为强烈的责任，让这个团队的“合作氛围”变得宽容。团队成员之间多一分互相体谅，少一分相互责备，多一分理解与包容，大家会神奇地发现工作也将顺利得多，而工作中幸福感亦会油然而生！

2012—2013 学年度第一学期干部学习安排一览表

周次	干部学习交流具体内容安排
1	在行政会上布置本学期干部学习交流计划，征询大家意见，完善补充计划。
2	干部交流：管理工作反思。
3	学习管理方面的文章，交流学习认识。
4	管理案例交流。(李莲华、吕宏艳交流案例)
5	管理案例交流。(冯晓燕、安燕交流案例)
6	管理案例交流。(陈丽、李秋莉交流案例)
7	管理案例交流。(田成雨、宋东交流案例)
8	交流：如何做好落实工作？如何做好细节管理？
9	干部团队建设论坛(一)——如何有效管理——3 个人发言。
10	干部团队建设论坛(二)——开好有效会议——3 个人发言。
11	干部学习沙龙——交流学习体会、碰撞管理思想。

如上表所示，干部行政会每周一举行，且学习内容丰富，涉及“日常工作计划的制订”、“日常管理案例的讨论与分析”和“干部团队的建设”三大模块，大家根据学习主题进行讨论与分析，在这个过程中获得成长。

改变在日常，干部例会学习制让干部的学习从“日常”走向“不寻常”。在思想上“合心”，在工作上“合力”，在行动上“合拍”。改变从干部学习开始，让每位干部都学起来，责任意识都强起来，不断提高干部的思想素质，约束干部的行为，激发干部的工作热情，不断增强干部的执行力和战斗力，打造一支学习型干部团队。

三、悄然变身的“暑期干部会”

UDS 项目延庆培训后，我校参会干部深受触动，树立了“学校发展从我做起，从计划做起”的意识。紧接着 8 月 23 日到 24 日我校就精心筹划、组织召开了为期两天的羊坊店中心小学暑期干部工作会。会上结合学习《力争超出别人的预期》的文章，李校长就如何加强管理的角色意识，履行岗位职责，更好地提高工作实效，设计了交流主题——“我是谁？我能干什么？我怎么干？”以明确所在部门在学校工作中的地位、作用和责任。转变管理行为，在交流碰撞之后达成“我要变”。一是变观念，解决干部中存在的惯性思维模式、认识深度不够等问题。二是变方法，解决干部中存在的执行不力、效率不高、效果不佳等问题。学以励志，学以明责，学以立德，学以致用。

从 2010 年起，每年一度的封闭式暑期管理干部集中培训会于暑假固定举行。培训会内容基本包括：管理团队建设(校长讲话)、学校办学理念与学校教育实践工作经验阶段性总结与交流、校外专家、名校领导交流、新学年学校发展规划解读与交流、学习并明确新学期工作重点等几大板块。

暑期管理干部集中培训会，旨在通过对组长及以上干部的集中培训，强化干部的角色意识、责任意识、服务意识，增强干部队伍团结协作的凝聚力和提高管理水平。通过专家进行讲座，干部研讨交流，使各位干部更加清楚自己的使命，就学校进一步发展达成共识。

暑期干部会是中层领导对过去半年工作的总结，更是对自己工作的反思。各个行政组也涌现出一批有管理思想、会管理的年级组长，他们带领自己的行政组，围绕学校的“和谐超越”的理念，发挥本组教师的合力，带出了和谐奋进的优秀的年级组。

一个行政组就是一个大家庭，家中有老有少，遇事有商有量，干活不分你我，相处其乐融融，这就是我一直向往的行政组写照，正是心中拥有着这一幅温馨的画面，所以我就一直希望通过自己的努力为大家营造在一起和谐工作的顺心氛围。结合自己这几年担当行政组长的工作体验，有以下几点与大家分享。

工作理念，从制定组训开始。一年级行政组的组训是“亲如一家，和谐进取，成就学生，成就他人”。这一条组训是我们组在第一次行政组例会的时候大家一起商定的，在最初的组训中没有“成就学生，成就他人”而是“乐于奉献，不求回报”，记得在讨论的过程，邢保国老师说：“讲奉献固然没有问题，但是我们是老师，老师的本职工作一定要考虑到学生，为学生服务。”

这一句实实在在的话让大家立刻响应，“成就学生”四个字一呼即出，这时也有老师想到校长经常说的话：“我们的工作是一个团队作战，面对荣誉一定要拥有一颗平常心，成就他人的同时也是在成就自己。”对呀！“成就他人”是多么快乐的一件事情。于是在全体老师的一起商榷下“亲如一家，和谐进取，成就学生，成就他人”的组训就诞生了，小小的一条组训蕴含着一种文化，展示着一种工作的态度，它是扎根于人们心中的一种精神。布置工作要考虑周全，学校的教育教学工作是要不折不扣地完成，但在完成的过程中一定是有方法的，用领导的口气布置工作是大家最不能接受的，所以在每次布置工作的时候，我先想到的不是让哪位老师干什么，而是每位老师擅长什么，甚至要考虑到每位老师最近的身体状况、情绪状况，虽然考虑这些很是麻烦，但是只有自己想细了，在布置工作的时候才能让老师欣然接受，老师接受工作心情愉快，干工作的时候才能心平气和。记得在布置2015年的元旦教师庆祝活动的时候，我们开行政组会进行讨论，在讨论初期我就把组中十一位老师分析了个遍。再和大家一起商量就不会过于盲目，安排内容和展演形式的时候就更能投其所好，让有能力的四位老师形成小智囊团，出主意想办法，遇到困难的时候我出面去解决，协调服装，安排彩排，因为有了合理的分工，所以在工作中就减少了不必要的麻烦。

信任交往。人与人一起工作最为重要的是彼此的信任。在行政组中我时常会和大家讲，“干去吧，我相信你，没有问题”。一句话不算什么，但是给老师传递的是一种信任，那句话说得好“疑人不用，用人不疑”。老师们知道你信任他，他在工作的时候就会全力以赴，没有任何的思想顾虑。组中的裘燕妮经常说：“组长，谢谢你的信任，我会努力工作的。”小裘是一位年轻的教师，没有工作经验，但是她虚心好学，深受老师的喜欢，家长开放日到了，可以看得出她的焦虑，我本想走进她的教室听她试讲，可是转念一想，不成，本来她就不安，再听她的课那会给她带了更大的压力。于是在下班后我和她一起说课，听她讲课堂思路，更主要的是我告诉她大家对她的认可，班中学生的进步以及学校领导对她的表扬，小姑娘听后眉开眼笑，不停地问我：“真的吗?”我肯定地说：“那当然，你没有感觉到你的进步吗？我对你绝对放心。”

组中的老师信任我，我也是极其欣慰，正是因为这份信任，在工作中我会勇敢地面对各种各样的困难，积极想办法解决一切的问题，我要对得起老师们对自己的信任，同时当工作中出现特殊的状况，我也会勇敢地站出来，承担相应的责任，决不推托。

——王朝晖《商量工作 信任交往》

从暑期干部会的分享中，我们不但看到了中层领导对工作的一步步推进，更看出了在日常工作中的智慧。首先，管理一个团队，要确立统一的团队理念，大家集思广益，共同确定的团队理念会成为指引工作的明灯，保证航行不会偏离航线。其次，学校是一个大家庭，需要每个成员各司其职，大家只有分工不同，没有地位高低。转变领导“官”气，与教师共同商量，将会推动工作顺利开展。商量的过程更是一种极好的思想碰撞，是一种难得的情感交流，思想上达成共识，行动中才能步调一致。最后，人与人之间的信任与宽容是交往的催化剂，只有彼此信任，才能将工作做好。

中层领导在暑期干部会的分享中，更多的是对日常工作中点点滴滴的反思，思考如何在工作推进中保护大家的积极性，维持团队和谐的工作氛围。

如果把学校比作一个大家庭，那么，年级组就是其中的一个个小家庭。作为一名年级组长，如何带好这支队伍，发挥出大家的最优力量，是我担任组长后一直在思考的课题。

回首一年的组长工作，有付出的充实，也有收获的喜悦。一年的通力合作，让我真正地领略了我们年级组的12位老师爱岗敬业，团结协作的精神，在一年的工作中，我的组长工作得到了全组老师的大力支持与真挚帮助，各项工作能够顺利落实，在这个大家庭中我每天都被大家所感动着，我们虽然没有做出惊天动地的大事，但一桩桩一件件平凡的小事却见证着我们三年级组教师的风采。“和谐、超越”是学校发展的主题，“和”文化是人与人相处的原则，我信奉这一工作理念，更信服为人处世的原则。在年级管理上我没有轰轰烈烈的语言，有的是自己对工作的一份热忱，对领导的一种承诺，对同事的一份真情。下面我就从几个方面谈谈自己的组长工作：

组织集体用餐，创造和谐氛围。开学第一天中午，我便把12位教师聚在一起用餐，目的是让老师们第一时间了解我，记得在餐桌上，我是这样说的，我是一个性格直爽的人，喜欢交朋友，对人也很真诚。本学期承担了组长工作，也恳请各位多多地支持我和帮助我。从今天开始，我们就是一家人了，希望我们每个人都能把这个集体当成我们的家，有困难大家一起承担，有快乐大家一起同享。我愿意做大家的坚强后盾，为大家排忧解难。几句贴心的话拉近了我们彼此的距离。使我们在工作的第一天就达成了共识，我们一定要团结。下午，看着各位老师那干劲十足的样子，我也信心倍增。相信自己能带好这个组。

团结协作，营造“温馨小家”。团结协作可以提高工作的质量，营造和谐的家园式文化也是必不可少的。在闲暇之余，我会经常给大家买一些水果和零食，放在老师的桌面上，待老师们上课回来，吃上一口，缓解一下劳累。最让老师们感动的是，大兴西瓜节，我专程去趟庞各庄，为他们买西瓜。提着重重的西瓜进办公室，他们由衷地说：“老赵，你太让我们感动了。”由于我的真心付出，组里的老师对我也非常好，我早晨不在的时候，科任老师就会主动为我打好水，帮我倒垃圾。我去开会时，组里老师说：“你去吧！到时我上你班看看孩子。”在生活中，我们彼此关爱，谁有了困难，大家都毫无怨言地帮忙解决；谁遇上了烦心事，大家七嘴八舌地一起想办法；谁碰上了伤心事，大家就你一言，我一语地劝慰她；谁有了好点子，就会和大家一起分享。在工作上，老师们更是相互关心、热情相助。在学校大的任务面前我们共同承担，在日常工作中更是不分你我，齐抓共管。无论是哪个孩子出现了问题，还是家长有什么意见，老师们总是坐在一起想办法、出主意，共同面对一个个问题、一次次挑战。

重情讲原则，善于做协调。公正是信任的基础，作为一名年级组长，失去公正就很难让人信服，当然也就谈不上合作了。在工作中我讲究方式方法，工作中遇到问题，我从来都是对事不对人，以解决事情为目标，以真心换真心，换位思考可以使我更好地去理解别人，用一种宽容的态度待人，力争让每个人了解自己的脾气、秉性。久而久之，年级组的各位教师都能创造性地开展工作。虽然年级组长是一组之长，但我从来没有以一种领导的姿态自居。碰到问题我主动向同组各位老师征询意见。所以每一项工作我都是公正无私地去落实、去安排，力求让每个人都服气、都舒心。例如：元旦演出，我们组定的节目是红歌联唱，为了让老师们有一个很好的舞台效果，我积极地为老师们在网上选服装，最后我们共同选定了一套军旅服装，可是就在定服装时，却发生了一个小插曲，老教师接受不了服装的款式，心情不太舒畅，我没有指责，没有命令，却巧妙地换了一种方案，心想：“既然是红歌联唱，（原定的是我领唱）那这次我让组里的两位老教师领唱，服装自选。”

一位老教师说：“让我领唱，我声音出不来。”我说：“这不是问题，我在队伍中帮您唱，声音就出来了。”老教师很高兴，欣然同意了。就这样，我们通过调整，出色地完成了元旦演出任务。我再次感受到组长工作一定要讲究方式方法，才能起到事半功倍的效果。

齐心协力，共创佳绩。本学年，学校开展了各级各类的研讨课、公开课、开放课，我们组承担了大量的做课任务，无论是哪位教师讲课，同组教师都积极配合与支持，共同研究教材，商讨教学设计。有些老师需要试讲，被用到的班级老师就会毫不犹豫地答应，甚至还做好前期准备工作。每一位老师试讲，本组其他老师都会毫不犹豫地调课，甚至牺牲自己的休息时间也要去听课。听完课本组老师还要在一起研究、修改、斟酌词句，想尽一切办法使学生有收获，课堂达到最佳效果。有时为了上好一节课老师们只要碰到一起就纷纷献策。办公室、餐厅、教室都留下我们研讨的身影。正是同组老师的积极配合，我们组每一位教师所做的课都取得了成功，获得了听课教师的好评。开放课展示可以说每个人的课堂教学都各有特色，真正发挥了自己最佳的教学水平，这也是集体智慧的结晶。同组老师们也在一系列教学研讨活动中得到了锻炼，通过实践和探索，大家的课堂教学水平有了新的提高。

高效地工作，高效地生活。为了增强团队的凝聚力，我经常组织组内老师利用课余时间进行跳绳、打篮球、健身，鼓励老师们积极参加教师俱乐部活动。老师们也都积极响应并参与，大家在繁重的工作之外，学会合理安排时间，放松了自己的心情。另外，我还利用课余时间带领同组老师们一起聚餐，一起去卡拉 OK 活动，这些活动更拉近了我们之间的距离，让同组老师更加感觉到我们亲如一家。

——赵忠梅《因为我的存在大家舒心工作——温馨小家暖意浓》

团结就是力量，有了力量就有了战斗力。我们倡导老师之间的团结互助、谅解与宽容，营造理解与尊重、支持与合作的和谐氛围，使所有老师都能在信任和关爱中，体验生活的美好和人生的幸福。和谐、默契就像一条纽带，联系着每一个人。

放弃中层领导的干部身份，走进教师队伍，成为教师的朋友，在一种融洽的氛围中工作才能有序、高效地开展。转变中层领导的角色定位，成为教师团队的服务者，而非一个命令的发布者。

第二节　常规提质，计划先行

学校行政管理中常需对未来一段时间（如周、月、学期、学年）即将开展的工作提出设想和安排，提出具体任务、指标、完成时间和步骤方法等，这就是工作计划。《礼记·中庸》一书中强调："凡事预则立，不预则废。"《孙子兵法》的核心思想就是"用兵之道，以计为首"，有了计划，工作就有了明确的目标和具体的步骤，就可以协调大家的行动，增强工作的主动性，减少盲目性，使工作有条不紊地进行。

自从 2010 年 UDS 项目组暑期工作坊开始，围绕"学校发展从计划开始"的主题研讨，使我们深受触动，深刻认识到一份好的工作计划所具有的多元功效，认识到计划对学校发展所能起到的重要的组织引领作用。最初是在思想上深受触动，慢慢学会制订计划，并且能够落实计划，学会策划，通过反思归纳总结，一步步走来，通过关注计划，落实策划。

一、及时反思，发现问题

计划对于每个人都不陌生，是学校一项常规的工作，可是很多学校的计划可谓名存实亡，计划只是个摆设。计划中存在着不合理、不科学、不标准、不规范、不具体等多种现象，如目标任务不科学、重点事项工作不清晰、阶段性进度工作不明朗、对策和措施不明确、责任人不具体、计划格式不规范不标准等，导致对执行力的阶段性考评和监控缺乏有效的标准，使得执行力的执行结果变得无法控制……在展开"学校发展从计划开始"的行动研究之前，我们反思在日常工作中常常出现以下情况：

（一）没有制订出切实可行的计划

这就是说，制订计划的文本缺乏科学性、严谨性，没有遵循自下而上的原则，只是某个人的意愿，或者计划脱离实际，要求太高或太低，空洞无物，无法执行。产生这种弊端的原因是对制订计划不重视，把制订计划看成是走过场、应付上级的差事。

（二）执行与计划脱节

所谓执行，就是实现计划，把计划变为现实。在计划的执行过程中常常出现这样的情况：计划根本不管用。宣读完计划以后，把计划束之高阁，计划是一套，执行的是另一套。出现这种弊端的主要原因是计划观点不强，没有养成按计划办事的习惯，也是责任感不强的一种表现。

(三)有计划，无检查

人们常说的“有布置，没检查”就属于这一类，这是在执行计划中最常见的弊端。所谓检查，主要是针对计划来的。订的计划是否符合实际？是否需要修改？计划执行得怎么样？能否按时完成？必须通过检查才能发现。有计划、无检查，计划就将失去作用。出现这一弊端的原因，是管理者对检查在管理活动中的重要性认识不足。另一原因是计划订得不具体，无法检查。克服的办法是：除了管理者深刻认识检查的重要性以外，还必须注意把计划订得简明又具体，便于检查。例如可根据学校工作的总计划，将部门全学年(或学期)的重要工作和重大活动都按周次排列，规定完成时间和负责人。

(四)有检查，无总结或总结不及时，不深入

检查和总结，是两个紧密相连的环节。检查是总结的基础，检查的成果，有很大一部分应体现在总结上。检查重在发现问题，总结重在解决问题。有检查、无总结，实际上只发现问题而不解决问题，这是管理过程的严重弊端。产生这一弊端的原因，是管理者在检查阶段目的不明确、为检查而检查，以致在总结阶段，觉得没有什么可总结的。总结不及时、不深入，更是常见的。

二、重心下移，制订计划

计划的制订，是一个将学校的发展要求与教师的教育智慧相结合的，即“自下而上与自上而下”相结合的过程，且确保得到学校全员的参与，增强全局观念，从而更好地吸取来自不同方面的意见和建议，更全面地了解学校的教学现状和存在问题，特别是对教师的困惑和学生发展规律等方面的问题，进行诊断研究，找准学校的最近发展区，有针对性地确定指导思想和工作思路。只有从学校的实际出发，才能制订出有效和可行的计划。

早在2010年6月10日，UDS项目组就来到我校调研，收集学校第一手资料，此次调研，对学校情况摸底涉及参观校园、听课、访谈，更全面地了解学校、诊断学校，找到学校发展中的瓶颈及学校发展需求。这种思想的引领使得学校整个领导班子的目光和目标更为聚焦。7 月初，整个班子充分展开研讨，下发问卷调查，深入分析学校的办学现状，先后与二十多位教师谈话沟通，了解不同层面教师的状态，直面问题，了解到长期形成的思维惯性和某些消极情绪已经阻碍了学校的发展。在此基础上，我们重新审视、思考学校办学的价值追求，鲜明地在 2010 年第一学期计划中提出学校发展的思路：

继续以“人和兴校 常规提质”为办学宗旨，加强干部教师队伍建设，提高干部教师的责任感和使命感；以规范管理为基础，修订教育教学相关制度，规范教育教学行为；以“申报海淀区教学管理先进校”为契机，加大校本教研力度，全面提高教育教学质量。以特色建设为抓手，为学生创建校本课程，全面提高学生素养，促进学生健康快乐成长。

计划初步形成后，我们提交行政扩大会议讨论，邀请年级组长、教研组长一起参加，实现管理重心的下移，广泛听取意见和建议，讨论计划的可行性。各教研组长以主人翁的责任感就初步形成的计划进行讨论，进一步修改完善。校领导班子对教研组长、年级组长反映学校工作的零散、点状、效率不高的问题做归因分析，明确学校计划要整体一盘棋，实行条块式管理，各部门横纵向之间要有效沟通，有效整合，加强协作。

三、及时调整，完善计划

切实可行的学校计划是保障学校正常运转的前提条件，但是计划不是一成不变的，需要在执行过程中不断反思、调整、完善，要抓住有利的契机促进学校不断发展。

2010 年第一学期，我校教学计划的基本思路与内容为：以海淀区“教学管理先进校的评选”为契机，深入开展课堂实效性专题研究，9 月：课堂教学“大”练兵，10 月：课堂教学“大”研究；11 月：课堂教学“大”前进。

9 月我校开展了课堂教学“大练兵”活动，随着第一轮研究课的推进，我们及时发现了课堂教学中的问题，教师教学观念有待进一步提升，学生的主体地位不够凸显，我们一方面加强组内的共研共备，另一方面及时补充调整了我们的计划：重视全员的迎检过程，连续两次借外力促我校教师水平的整体提升。

一是2010年9月底，小教研60多名海淀区骨干教师来我校视导；一是10月底，羊坊店学区智囊团的学科骨干教师的指导，为我校教师的课堂教学把脉问诊一对一的点评。UDS课题组专家团队也参与了指导，使教师的教学观念在专家组成员面对面的指导下，得到了进一步的提升。

在2010年10月的迎检活动中，从听课到访谈，从汇报到查档案，无不显示学校干部教师、学生的昂扬向上的精神风貌和课堂教学水平的提升，给检查组成员留下深刻的印象。真正达到了“抓契机，促发展”的目标。经过两次迎检和活动的有效借势，我校成功地被评为“海淀区教学管理先进校”。

2011年3月3日，UDS项目“让学校在理性与灵性的交辉中前行”工作坊研修活动在万泉小学举办。在本次活动中，我校从计划到执行工作方面做了《智远行进，且行且思》的汇报。

2011年6月17日，在首都师范大学国际文化大厦，举办了“2011首都教育论坛·学校发展国际学术研讨会”。李冬菊校长应邀在中小学校长论坛中又做了题为《依托学校计划，促进内涵发展》的发言。

本次大会，是一次UDS项目为我们提供的思想盛宴，我校在UDS课题组的引领下，参与这样的国际教育研讨，使我校中层干部学会了跳出自己的小圈子看教育，接触到了最新的国际教育思潮，开阔了每个人的教育视野，使每一名参会者都受益匪浅。

总之，制订计划，执行计划，调整计划，是升华的过程，是学校不断发展的过程，一次次的总结也让我们不断认识学校计划制订的过程与要点：

(1)制订切实可行的工作计划，可使学校工作有明确的目标，整合学校各个部门的工作，上下统一，形成合力。

(2)制订计划的前期调研，不仅使我们看到学校发展的优势，及时发现并梳理问题，而且能提高干部教师主人翁意识，“人人都是计划的主体”，人人参与计划的制订，这个过程也是教师自我提升的过程。

(3)制订计划的过程是全体干部教师，达成共同目标、共同愿景的过程。

(4)计划的制订到执行的过程，是我们在理性的思维中不断加深认识，反思总结的过程，是让计划更好地服务于学校的过程。

初步尝到通过学期计划制订提高工作效能的甜头以后，我们更加重视计划的作用。学校每个学期初都会印制《×学期工作计划汇编》，内容涉及学校全局战略性发展，综合性工作的计划，也包含学校某一方面的专项工作计划。

下面是我校某一个学期的专项工作计划——《校本培训计划》。在这个细致的《校本培训计划》中，既可以看到学校对专项培训工作的重视，也可以看出学校对于培训计划制订要求的细致与严格。

羊坊店中心小学2013—2014学年度第二学期校本培训计划

一、指导思想

围绕学校“和谐 、超越”办学理念，以《小学教师专业标准》《海淀区进一步加强教师培训的意见》等文件为依据，做好海淀区“十二五”期间课程培训，积极推进教师培训管理体制、培训模式的改革与创新，努力构建教师终身教育体系，促进教师专业化发展。

二、主要工作

1. 开展教师职业道德教育

围绕教师专业标准，通过学校党支部、工会论坛提升教师职业幸福感，营造建设“相亲相爱一家人”的教师队伍。

2. 抓好校本研修管理，提高教学质量

(1)充分发挥学校骨干作用，提升各年级组、教研组校本研修质量。(2)加强小学科的教研活动。(3)加强校本培训，围绕“伙伴互助高效课堂”课堂研磨，提高教师集体备课质量，围绕学校高效课堂深入学习进行课堂实践性的研究，做到研讨有深度、有实效。(4)利用好学校博睿斋骨干教师工作室平台，加强骨干教师、青年教师培训，提高教师把握学科本质的能力。(5)认真开展教师展示课、观课、议课、研究课活动，通过教学观摩、教学研讨、集体备课评课、撰写反思、开展课题研究等方式，积极引领教师在实践中反思，在反思中提高，促进教师教学能力提高。

3. 开展青年教师培训

本着对青年教师负责的精神，学校设立青年教师培训班，固定开展活动对青年教师进行培训。继续落实“青年教师结对工程”，结合对新教师的考核要求开展教育教学展示活动，尤其是要通过培训的方式，促进青年教师教学能力不断提高。

4. 班主任培训

班主任工作是“以心育心、以德育德、以人格育人格”的过程，要求班主任工作要有强烈的责任意识。明确班主任是班级工作的第一责任人，年级组长是年级工作的第一责任人，加强班主任、年级组长、年级负责人之间的联系。本学期将继续做好班主任培训工作，确保班主任例会学习制度，请紫金杯班主任介绍经验，班主任交流班级文化建设经验，建设一支素质过硬的班主任队伍。

5. 按需分配，走出去培训，开阔视野

根据工作需要，不同层次教师成长需要，学校每学期组织学科教师、课题组教师走出去开阔视野，参与高端学习培训，回到学校在全体大会上交流学习体会，带回新理念、新方法，从骨干教师、班主任、某个学科团队教师立体性培训，激励教师专业发展不断提高，不断提升自身教育教学工作水平。

三、主要策略及措施

1. 以学校对干部提出的角色意识、责任意识、服务意识为标准，不断加强干部管理素质，建立每周学习制度，学习文章、开展头脑风暴、即时演讲等不断提高干部思想、管理水平；每学期暑期干部会开展组长级以上的干部培训，不断牢固树立干部三个意识，全心全意为师生服务。

2. 专家引领。学校将邀请专家、教研员到校指导教学，通过听课、评课、查看教学笔记、教师座谈等形式，对教师的教育教学进行具体的分析指导，帮助教师提高教育教学水平。请教研员走入学校辅导，做高效课堂“群英会”培训。

3. 校长引导。在校本培训中校长以身示范，带头承担各月校本培训任务，担任校本培训的引领者。每月开展学校文化建设培训；学校干部培训等。

4. 骨干培训。做好区骨干教师培训工作，同时充分发挥各级骨干教师的模范带头和辐射作用，让骨干教师做校本培训的培训者，采取经验交流、专题讲座、讲示范课等多种形式对教师进行培训，让骨干教师的知识和经验在教师中得以传播，发挥他们的最大效应和辐射作用。

5. 强化自学。学校每学期明确教师自学要求，布置好自学的作业，并督促教师做好读书笔记，写好读书心得。结合小学教师专业标准开展学习交流活动，鼓励老师们自学、批注、撰写心得，教研组内交流心得。

6. 培训的考核、考勤

凡规范性讲座做好考勤记录，定期检查教师参加继续教育的笔记。

四、具体时间与内容安排

2—3 月	4 月	5 月	6 月	7 月
1. 全员校级培训学习校本培训一：计划解读 2. 师德论坛 3. 利用学科会进行假期学习体会交流 4. 制定骨干教师个人发展规划 5. 实践课堂，人人开放课堂研磨	1. 全员校级培训（外请专家） 2. 做好区骨干教师培训工作 3. 各学科组教研活动 4. 世纪杯教学设计研磨活动	1. 全员校级培训 2. 骨干教师工作室培训 3. 班主任工作室培训 4. 高效课堂研磨活动	1. 全员校级培训 2. 骨干教师工作室培训 3. 班主任工作室培训 4. 高效课堂研磨开放活动	1. 做好学期总结 2. 制订下学期培训计划

从以上专项工作计划中可以看到，我们首先根据办学指导思想，制订培训计划。其次，对本次专项培训工作做了细致的划分，按培训内容划分为德育培训和校本研究两大模块；按接受培训的对象不同划分为青年教师培训、班主任培训和特需培训三类主线培训人员。再次，学校对培训中的策略和举措进行明确，从校长引导、中层领导干部意识自觉、专家引领、骨干培训等几个方面对参与培训的人员进行约束，希望将培训落到实处，真正切实发挥培训的作用。最后，对培训时间和具体内容作了详细的统计，这可以保证所有参与人员对整体培训节奏的把握，既方便组织者安排管理也方便参与者自行调整时间，配合学习。

在这个专项计划里，每一条建议和举措都是扎根培训内容的，没有任何华而不实的虚框。所以，制订工作计划时首先要明确一点：计划的内容远比形式来得重要，计划要实实在在，不要华而不实。简单、清楚、可操作性是工作计划要达到的基本要求。工作计划实际上就是对我们自己工作的一次盘点，让自己做到清清楚楚、明明白白。

第三节　注重过程性闭环管理

闭环管理是一个完整的管理体系，它能帮助管理者明确战略目标，明确管理策略。精密的计划、精细的策划、总结反思，都是过程性管理不可缺少的环节。及时总结计划实施情况，不断修正落实情况，奠定新的一轮管理系统的基础，使得管理呈现螺旋上升的态势。

一、扎实推进“周汇报、月札记”制度

制订好的计划只是提升工作效能的第一步。如何保证工作计划的有效落实？为此，UDS项目提出注重过程的“闭环管理”理念，不仅要注重计划的制订，还要重视计划的执行，通过日常的行政会议制度和过程性监控管理手段，提升计划的执行性、严肃性与权威性。

为了有效监控计划的执行情况，我们建立干部的周汇报制度和撰写月札记制度。所谓“周汇报制度”是指每周干部对照计划梳理自己负责的工作，周末上交一周的工作总结，并且针对下周的工作重点提前做好工作计划和工作安排。在这里，“周汇报”可以及时对干部一周工作的落实情况进行检查，而“下周重点工作安排”又可以督促干部对未来工作合理统筹，方便抓住工作重点。另外干部每主持一项工作，都要制订详细的实施方案，制订方案的过程是干部提高管理水平的实践过程，也是对计划重新审视、细化、提升的过程。“月札记制度”的操作模式也是如此，是以“月”为时间单位，要求领导干部对一个月内的工作内容进行合理地统筹安排。

以下是两位干部的月札记。

年终岁尾，一年一度的“组文化建设展示”暨颁奖活动圆满结束了，老师们仍沉浸在喜庆的氛围中，见面还在回味着哪个舞蹈跳得很棒……回顾这一段时间以来所做的工作和努力，有几点感悟。

常规工作常做常新。从李校长到羊中心以来，“组文化展示活动”已经坚持了整整5年，每一年都有亮点、有进步。今年应该是以组文化建设为龙头，节目质量比较高的一年，对联质量比较高的一年。各行政组贯彻学校组文化建设的工作思路越发清晰、到位，团队建设的节目体现羊中心一家亲的团结、和谐、融洽的氛围。活动现场红火、热烈、喜庆、祥和……

集思广益，群策群力。一个人的力量是微不足道的，一个团队的力量是强大的。在李校长的领导下，从最初开始筹备到各部分内容的推进，体现出了团队的战斗力。电教组、音乐组、工会委员、主持人组合等，分工明确、相互沟通、凝聚强大的力量，拧成一股劲，合力完成好这项工作。

注重细节，减少失误。“组文化展示”活动方案今年反复斟酌推敲，更加

精益求精，力争在表达上体现感染力和号召力。节目单做得精致漂亮，整个节目的PPT做得非常精美，在召开工作人员的预备会上给大家提的要求是零失误，齐心协力确保活动顺畅、紧凑、圆满。

——陈丽 月札记《组文化展示活动想到的》

本学期“无声楼道”是我们班级文化建设工作的重点，无声楼道开展已经一年了，各班有了一些进步，但是还没有显著的成效，无声楼道靠一个人两个人是抓不好的，我们必须全员努力，才能做好。怎么让无声楼道真正有成效呢？一定要注重无声楼道的过程管理。我从以下几方面入手：

加强宣传。把此项工作写入学校计划，开学利用计划解读让全体老师重视起来。为什么要抓无声楼道，我们的教育特色是奥林匹克教育，是培养学生的国际素养，其中文明素养是其中重要的一项，我们每一位老师都希望我们的学生高雅、有素养、讲文明，无声楼道就是文明素养的重要体现。我们是在培养学生自觉自律，无声楼道不是让学生在楼道一句话都不说，而是让学生懂得在公众场合如何走路、如何说话。紧接着在本校例会上再次重点强调，并让组长把此项工作作为年级工作重点。在开学典礼上对全体学生再次进行无声楼道的倡议，并在楼道进行展板的宣传，倡导大家做到无声楼道。

细致落实。新学期我们的无声楼道从三方面抓起：第一，各班要建设班级无声楼道创建方案。开学第一周的班会时间，班主任组织学生进行制订，通过一周进行完善，后上交班级无声楼道创建方案。并按照方案长期落实。三、四年级还设立了无声楼道巡视员，每天有学生挂牌进行巡视，一楼、二楼进步很大。第二，值周教师的一项重点工作，就是检查落实无声楼道，每天每个楼层、每位教师一张表格，认真记录，认真巡查，表扬好的班级，记录下来有问题的班级和学生，有问题的班级和学生记录时要准确，落实到班级和学生的名字。每周一的值周总结重点就是无声楼道。第三，小干部志愿团发挥管理、监督、引领、检查的作用，每周召开专题会议，汇报出现的问题以及表现好的班级。

加强巡视和总结。本学期，每天的任何一个课间我都会在楼道进行巡视，拿着我的巡视记录，进行检查，发现好的班级随时记录，发现有问题的学生，让学生在我的巡视本上登记名字。各班小干部也很负责任，时常提醒同学们，李副校长的登记本上有你的名字吗？每周末我都会汇总巡视记录撰写无声楼道总结，利用周五的广播或周一的升旗仪式进行总结。表扬好的现象，对有问题的班级和学生进行提醒。这样我们就做到了全校齐动手，无声楼道从开学到现在很有成效。

——李莲华　月札记《注重无声楼道的过程管理》

以上“周汇报”、“月札记”都是中层领导干部对自己一周、一个月甚至是多个月的工作反思与总结。一方面，在“周汇报”、“月札记”中对自己日常工作进行总结。如陈丽在“月札记”中对自己工作进行了反思，表明了常规工作要常做常新的进取态度；处理问题要集思广益，要依靠群众和团队的力量，即群策群力。同时也反思了自己工作中要更加注重细节，减少失误。通过李莲华的“月札记”，我们也认识到，撰写“月札记”的过程实际上是对以往工作的细致回顾。首先，对自己工作内容进行整体把握；其次，对推动工作进展的适时把控；最后是对自己完成任务情况的合力评估。通过“周汇报”和“月札记”制度，可以扎实推动中层领导团队进步。

二、策划精心，活动精彩

策划就是为达到以最低的投入、最小的代价，让策划项目取得更高的经济效益、社会效益的前提下，策划人为实现上述目标在科学调查研究的基础上，运用掌握的策划技能、新颖超前的创意和创新思维，对现有资源进行优化整合，并进行全面、细致的构思谋划，从而制订详细、可操作性强、并在执行中可以进行完善的方案的过程。

活动策划是活动组织实施的有效保证。中层干部是学校教育的策划者和执行者。中层干部的工作复杂繁重，他们既有自己的教学业务，还有繁重的行政管理工作。通过策划，将中层干部的智慧与热情、探索与创造潜力最大限度地挖掘出来，更有利于学校的工作。为此，UDS 项目提出“生活因策划而精彩”的理念，倡导和引导干部学会策划。

下面两项活动是学校中层干部对学校活动的策划并成功实施的两个成功案例，从这两个案例中，我们发现一个活动的成功，确实离不开一个良好的活动策划。而一个良好的活动策划则需要关注活动对象、活动主题、活动载体、活动形式、活动流程和活动效果等多个因素，只有各因素协调配合，才能真正举办一场高水平的校园活动。

策划案例 1

金牌教师评选方案

——羊坊店中心小学金牌教师评选办法

为进一步加大骨干教师培养力度，形成优秀教师脱颖而出的机制，努力造就一批师德高尚、教学优秀、教研突出、教改先进、有一定社会影响的品牌教师，促进我校教师队伍整体水平的提高，特制定本办法。

一、评选原则

1. 示范性原则。金牌教师应是本校师德的表率、育人的模范、教学的专家、科研的能手。

2. 兼容性原则。学校以上称号的获得可以和上级所授予的相应称号相互兼容，互不影响。

3. 滚动性原则。所有以上称号的获得者都必须定期接受学校有关方面的考核，坚持能上能下的原则。

二、评选名额

由学校根据教师队伍状况和学校发展的实际需求综合研究确定。

三、评选条件

项目	金牌教师
职称	小学高级及以上
教龄	在学校任教 3 年以上
师德素养	热爱教育事业，热爱学生，教书育人，为人师表，模范履行教师职责，具有高尚的职业道德，带头遵守上级禁令和本校规章制度，工作认真负责，积极主动，出色完成各项工作任务，能与同事团结协作，在校内外有较高的口碑和较大的影响。没有家长、教师的投诉
专业学习	具有终身学习的理念和行为，模范执行继续教育要求，积极提升学历水平，参加校内外研修和培训活动，完成一定的理论阅读量
教学工作	对所教学科有坚实的基础理论知识、系统的文化业务知识和丰富的教学经验，能熟练组织教学，形成自己的教学风格，在本学科的教学中业绩领先，地位突出，在学校内外卓有影响

续表

教科研工作	具有强烈的教科研意识和素养，有参与区级以上立项课题研究并承担主要任务的经验，近三年来所撰写的论文曾经在区级以上报刊发表或获得同级别论文评比一、二等奖
专业辐射	具有较强的现代教育观念和团结协作精神，充分发挥引领、示范作用，在培养、指导青年教师、学生等方面成效卓著，对学校的特色建设有较大贡献

四、评选程序

1. 个人申报

依据学校“金牌教师”的评选条件，个人填写《申报表》，说明自己的教育教学业绩、教科研成果，在本校学科教学中所发挥的引领、示范作用等，并在规定时间内提交学校。

2. 组织评审

学校成立评选工作领导小组，对申报人所提供的材料进行审查、评议，并对照条件提出评审意见，提出相应的建议人选。

3. 会议决定

评选工作领导小组对评审的结果，进行票决。得赞成票超过2/3，经学校公示无异议的，确定为“金牌教师”正式人选。

这是一个标准的校园“奖评类”评选策划方案，这里重点介绍了评议原则和评选条件，特别强调了评选程序，让整个评选活动清晰、透明。这样一个活动策划推广起来会比较容易。因为在这个策划里遵循了最重要的“二八定律”。“二八定律”是20世纪初意大利统计学家、经济学家维尔弗雷多·帕累托提出的。“二八定律”要求管理者在工作中不能“胡子眉毛一把抓”，而是要抓关键人员、关键环节、关键用户、关键项目、关键岗位。在学校活动策划中也是如此，应抓住本项活动中涉及的关键群体，突出重点问题，来实现纲举目张的效果。

策划案例 2

“星光大道”给学生一个展示才艺的舞台

当今社会，选秀节目大行其道，从“美国达人”“英国达人”到现在的“中国达人秀”“中国梦想秀”，从“超级女声”“快乐男声”到现在的“绝对唱响”“非同凡响”，一批批的选秀明星赢得了无数的掌声，他们通过这个平台实现了自己的梦想。这也就是为什么选秀节目这么受欢迎的原因，是啊，人人都需要梦想，人人都渴望实现梦想，人因为有梦想而对生活充满希望，而选秀节目恰恰给有梦想的人提供了这样一个舞台。

无意间，和少先队员的闲谈中，听到这样一句话：“我特别喜欢××明星(某位选秀明星)，我也想登上大大的舞台，可惜我年纪还小……”正是这句话，让我陷入反思，是啊，现在的选秀节目如此泛滥，但几乎都是面向成人的，而针对于孩子的舞台实在太少了。作为一名少先队员，他们也有自己的梦想，他们也渴望登上华丽的舞台，尽情地展示自己。作为学校的大队辅导员，我能为他们做些什么呢？我能否为他们实现这个梦想呢？

一个属于队员自己的选秀活动正式启动——羊坊店中心小学第一届校园达人秀。

从 10 月 13 日校园达人秀活动正式启动以来，受到了全体队员的大力追捧，仅仅一天报名人数达近 200 人，最终共上报 62 个节目，全校所有的中队都参与其中。每个报名参加的队员都能够去电视台展示自己的风采。“扬帆组合”、“Luck star 组合”、“Ice cream 组合”、“忽悠爆米花”、“Future 组合”……一个个颇具“明星相”的组合，在队员们中间产生。个人节目与组合节目相融合，使校园达人的舞台异彩纷呈。歌曲、舞蹈、器乐展示、诗歌朗诵、相声、小品多种展示形式，使“校园达人”秀成为真正属于队员自己的缤纷舞台。

此次活动将采取初赛、复赛、决赛三轮的比赛赛制，每期节目都通过学校红领巾电视台进行现场直播，经过全体队员的投票最终产生学校的“校园达人”。

12 月 29 日，星光大道总决赛正式开始。13 个进入决赛的节目竞相角逐“校园达人”的金、银、铜奖。活动在《真善美的小世界》的歌声中开始了，此次活动邀请了学区和兄弟学校的大队辅导员参与，他们作为此次活动的评委，也参与其中。健美操、管乐、歌曲、相声、民乐、双簧、舞蹈等节目竞相登台，队员们在舞台上充分展示着自己的才艺，他们自信、精彩的展示获得了评委的一致好评。此次活动还为那些没有进入总决赛的达人们特设了最具民族风尚奖和最佳才艺奖，对于他们的积极参与给予了充分的肯定。此次活动还特设了一个最和谐团队奖，颁给参与此次活动人数及节目最多的中队。学校 65 中队在此次校园达人活动中共上报了 7 个节目，并且 7 个节目都进入了复赛，参与人数接近全班人数的一半，达到 15 人，从而获此殊荣。此次活动在欢声笑语中结束了，队员们在此次活动中，体会着收获着。

给我一个舞台 还你一个精彩——“星光大道”使队员实现了自己的“明星梦”。

在案例 2 中，与其说是一个活动策划，倒不如说是一个精彩校园活动的分享。在这个“校园星光大道”选秀比赛中，成功的关键依然是调动了活动中的关键群体——学生。这个活动来源于学生的渴望，策划者在前期的调研中，了解到学生们的需求与渴望，由此量身定做了一场校园选秀比赛，满足学生展示才能的愿望，有效保证了学生参与活动的热情与积极性。同时，出于个人主观能动性，自愿联系节目，保证节目效果。当然，这让我们更加懂得了活动要想开展的顺利，一定离不开参与者的热情与付出。所以，在日后策划校园活动时，可能会更多地要求策划者倾听参与者心声，调动参与者的积极性，积极考量参与者的意见与建议。一个成功的校园活动，源于参与活动的各方集思广益、密切配合。

古语说“凡事预则立，不预则废”。事情能否顺利开展并实现预期效果，很大程度上取决于事先准备是否充分，即策划是否周密，学校活动也不例外。通过以上两个成功的校园活动策划案例，可以看出在校园策划上，至少要做到以下两个方面的要求：第一，事前调研，征求大多数目标对象的参与意见，确定互动主题，从而调动更多参与者的积极性。第二，撰写互动方案要清晰明确，一目了然。对活动主题、活动对象、参与条件、评选办法、奖惩办法等进行详细的说明，减少活动推进过程中不必要的摩擦与矛盾。

初步尝试的成功和不断反思提升不断激励干部在策划中享受工作欣喜与创造的愉悦。“策划”逐渐成为干部们工作的一种新常态。

策划案例 3

精心策划　为奥林匹克文化节护航

UDS项目第一次会议“学校发展从我做起，从计划开始”，引导我们认识到了学校计划的引领作用。第二次会议又引领我们理性地反思“从计划到执行”的过程，引导我们在工作中，基于计划，精心策划，以保证活动的效果。为此，我们积极践行，并不断取得成效。

第一，智慧点燃激情，计划引领航向。

学校上学期计划的工作目标之一是以奥林匹克教育为切入点，充分发挥学校北京市首批“奥林匹克教育示范校”的优势，创新后奥运教育的形式与内容，建立独特的“羊坊店中心小学奥林匹克教育”特色体系，逐步形成学校办学特色基础。在学校计划的引领下，为了弘扬奥林匹克精神，再一次领略奥林匹克文化的无穷魅力。学校将开展“奥林匹克文化节暨第十届天使奥运会”。本次奥林匹克文化节是集德育、体育、美育等为一体的大型活动，这届文化节包括第十届天使奥运会，体现奥林匹克精神的文艺演出、体育比赛、艺术展览等多项丰富多彩的活动。旨在弘扬奥林匹克精神、培育奥林匹克文化。

第二，精心策划，创新思维，描绘蓝图。

开学后在听取多方老师的建议后，学校开始策划活动方案。活动方案初稿完成后，经过活动领导小组、学校行政、活动主要负责人等通过讨论多次进行修改、补充，最终定稿。方案共分为活动目标、领导小组、活动主题、活动时间、活动地点、前期准备、活动板块、活动过程、总结反思等九项内容。方案具体细致，具有可操作性。

第三，和谐团队，认真准备，保障效果。

我们把奥林匹克教育我们融入学生的每一日学习生活中。“奥运精神伴我行——跑向伦敦”晨走、晨跑活动。每天早晨学生到校后，来到操场，参加晨走晨跑活动，红领巾志愿者为大家义务服务。几圈下来，同学们感到神清气爽，精神百倍地投入到一天的学习当中。同学们越来越喜欢晨跑活动，他们的身体更加健美，意志更加坚强。每周一的“天使之声”广播、特色升旗仪式向学生传播奥林匹克知识。每周三的“奥林匹克风”红领巾电视台直播，向学生展示奥林匹克历程。学校共有40个特色校本课程，在校本课程的教学中，教师注重培养学生的多元素养，积淀奥林匹克文化。学校奥林匹克智慧之星、奥林匹克阳光少年、奥林匹克卓越团队的评选激发了学生更快、更高、更强的意志。激励全体师生超越自我，追求卓越。

第四，全员参与，和谐互助。

文化节展示前期，全校都在积极地准备。后勤在准备相关的用品，班主任组织学生练习入场，社团老师组织学生排练，体育老师策划第十届天使奥运会，负责人深入到教师中去帮助，去指导……真是人人有事做，事事有人做，学校的和谐互助氛围凸显。在活动前期我们进行了彩排，通过整个活动的走场，我们发现了一些细节问题，之后立即召开了领导小组会，为了保证活动的高质量，我们及时调整了活动方案。

第五，超越展现风采，活动突出特色。

4月29日，2011年奥林匹克文化节暨第十届天使奥运会顺利召开。文化节共分为四个板块，奥林匹克文化展览、奥林匹克文艺展示、奥林匹克体育展示和第十届天使奥运会。当您一步入学校首先看到的是奥林匹克文化展览。古朴的学生书法、色彩明亮的绘画、生动趣味的石头画，创新的科学作品、精致的手工制作等展览，无不传承了奥林匹克精神，展现了学生的多元文化。

奥林匹克文化节在一片掌声中落下帷幕，学生们就像过了一个愉快的节日。活动后，学校所有的干部、教师一起反思文化节活动的开展情况，进行分享交流。在总结反思的过程中，我们有思考，有收获，有改进，有成长。

从奥林匹克文化节的策划可以看出，学校干部的策划能力的提升。精心的策划是此次活动成功的有力保障。在学校计划的引领下，学校奥林匹克文化节就是通过合理的策划才会得以成功。学校奥林匹克文化节活动方案策划有如下特点：首先，它是老师们集体思维智慧的结晶。方案是大家共同研磨、讨论制订出的，这也体现了学校人和兴校、常规提质的办学思路。其次，策划方案目的性明确，就是给学生一个展示自我的舞台。作为全国小学奥林匹克教育开展的创始校，作为北京首批奥林匹克示范校，从2001年开展奥林匹克教育后，学校的奥林匹克教育始终在继承、在发扬、在积淀，奥林匹克教育特色成为了羊坊店中心小学永远的主题。召开奥林匹克文化节暨第十届天使奥运会就是给学生搭建了一个舞台，让学生尽情展示自己的奥林匹克风采。最后，策划方案具有创意和可操作性。此次文化节一改传统的以体育为主题的奥林匹克教育活动，是集德育、体育、美育、班级文化为一体的大型活动。方案具有可操作性，是在学校实际情况的基础上进行总结提升制订出来的，符合学校的发展现状。

三、且思且行，重视总结

高效、适时的总结是提高工作效益的有效手段。以往我们对总结的认知只是停留在一件事情完毕后，对事件进行回顾梳理，做一个小结，留存档案。总结的作用似乎到此就结束了，岂不知，总结的目的是对过去一定时期的工作加以总结、分析和研究，肯定成绩，找出问题，得出经验教训，找出规律，用于指导下一阶段工作。对于持续时间较长的大型活动，活动结束后的总结要有，但是，活动过程中的总结更要重视。只有这样，才能时时反省存在的问题，依据实际的状况调整前进的方向，以便更好地向目标迈进。为了强化我们的总结反思意识，UDS 项目组特别提出要我们重视总结的作用，改变总结的形式。我们学校非常重视。在我校的工作中，上述两种形式的总结都存在。下面，我们仅以“新新杯教学研讨活动”为例，介绍一下我们在过程中进行总结的做法。

2012 年 2 月，羊坊店学区举行了第六届以“深入研究学生学习目标，提高教师教学实效”为主题的新新杯教学研讨活动。此次活动在 3 月 28 日落下帷幕，历时一个月的时间。我校在此次活动中共有 15 位选手，分别参与到语文、数学、英语、科学、品德与社会、美术、综合实践学科竞赛中，并取得了优异的成绩。回顾整个新新杯的赛程，我们是这样做总结的：

总结一：对备赛计划的相互参看

接到任务，学校高度重视学区新新杯教学研讨活动，从选手的选拔、动员、制订备赛方案、备赛到比赛，赛场的布置后勤保障等，方方面面考虑翔实，落实有序，学校教学处制订了迎接比赛的方案，在此基础上，选手在第一时间制订了个人备赛计划，在确定了每一位教师上课的课题之后，我们召开了第一阶段小结会议。会议上，选手重点通报各自的备赛计划，大家聆听同伴备赛的计划，互相研讨进行智慧碰撞，给别人的计划提出真诚、合理建议，并对照自己的计划找出不足进行完善，教学处还为选手配备了有经验的老教师和教学干部结成一对一、一对组帮扶对子，每一位选手的背后都有一个团队在支持。阶段小结让每一位选手及时了解其他选手的备赛方案，教学处对一些好的做法予以肯定，起到了引领作用，更达到了使各位选手相互参看，取长补短的目的。

总结二：赛事提前时的辅导与调整

备赛过程是老师们紧张而又充实地共研共备，共同成长学习的过程。我们看见教师们为了呈现精彩的课堂一次又一次地修改课件，为了准确把握教学时间一遍一遍设计教学的各个环节。有的教师为了找到合适的教学方法查找大量的资料。大家对这次比赛表现出前所未有的热诚，把这次赛课作为历练自己，提高教学能力的平台，个人的提升，带动整个团队教师教学相长，整个团队在磨课的过程中教学水平也得到了提升。

按照学区方案 19 日以后比赛正式开始，但是由于评委时间上的调整，比赛提前了一周，有一部分选手有些慌乱，针对这种情况，我们及时召开阶段总结会。这次总结会的主要目的就是针对赛程提前的信息给参赛选手鼓劲，每一位选手对照自己的计划看落实，会议安排了参赛经验丰富的武淑红老师进行发言。武老师结合以往自己参赛前的准备过程中多看更高级别的课例、看名师课例的做法给大家做了讲解，教学处汇集老师们遇到的问题，及时找出帮助解决的措施，分学科为老师们请到了专家级导师做指导。针对赛程提前的消息，鼓励大家及时调整计划，武老师的参赛经验介绍对每一位选手起到了引领的作用，使大家鼓足信心，迎接比赛。

总结三：数学赛场的金点子总结会

3 月 13 日，数学赛场率先拉开帷幕。我校承担数学学科赛场，所有数学教师积极参与听课，我们的四位选手顺利参加完比赛。有个成语叫“亡羊补牢”，可是如果能提前把羊圈做得很结实不就不会丢失羊了吗？在数学赛场完成比赛后，3 月 16 日教学处及时召开中期的金点子分享会。四位数学比赛选手把自己的参赛经验及时地梳理总结，对于一些临场可能会出现的问题，及时提醒其他选手。

(1)对于所做的课件关注保存的版本，比如，一名外校的选手到了我校课件打不开，后来发现是电脑的版本不同，课件要多存几个地方，最好邮箱里放一份备份，免得忙中出乱。

(2)当局者迷，旁观者清，时刻提醒自己关注课堂的主体。不要把课堂变成展示个人才华的秀场。

(3)对于课堂的生成点要大胆地抓住，对于一些表现突出的选手的课堂大家进行研讨，并吸取课堂上的亮点变成自己的财富。

总结四：比赛结束后的感动、分享与反思

新新杯落下了帷幕。但是却给每一位“新新杯”参赛选手留下很多很多的思考。5 月 17 日下午，全体参加新新杯的老师们和他们的支持团队，一起召开了题目为《收获感动　分享喜悦　继续前行》的总结大会。李校长也亲自参加了本次大会。

大会由冯晓燕主任主持，共设置了四个板块，第一个板块是教研组长如何利用新新杯这个平台带领自己的团队共研共备，在历练自己的同时带领团队共同成长的。安燕、覃赟、安洪洋三位选手发言，安燕老师认为：“真正利用好每一个平台带领自己的团队研究课堂，为自己经受的磨炼而感到快乐，为自己在磨炼中得到成长感到骄傲。”覃赟老师说：“自己的成绩全都归功于这个帮助自己的团队，这个团队是自己成功的有力支撑。”安洪洋动情地说 ：“不会忘记李校长像妈妈一样不断鼓励，不断帮助，一遍遍地为老师说课，甚至连饭都顾不上吃。就像一个家长关注着一个即将赶考的孩子。”他们的发言使在场的每一个人都深受鼓舞。

第二个板块是“述说心中的感动”，李士华、瞿萍老师作为参赛选手代表发言。李士华老师是参赛选手年龄最大的，从教 20 多年第一次走上这样的赛场，而且通过大家的帮助，取得了很不错的成绩，在总结发言时非常激动，回顾自己参赛的过程，感恩同伴对他的帮助的点点滴滴，他由衷地说：“感谢学校让他的教育生命进入第二个春天，他为自己生活在这样一个团结、协作的集体而感到无上的光荣。”瞿萍老师更是感受颇多，她说：“一滴水只有放进大海才不会干涸，大家融合到一起才能汇成大海。团队给予她太多太多。”在每一个活动中，让我们的教师队伍学会感恩，学会感激生活中的磨炼，感激帮助自己成长的人。

第三个板块安排了“三言两语话收获”，全体参赛选手进行头脑风暴。每人限定一分钟。老师们用最凝练的语言诉说自己的收获。有课堂上与学生融合的小窍门，有调动课堂气氛的好方法，每一位选手完全开放自己的思想，把参赛中的得与失共享。会场的气氛非常热烈。其中一位参加过两届新新杯的选手，两次都得了二等奖，与一等奖失之交臂，她在这个环节泣不成声，发自肺腑地反思了第一次参赛和第二次参赛失利的原因，让每一位参赛者动容。

总结的目的是为了更好地开启新的工作，所以在最后一个板块是“七嘴八舌话未来”，这个环节目的是引发大家的思考，反思自己的参赛过程，找出问题为自己的教学开启新的一页。最后，李校长为大会作了总结。希望老师们以此为起点，把共研共备落到实处，扎扎实实地上好每一节课，提升课堂质量。把对他人的感谢付诸行动，使学校每位教师都有人人为他人着想的意识，团结在一起亲如一家人。同时，对每位教师寄予了厚望，在自己的岗位上发挥作用，带领大家共同提高、进步，做一名研究型、专家型教师。

总结五：追求由点到面的辐射效果的赛课总结

新新杯结束了，但是带给每一位教师的思索还不应该结束，活动只是一个载体，我们需要跳出活动看活动，反思不足，找出问题，使活动真正助推全校教师的发展。

针对这次活动，在5月全校总结大会上，我们开辟出一个专门的板块进行总结，目的就是把新新杯这个点，辐射出去成为一个面，使全校教师的思想认识再上一个新台阶。在全校总结大会上回顾了参赛过程中每个团队对选手的帮助，把一幅幅课堂上老师们共同参与听课评课的画面呈现给大家，把参赛选手对集体的感激进行了摘录呈现给大家，每一句发自内心的感谢都让这个团队感动，让这个团队更加和谐。我精心制作了新新杯比赛的课堂精彩回顾短片，大家可喜地看到历经比赛的教师都有了进步，教学技能日趋成熟，从而使每个人感到自己付出带来的喜悦。选手成绩的取得属于他所在的团队，属于背后支持的学校。比赛带来的收获远远超出比赛本身。

其实竞赛本身以及竞赛的结果并不重要，重要的是在竞赛的过程中引发思考。本次比赛增强了教师对教材的理解与把握，形成了浓厚的教研氛围。广大教师们热情地听课议课，评委们在间休时的相互交流与争论，让我们每一位参与者都对课堂教学有了更进一步的思考，受益匪浅，可以说这是一次实效性非常强的教学活动。这次竞赛，在课堂中教师有意识去关注学生个体，尊重学生个性，教师与学生是平等的朋友关系，是相互学习的伙伴。引领团队在看到成绩的同时看问题反思不足：(1)教师独立钻研教材、驾驭教材的能力还需要进一步提升。(2)部分教师对教学内容的理解，定位不准，找不准教学的起点，低估学生。(3)学科教学领域发展的不均衡。本次的大赛中语文均为识字课和阅读课，但在这种赛课中，教师们对一些领域的课仍不敢大胆尝试，创新的意识不够强。

通过以上这个案例分析，我们想呈现给大家的就是对一项活动的总结分成若干个小总结，制订了切实可行的计划后，随着计划的推进依据实际情况进行阶段总结，不断改进完善计划，在活动过程中及时通报活动进展情况，给参与者以引领和鼓励，从而起到相互参看，彼此借鉴的目的，项目最后的总结则是对活动起到梳理作用，归纳成绩反思不足，为新的活动奠定基础。

第四节　让反思成为习惯

任何一项好的计划和策划，如果没有强有力的执行，将是一场空谈。孔子曰“吾日三省吾身”，强调的是内省、反思。平时我们可能会埋怨自己的工作太忙太累太乏味，却不知道自己已经不知不觉走入了一种简单的循环往复之中。路走了很多，实际却没走出多远。自身的素质并没有得到多少提高，这是因为在实践中缺少了反思。反思是汲取经验教训的最有效手段，在繁忙的工作中坚持反思，是成长的必经之路。在李冬菊校长的带领下，在 UDS 项目的引领下，我们的干部团队且行且思，逐渐成为具有反思型特征的优秀干部团队。

一、突破自我，悄然成长

中层干部要不断突破自己，就要本着“创新”的原则，对自己所做的工作进行诊断与反思，以“有效”和“高效”为前提，不断调整工作方法，在工作实践中诊断反思、在不断调整中逐步提升自己的专业能力。在一篇篇中层领导干部的工作反思中，我们发现惊喜正悄悄来临，中层领导干部也正悄悄成长。

校长讲到中层领导干部要进行“中层修炼”，我想到了自己的工作，我负责学校的教科研工作和学校高年级语文教学，作为教科研的负责人，我对教科研领域的认识还很不足，比如开题，虽说已经完成了开题，但是效果我自己非常不满意，校长虽然对我们的工作很宽容，但是我对自己非常不满意，反思我自己在开题之前的一切准备工作，包括相关研究资料的整理与收集、开题报告的撰写等工作，都没有达到理想的效果，从中我认识到个人修炼能力的至关重要性。

从主管教科研工作的角度而言，结合对自己过去工作的反思，我认为应该从以下三个方面修炼自己。

第一，修炼自己的声音。每一位教师都应该让你的声音更优美，更吸引孩子，对我们中层干部来说，我认为我们的声音要更客观，更真实。客观真实地把学校发展的情况反映给校长，同时把校长的声音传给老师，起到上传下达的作用。

第二，修炼我们的心灵。我们的心灵要克服浮躁，我认为一个中层干部应该具有宽容、平和、积极、乐观、感恩的心态。包括今天学习的归零的心态，我们要时刻地调整。校长的年龄在我们这个群体算比较大的，有时候我到她办公室汇报工作，看到她面对各种工作千头万绪，脸色也特别不好，但是我自从跟随她以后，从没听说她抱怨过一句，“今天真累啊”或“今天真烦啊”之类的话。她总是微笑着说：“没事，挺好的，睡一觉就没事了！”这一点给我的启发特别大，积极的心态决定工作的状态，我们要有持续的工作热情，就要转变我们的工作心态。

第三，修炼我们的双眼。要有一双慧眼，善于捕捉发现，中层就要有一双慧眼，需要你去发现问题并补救，提升我们的服务意识，让我们的工作下沉，把自己的身子降得更低，低到老师的脑袋以下，我们的服务意识才能加强，有服务意识，还要结合自己的工作希望自己能用不懈的努力把自己的本职工作做得更好。

——冯晓燕《干部的修炼》

学校干部队伍正是需要这样敢于正视自己的问题的中层领导，从自己出发，寻找原因，克服困难，促进整个干部队伍的成长，整体提升干部的管理力。经过一段时间的磨合与调整，现在我们可以自豪地说学校的干部团队是一支能战斗的队伍，是成就教师和学生、是促进学校发展的排头兵。

如上文所言，中层领导干部对工作进行反思，针对自己工作中的问题，寻找解决办法。另一部分中层领导干部的反思侧重于对工作进一步的探究与思考。

时光的脚步引领我们走过了一个又一个充实而又忙碌的学期。回顾这一学期的工作，我们继续互帮互助高效课堂模式探索，稳步推进高效课堂，加大共研共备力度，打造和谐团队。让和谐合作，互助进取成主流，推进班级文化建设向纵深发展，继续开展高效课堂达标课。打造品牌年级。

管理理念——辐射引领。记得开学初，李校长在组长培训会上曾说过："一个优秀的教研组长，就会带出一个优秀的教研组来。"从那时起，我开始重新认识教研组长这一角色。教研组长应该是学校学科教学的引领者和研究活动的策划组织者，一般来说，一个好的教研组长很大程度上能影响并带出一个好的教研群体。于是，我开始找准角色定位，努力成为校本教研的参与者、促进者、引领者等。我开始把过去完成任务似的教研活动转变为研究自己的问题，自己研究问题，研究有问题的自己，变自上而下的被动教研为自下而上的主动教研。

1. 研讨活动的组织者

任何一级组织都需要一个能把群众的积极性调动起来，把大家的智慧发挥出来的组织者。教研组作为本校教研中的基本单位，它的核心职责就是搞好学科的教育教学工作，抓好教育教学中存在的问题的研究。要搞好问题的研究，教研组必须开展各种形式的研讨活动。这些研讨活动的开展离不开教研组长的有效组织。教研组研讨活动开展的效果、质量如何与教研组长的组织工作密切相关，教研组长便成为开展研讨活动自然的组织者。

2. 教学教研的引领者

"行动前反思——行动中反思——行动后反思"是校本教研的研究思路，贯穿始终的是对教学实践中具体问题的研究，在研究中，教研组长对教学研究的引领作用非常重要。组长要坚持引领教师学习先进的教育教学理论，引领教师把握课程理念，引领教师掌握科学的研究方法等。教研组长就是学校教研组开展本校教研当然的引领者。

3. 自我反思的促进者

反思是校本教研的重要形式之一。教研组的教师一般是通过反思行动预设、反思行动过程、反思行动结果、反思行动经验，丰富行动策略，自主经营课堂，改进教育教学，提高课堂效率，进而提高自身的专业水平。但是由于受传统的教研观念的影响，教师的自我反思还没有形成习惯，需要教研组长及时的、善意的提示和帮助，促使教研组成员不断反思自己的教学行为，逐步养成反思习惯。教研组长因此承担着校本教研中教师自我反思促进者的重要角色。

4. 研究氛围的营造者

一棵树苗，或生长在茫茫盐碱地，或栽种在肥沃的土壤里，不同的地域会出现不同的结果。同理，校本教研活动在不同的环境下效果会截然不同。所以，营造教研组研究的氛围便显得十分重要。只有民主和谐的氛围才能激发教师的研究兴趣，持续研究的兴趣也会不断浓厚研究的氛围。为此，教研组长必须在教研组内经营良好的研究氛围，用良好的研究氛围影响人、感染人，强化教师校本教研的意识，增强校本教研活动的有效性。

团队协作——提升能力。教研组是落实学校教学工作，进行学科教学管理的重要职能机构，承担着学校学科教学研究及教学培训任务，是提高教师业务水平的重要基地。多年来我校十分重视教研组组风建设，鼓励和支持教研组活动的发展与创新。

数学教研组始终秉承优良的传统，人际关系和谐，组内气氛融洽；教师之间互相帮助，互相关心，互相促进；青年教师能虚心学习，积极进取，老教师毫无保留地把教育、教学经验传授给其他教师。积极开展传、帮、带，以老带新，以能带新的协作式教学。正因为有了这种和谐的气氛和人际环境，使得数学教研组教研风气浓厚，教师治学严谨，彼此之间能开诚布公地交流，探讨问题，教师们努力钻研教材教法，积极运用最先进的多媒体手段辅助教学，力争做新时代的“科研型”教师。组内团结合作氛围为每位教师的发展营造了一个宽松、融洽、学术气氛浓厚的环境，从而形成了一个工作扎实，教风严谨，团结协作，敢于争先，具有凝聚力、战斗力强的团队。开学初，我们在领导的指导下，充分做好抽测准备，计划、实施细则，细致到每一周复习什么。孩子们收获非常大。

——韩冰《让研究成为自觉》

学校工作千头万绪，孩子成长不能等待，广大教师与学校中层干部要在实践中成长，从一次次活动中吸收经验、吸取教训，成为反思性实践者。《让研究成为自觉》强调了一个中层干部对自己工作的深度思考与反思。每一个干部和教师都需要不断反思自己的工作。现代教育倡导反思学习。反思学习是指学习者以自身经验、活动或身心结构为对象，以反身性的自我观察、分析、评价、改造、修炼等方式进行的学习。反思学习的过程实际上是行动(经验)与探究性的思考之间的关联与互动的过程。

在干部对自身工作的反思中，可以看到一个中层领导干部对自己角色和身份的认识与定位。在学校发展的大舞台上，中层干部扮演着多重角色。能否将每重角色塑造成功，又相辅相成，这将直接关系到学校办学质量的高低。上文《让研究成为自觉》里写道，一个中层干部应该是“研讨活动的组织者”、“教学教研的引领者”、“自我反思的促进者”和“研究氛围的营造者”，这表明目前已经有一部分中层干部对自己的角色和身份有了较为全面的认识。的确，学校管理中，任何一个中层干部都扮演了多重角色。学校中层干部至少要做到以下五个角色与身份的统一。其一，学校办学理念的“执行者”与“创造者”的统一；其二，学校规章制度的“维护者”与“独立者”的统一；其三，学校常规事务的“管理者”与“示范者”的统一；其四，学校教育教学工作的“指挥员”与“战斗员”的统一；其五，学校组织团队中的“竞争者”与“合作者”的统一。

二、且行且思，关注于微

当今社会，“细节决定成败”已经成为管理界的经典名言。现代管理学认为，管理的第一层次是“规范化”，第二层次是“精细化”。学校管理范畴内的细节管理，是相对于过去的粗放化、随意化管理来说的，它强调将工作做细、做精。“关注细节”是一种意识，一种态度、一种理念，一种文化，在企业管理中如此，在学校管理中亦是如此。

学校工作繁杂，琐碎，任何一个小环节出现问题，都可能导致全盘皆输。尤其是涉及学生办理相关手续的工作，更是容不得一丝马虎。为学生办理相关入学、休学、转学等手续，往往需要家长两地跑，到相关部门盖章，甚是繁琐。下面这个案例中的故事，虽然有惊无险，但也给我们敲响了警钟。

早晨一到校，就碰到教务处王老师，着急地在门卫处寻找着什么，我连忙上前询问：“王老师，您找什么呢?”王老师一脸焦急地说：“昨天刚转学来的小刚刚交的转学证明学区审完后，我放在门卫了，本来是打算交给家长，因为家长没到我就放在门卫了，谁知不知怎么回事那份材料居然找不着了。”我一听脑袋轰一下就大了，学生的转学证明材料这可不是普通的一张纸，光上面的公章家长就得往返两地的跑，尤其是外地的转学生就更麻烦了，转学材料丢了，明显是一个大的工作失误，而且这个失误牵扯到家长，家长的事再小也是大事，更何况是这么重要的材料。我万分焦急起来，学籍管理属于教学工作中的一项重要工作，出这么大的纰漏，我急忙找来保卫班长，详细询问，让他回忆会议材料是什么时候放在门卫处的？有什么人取走？经过一上午的反复寻找，终于找到了，原来是另一个保安看见材料以为需要送给学生，就按照学生的姓名送到了班级里去了，有惊无险，赶紧和家长取得联系，并取得了家长的谅解。

——冯晓燕《学籍证明丢了》

“泰山不拒细壤，故能成其高；江海不择细流，故能就其深”。我们不缺少雄韬伟略的战略家，缺少的是精益求精的执行者。关于对学生的学籍管理，区教委和学校有明确的规定：本市转学生需要提供转学联系表，转出校出具联系表，转入校先盖章，转出校再盖章学区审核后网上申请转入，到校后提供学籍卡片、健康卡片、少先队证明。学籍卡在原校做离校刷卡后拿到转入校做转入操作。外省市借读学生需提供规定时间开具的借读证明、接受义务教育就读申请表、户口所在地无人监护证明、转学联系表，经学区审核后进行网上申请。到校后提供学籍卡片、健康卡片、少先队证明，各地情况不一样，如果有则提供，以供参考。可是，在这样清楚明了的规定面前，我们处理起工作来依然出现了纰漏，原因在于对细节把握不够。

这件小事背后折射的是学籍管理的随意性、不规范性。每个孩子的情况都不一样，家长也是各不相同，我们只有规范自己的言行，提高服务的意识，认识到我们一个微小的举动都可能给家长造成很大的损失，引起很大的麻烦，家长也会由此及彼，由这一件小事降低对学校的信任。就是这样一件小事带来的蝴蝶效应可能是巨大的。

学校的工作千头万绪，校长不可能事事经手，各种具体工作还要依托中层干部和广大教师去做，那么就要培养中层干部和教师细节管理的能力，将学校每一个人的积极性都发挥到极致。“绳在细处断，水在薄处裂”，往往是最细微的小事，影响了全局。

9 月初，校长在外面参加高研班的学习，学校的行政事务由办公室牵头，时间过得真快，到中秋节了，校长打来电话，叮嘱放假前由办公室、德育处、总务处分别检查落实好学校的安全、卫生工作，我们欣然答应。况且，这早已经形成了惯例，校长在外面还是不放心呀！

教师们在放完学生后渐渐地离开学校，我们开始从一楼进行巡视，楼道转转，教室看看，办公室走走，从一楼到四楼，一圈下来了。

回到办公室，给校长发了一切正常的短信。

中秋小长假回来的第一天，下班后，校长回来了，当把一份检查记录放在我面前的时候，我简直不敢相信自己的眼睛，上面逐条记录了在中秋节晚上，校长亲自检查的结果，罗列了很多问题，有的教室没有锁门，有的教室没有拔电源线，计算机房仍然有电脑没关……

面对这份记录，我哑口无言，校长语重心长地说："这份记录应该你们给我才是啊……"我惭愧地低下了头，心有余悸，如果不是校长在关键时刻又进行了非常到位的检查，多少隐患在节日中啊！

随即我们召开了行政会，各口都进行了反思，就安全检查的落实工作我们进行了较深入的研讨，制订检查的详细方案，及时召开组长会，强调安全，细化要求。

转眼间，又到了国庆小长假，这次我们拿着巡视记录表，一项一项的认真细致地进行检查和记录，对做得不够严谨的事项及时进行了弥补。

这次，当我们再汇报给校长的时候，心里也格外踏实了许多……

——陈丽《巡视不是转圈》

关注细节，最需要的是执行力和责任感。孔子在《论语》中，曾提出"言必行，行必果"。执行力是中层干部能力素质的一个重要方面，要在强化责任中提升执行力，人可以不伟大，但不可以没有责任心。有强烈的责任心，做事才能到位，有强烈的责任心才有完美执行力。执行过程中要关注细节，每一个环节，每一项工作，都不能有丝毫的疏忽，都不能打半点折扣。要树立严谨再严谨些，深入再深入些，细致再细致些的工作作风，改变心浮气躁、浅尝辄止的毛病。还要克服惯性的思维，做事不能走过场，认为一直没有出过什么问题，思想上就不够重视了，这是千万要不得的，没有安全事故不等于没有安全隐患。

用心做事、规范管理、作风严谨，落实到位，执行有效果。上对校长负责，下对教师负责，更是对学校工作的负责！中层领导干部要用责任感和执行力撑起学校细节管理的一片天。

三、真心真情，学会工作

人际沟通，是人际交往的一个重要方面，是维护和发展人际关系的基本手段。人际沟通是指人们之间的信息交换过程，也就是人们在共同活动中彼此交流各种观念、思想和情感的过程。学校的人际沟通，是学校人际交往中的重要形式，贯穿于整个学校教育活动的全过程。要达到管理目标、教育目标，要调整人际关系，都有赖于各种形式的沟通。人际沟通在学校工作中，特别是对学校人际关系的管理，有着重要的作用。

唐代诗人白居易在《与元九书》一文中写道：“感人心者，莫先乎情。”真心是人类内心世界最美的种子，用真心赢得朋友，用真心换来理解和信任。校园里流淌着和谐的音符，管理中融入理解，沟通时“情”字当头，理解入先，情理交融，让教师感到温暖，管理中少了一份生硬，多了一份理解。管理不是简单地强调合情合理，而是管理者的工作要做到合情合理。

我是今年暑假才全面负责学校后勤工作。后勤工作量大而广，头绪多，层次多，繁杂、细琐。学校在编的后勤人员屈指可数，根据学校发展的需要和上级主管部门的要求，现在很多后勤工作由保洁公司、保安公司来提供服务。这些临时性人员有20多人，在学校当中也是不小的一个群体。他们因为不是在编人员，待遇、假期有区别等原因，在工作积极性上面，对学校的关注方面都有着与正式在编老师不同的想法。思想决定行为，临时人员在工作方面普遍表现为不主动不积极，有时候不督促不干活，长期如此，不仅临时工工作情绪不高，而且会影响到学校正常的教育教学秩序。那么如何管理好这些临时性人员成为我需要思考的问题。

这学期，我就如何调动临时工的工作积极性，让他们全心全意为学校、为师生提供优质服务做了以下几点工作：

人格上的尊重。这些人在学校工作，或多或少都有一些自卑的心理，觉得低人一等。因此，我在称呼上尊称为××师傅，早晨遇到主动和他们打招呼：××师傅早。

注意沟通方式。我发现问题时，总是找到当事人，直接提出不足，在全体会上只说现象不点名。同时不反复说，话说到即止，不唠叨。反复说容易引起逆反心理。

管理规范化。每周要开例会，表扬好的现象，批评不好的现象。对表现好的人员更是大张旗鼓地表扬。明确要求：(1)开学与保洁经理一道，讲明学校工作的特点，提出明确要求，如上班不干私活，服从学校要求和安排，不扎堆聊天，遵守时间。(2)定岗定责：保洁、绿化，每个人的岗位在什么地方，要求是什么。(3)加强检查督促。俗话说，不怕批，就怕查。员工不会做你想做的事，只会做你检查的事。

关心他们的生活，拉近和他们的关系和感情，让他们感受到学校的关怀，以校为家。

1. 维修人员年龄大了，每年学校都让他们参加新年联欢会，让他们享受教师的待遇，给他们发羽绒服等，工作时提醒他们注意安全，有时间和他们一起干。

2. 高师傅的保险转成新农合保险，学校就派车，由后勤主任和财务总监一起为他奔走这事，还给他时间去办各种手续。王师傅家住在延庆山里，下了几场大雪，雪大得封门，有半米多深，为了不影响周一学校的科技节活动，周日下午，冒着这样的大雪硬是赶回了学校，真的很感人。

3. 为保洁人员准备休息室，配置饮水机、空调，有暖气。年末和他们一起沟通，为骑电动车的师傅准备充电室，平时吃饭多问问吃饱没有。

4. 尊重他们的劳动，尽量一次安排完，不重复做。例如，这周六报告厅更换条幅就让施工人员在楼道完成。不要弄脏了保洁人员辛苦打扫干净的报告厅。

5. 工具到位，尘堆、擦玻璃器、拖把等保洁用具到位。

这样管理的结果是：后勤、保洁人员以校为家。每次学校有重大活动，都主动提前到岗，准备工作到位，如广播操比赛、阴雨天、修暖气、专业教师卫生清扫、下水道疏通、高效课堂的开放活动、江苏校长的跟岗学习等，学校的后勤保障和卫生都受到了好评，也为学校争得了荣誉。

透过学校这些一线管理者的分享，你会发现许多时候，管理不是简单的强调合情合理，而是管理者的工作要做到合情合理。

——田成雨《情到细处，“理”自通》

正如上文所言，学校后勤工作涉及饮食、卫生、安全等与生活息息相关的方方面面，容不得半点松懈。但是由于学校后勤人员水平参差不齐，工资待遇存在客观差异、工作内容辛苦繁重等一系列原因导致后勤工作人员工作积极性不高、相对松散、懈怠，组织纪律性不强。学校后勤管理成为了学校管理中最困难的一环。主管后勤工作的中层领导要积极与后勤部门的相关人员进行沟通，沟通是开启心灵之门的金钥匙。在学校管理沟通中，至少要做到以下三点：首选，人格上的尊重。社会分工不同，工作内容有别，但三百六十行，行行出状元。人与人之间的交往沟通，相互尊重是前提。其次，规章制度要明晰。学校管理工作琐碎，因此更加需要有条可循的规章规范人们的行为。条分缕析的管理规章、制度标准也有助于明确个人的责任与义务。最后，也是最重要的一点，付出真心真情。人与人之间的交往，最重要的真情，只有真心的付出才能换回真情的回应，学校管理亦是如此。如果在管理中能够更多地关心一下员工的身心状况，体谅一下员工的辛苦，换回来的一定是最融洽的团队关系。

如果说学校后勤管理工作最为繁重，那么家校沟通则最为复杂。美国的学者保罗·朗格朗提出：“不同教育部门的相互依存是终身教育的基本，我们只有加强各个部门之间的沟通和合作，才能最终实现教育的一体化和整体化。教育的一体化和整体化具体表现为学校教育、家庭教育和社会教育三者之间的共同合作。其中，家庭教育是教育的基础，学校教育是教育中心。”家长是每一位孩子的第一任老师，家长的教育会影响着孩子的一生。家庭和学校是在孩子教育中作用最深刻的两个机构，这两个机构之间必须要进行沟通。事实上，目前家校沟通仍处于家长依赖学校阶段，家长更希望学校能够做得更多，为学生创造出更好的学习条件。然而有些时候，学校的努力得不到家长的谅解，矛盾也就随即产生了。

一个学年结束了，一年级班主任老师们都露出了宽慰的笑容——终于可以喘口气了。当时招生时由于学校教室有限，所以新一年级招了4个班，但由于生源很好，每个班都四十多人，有的甚至还达到了近五十人，这么大的班容量，对于我们这个中等规模的学校，老师们付出的确很多，尤其是一年级新生，老师们又抓常规，又注重教学，班主任实在很辛苦。现在学校有剩余的教室了，所以决定把一年级的四个班分成五个班，减少班容量，让学生在宽松的环境中学习。谁知学校好意的分班行为却惹来了一场风波。

几位家长数次打来电话，有的亲自找到学校，不赞成学校的分班行为，通过和家长沟通，家长主要有以下担忧问题：(1)孩子从原来的班被分出来了，怕不适应新的环境。(2)新班主任比较年轻，家长不了解，不太信服。(3)家长想让孩子回到原来的班级。几名家长一再强调，不给解决就不会罢休。

分班安排是学校的整体安排，是为了全体一年级学生考虑，学校的做法没有问题。但是为了让家长满意，我们和家长进行多次沟通，跟家长一起分析新老师具备的优势以及学校如何采取得力措施，要重点关注这个班的教育教学工作等。

事态终于控制住了，但是仍然不断有家长打来电话，提出对新老师的怀疑。我们对新老师小×给予了特别的“偏心饭”：教学主任跟踪听课辅导；教研组长严把说课、作业、辅导学生关；德育主任辅导班主任工作，经过一段时间的训练和考查，我们发现新分的五班正在蒸蒸日上，学生常规稳定、学习成绩稳步上升，班级氛围和谐、融洽。

就要开家长会了，我们想看看家长的反映。家长会那天，我推掉了手头的一切工作，等着家长找我交流，都等到下午5：30了，还没有一个来的。我倒是坐不住了，走到了五班教室门前，我看到家长正在为小×老师精彩的发言鼓掌呢！走进教室，有几个家长正和老师谈话，我自信地问：“怎么样，孩子在新班级还适应吧?”几个家长连连点头……

——李莲华《学会换位思考》

学校与家长沟通，要换位思考，站在家长的角度考虑。在与家长沟通时，应多站在家长的角度去考虑问题，理解家长的心情，真诚对待每一个孩子，与家长之间的交谈一定会顺利进行。让家长感受到学校是诚意关心孩子，家长就会更容易接受学校的安排，并与之积极配合。所以和家长进行沟通时，告诉家长学校分班的原因以及孩子分班后的优势等，家长明白了学校分班是为孩子着想，家长就易于接受了。

要尊重家长，与家长保持平等关系。学校和家长在教育孩子问题上目标是一致的，应该建立彼此信任、相互支持的平等关系。因为只有平等才有利于沟通。要尊重家长的情感，对家长做到温和有礼，以商量谈心的方式来交流这次分班学校的考虑。对爱挑剔的家长，不能简单地敷衍了事，更不能置之不理，要以一颗平等而细致的耐心来对待家长的挑剔，以宽厚的胸怀来接受家长不同的意见，以积极的态度和方法来改变家长的看法，使家长和学校的想法统一。

要关爱学生，让家长感到放心。我们要让家长时时感受到学校对学生真挚的关心和爱护。真心真意地用行为来爱学生，效果远胜过空洞的表白。在家长看来，教师的一份责任心，是对学生爱的表现。所以学校对小×老师的“偏心饭”，使五班在各方面成绩突出，家长看到了孩子的进步，就会对老师心存感激，有了信任感，他们就会和老师比较配合地开展工作，注重家校合作，不会对分班心存不满了。

干部的作用，决定了我们必须始终高度重视干部队伍建设。改革开放使学校处于新的发展阶段，都有着新的奋斗目标，加强学校干部队伍建设，打造素质高的干部团队，是学校目前亟待解决一项具体工作。

想要走得快，一个人走；想要走得远，大家一起走。中层干部在学校管理中扮演着重要角色——引领我们的教师团队为了同一个目标不断前行。在学习中干部提升自身综合素质，在管理中干部突破自我，在实践中提升整个管理团队的领导能力、管理能力，引领教师团队迎接新挑战，把握新机遇，实现新跨越。

第四章　学习共同体助力教师发展

学校办学质量很大程度上取决于教师的整体素质。建设一支结构合理、素质较高的教师队伍尤为重要。但长期以来，在日常教学活动中，教师的工作方式一直处于孤立、封闭的状态，教师团队的力量没有得到激发，教师团队工作效能没得到最大限度的发挥。因此，教师专业学习共同体的建设就显得尤为重要，这也是促进校本教师专业发展的重要方法。

自20世纪90年代后期以来，很多学者以"专业学习共同体"来阐释教师怎样从他们的工作中以协作的力量来学习，并重建学校文化，达到改善学生学习表现的目标，从而回应社会的新需要。那么何为"专业学习共同体"？专业学习共同体是彼得·圣吉在《第五项修炼》中提出的"学习型组织"在教育领域应用的实践模式。后来这一概念被教育学者所使用。学校中的专业学习共同体是指：学校中的行政人员和教师，持续不断地寻求和分享学习，并依据他们学习所得而行动，他们这样做的目的是要改善教学的效果，期望学生得益。[①] 在教育教学实践中，一般从五个维度来建构教师专业学习共同体：第一，相互支持和共同领导。第二，集体学习并实践。第三，共享愿景。第四，分享个人实践。第五，提供支持条件。[②]

在学习共同体中，通过教师彼此之间的交互活动，对其认知活动产生促进作用；利用电子邮件、网络论坛等手段，引导教师围绕当前学习的主题进行讨论交流，形成自己的判断，表达自己对问题的理解，以及解决问题的不同思路，以丰富学习者的理解，同时引发他们对各种理解的批判性评价以及对自己原有想法的进一步反思。这样，每位教师都与其他学习者分享自己的见解，同时又接受其他人的影响，从而丰富、扩充了自己的知识，并提高自

---

① 黄丽锷．专业学习共同体：一个校本的教师发展途径[J]．上海教育，2006，10：26－27.

② [美]彼得·圣吉．第五项修炼——学习型组织的艺术与实务[M]．上海：上海三联书店，1997.

己在学习和解决问题活动中的自我效能感，促进教师学习和反思活动的深度，提高他们的学习需要以及对学习活动的自我意识。

由此看来，通过建立学习共同体，会形成一种教师之间互惠互利、优势互补的多赢格局。共同体成员通过积极参与，能够迅速提高自己的专业知识和能力，改善自己的教师实践，有利于营造宽松的环境和开放的氛围，加强不同学科之间教师的交流沟通，共享经验与成功，从而体现"和而不同"的学习理念。同时，不同教学思想的碰撞、不同教学风格的百花齐放，也有利于克服教师间封闭对立的现象，增强教师间的合作意识，从而推动不同学科间教研活动的协同效果，有利于形成一种促进教师专业发展的团队精神。一个优化的学习共同体形成一种共同奋斗的团队意识，就能凝聚教师的集体智慧，激发教师的整体潜能，从而使教育工作焕发出强大的生命活力。因此，教师专业化的意义并不只限于发挥个人专业知识和教学技能，更要求专业个体在群体协作下，通过"团队关注"，提升个体发展潜能，以期共同走向成功的彼岸。

基于此，我们借助学习共同体的理论与模式，针对不同群体，我校创立了博睿斋骨干教师工作室、青年教师培训班、班主任工作室三个不同的学习共同体，力求培养高素质的教师群体。

第一节　骨干教师的孵化器

学校的发展，需要骨干教师的支撑。学校的发展靠骨干教师的辐射作用，只有发挥骨干教师作用，建构骨干教师的共同体，发挥集体的智慧，产生"1＋1＞2"的效果。超越自己和谐发展。

2010 年以前，学校区级以上学科带头人和骨干教师数量不多；教师的外出教研和校级教研也是少之又少；参加海淀区学科中心组的老师更是寥寥无几，信息不畅通，阻碍了教师业务能力的提升。2010 年李冬菊校长来到我校，通过听推门课、每周二行政听课走进教师的课堂以及期末召开不同人群的调研会，深入了解学校情况，发现了问题：有的教师教学理念陈旧，教学方法陈旧，停留在课改前的水平，并且缺乏交流。总之，以"个人为中心"的研修方式是阻碍教师发展的根本原因。如何帮助教师更快提升水平，最终提升学生的学习结果？在这种背景下成立了由李冬菊校长任班主任的学习共同体——博睿斋骨干教师工作室。

一、我们的博睿斋骨干教师工作室

博是才学广博、胸怀宽广之意，睿有睿智、聪明之意。“博睿斋”，这个名字凝聚着校长的期许。

这是一个集北京市骨干教师、海淀区学科带头人、骨干教师组成的学习共同体。涵盖了语文、数学、英语、科任各个学科，占全体教师数47%，是以班级制为形式的学习组织，定期召开会议，目的就是建设学习支撑环境，形成经常进行相互对话、沟通、交流的学习机制。这个工作室旨在着力打造一支理念先进、理论扎实、素质全面、业务精湛的骨干教师队伍。引导骨干教师重视职业生涯规划，构筑多元的学习和展示平台，推进教师的专业化发展，让骨干教师引领工程成为教师成长的助推器，促进教师的专业成长和学校的可持续发展。

共同的目标和愿景是专业学习共同体引领教师前行的核心力量。[①] 在博睿斋，我们的共同目标是促进成员全面成长，经常共同学习，分享各种教育资源；强调在学习过程中以相互作用式的学习观作指导，通过相互对话、交流，进行人际沟通，分享彼此情感、体验和观念，分享各种学习资源，在共同活动中形成相互影响，相互促进的人际关系，形成具有强烈的认同感和归属感，在学习中发挥群体动力作用。

为了实现这一共同目标，我们以工作室为平台，每人一本《骨干教师工作室研修手册》，工作室成员以自己《研修手册》的填写为任务驱动，制定个人三年发展规划，使大家学习有计划、工作有目标、成长有方向。

“博睿斋”要求每位成员用心投入工作室活动，把读书纳入到自己生活中不可分割的一个部分；要求成员履行职责，积极开展“五个一”活动：即每学期至少上一节示范课并听课20节以上、获奖论文不少于一篇、承担一个研究课题、上交一则读书摘记、参与一次主题论坛；指导徒弟上课不少于两节，师徒捆绑业绩。

此外，“博睿斋”定期组织大家学习，研讨，交流，达到真正意义上的共同提高。为了发挥骨干教师作用，加大对青年教师的培养力度，我们以师带

---

① 吴艳茹．教师专业学习共同体的构建[J]．教育评论，2013(1)：54—56．

徒结对子的形式，互帮互助，实现师徒共进；同时工作室还辐射于日常教研活动中，骨干教师引导组内学科教研活动，达到研究真问题、提升课堂质量的目的。

“博睿斋”的主阵地在课堂，其最终目的是要通过教师的专业成长来促进学生的学习。工作室的工作一要加强对课堂教学效益的探索，注重常态课教学的研讨活动，在研讨交流中加深对教学常规的理解，提高教学效率；二是明确工作室的提升点是科研。要养成勤反思习惯、提升反思水平，聚焦课堂教学中的“小”问题，加强交流研讨，开展“草根”研究，科研提升学校课堂教学能力；三是群策群力，形成工作合力，真正当好学校教学的领头雁；四是通过健全名师工作室的考核机制，加强对各成员之间的评价考核，让评价促发展，使考核见成效。海淀区数学学科带头人、学校教学主任吕宏艳老师对博睿斋沙龙活动中如何发挥骨干教师的示范、引领作用给出了准确的总结。

做好团队的领头雁

作为一名数学学科的带头人及一名学科教学的管理者，我认为，骨干教师的作用突出表现在示范和引领两个方面。

示范方面：高尚师德的示范、精良业务的示范、广博学识的示范、爱岗敬业的示范。我们要让广大教师从骨干教师的教书育人和教育科研的经历及成长中，受到启迪和感悟，做到学有榜样，赶有目标，从而增强全体教师敬业、乐业的职业意识，树立其勤业、精业的师德风范。

引领方面：骨干教师是学校教育、教学的宝贵资源，是推动学校发展的重要动力，依托骨干教师本身的优势，发挥骨干教师对周围的辐射引领作用，以促进广大教师教育、教学能力的提高，推动学校教学质量的提升。

那么，我们骨干教师在学校的工作中的角色定位是什么？

1. 不断提高自身的师德修养，做羊中心教师形象的塑造者

我们日常工作的一言一行，一举一动，体现出对生活的态度，对事业的追求，体现出我们的人生观和价值观。教师的意志、品格、道德、情怀将通过它呈现给每一位学生，将会对一个学生的终身发展产生影响。作为我们每一位骨干教师更应该注重用平等的语言对待学生，用崇高的人格魅力感染学生，用高尚的情操激励学生，用强烈的事业心责任心以及不断进取精神教育学生，用真诚和爱心关怀学生，用自己的实际行动努力塑造羊中心教师形

象——让学生喜欢，让家长认可，让学校信任的老师。

2. 勤于学习，善于思考，敢于吸纳，做教学研究的实践者

新一轮课程改革，是对传统教育观念的一次挑战，是对过去的教育思想和教育行为的一次根本性革命。我校高效课堂教学模式的创建亦如此，在此过程中，每一位骨干教师应带头学习，深刻领会高效课堂的内涵实质，认真研究准确把握新的课程标准，大胆地摒弃无效和低效的教学行为。在教育理念，教学思想，教学行为上实现一次真正的升级。以踏实的工作态度，持之以恒的精神投身于高效课堂的探索研究。

3. 努力实践，大胆探索，提高质量，做学科教学的示范者

在探索高效课堂的实践中，我努力追求“放飞”“对话”“沉默”的数学高效课堂模式：

“放飞的课堂”：不是提供那种确定的、心满意足的答案，而在于启发你的学生对普通事物作多层次、多角度的思考，放飞学生的思维。

“对话的课堂”：师生的教学对话，在形式上有生生对话、师生对话，是学生与教材、教师与教材对话的结果与体会，也就是研究怎样让我们的同伴互助的学习方式真正落实实效。

“沉默的课堂”：擅画者留白，擅乐者稀声，擅言者无语。“沉默”是课堂语言中“留白”的艺术。这是我对教师三不讲的又一种理解，我们适时的三不讲才能让学生有想象的空间，才能让学生有思考的余地，才可能创造“此时无声胜有声”的高妙艺术境界。课堂的价值不是给予，它只能唤醒。

4. 加强校本教研，落实同伴互助，促进合作共赢，做提升教学质量的助力者

我们在高效课堂的研究中强调同伴互助与合作，把这一思想落实到队伍建设中，骨干教师教师之间建立积极的伙伴关系，建立一种新的促进教师合作、发展的学校文化。利用好集体备课、课例研究、课堂展示等活动，使上课的人与听课的人产生互动，让研讨课成为骨干教师展示教学艺术，施展自身才能的舞台。让骨干教师相互启迪，从中受益的同时，引领教师在实践中发现问题、提出问题、共同分析、解决问题，从而提高教师的执教技能。

今后，作为骨干教师，我还要主动关心、积极参与学校教师队伍建设，为培养和壮大骨干教师队伍发挥好“传帮带”的作用。更要坚持理论与实践相结合，注重教学研究，发挥出骨干教师的“排头兵”作用，为学校努力营造一

个浓厚的教学研究氛围。

——吕宏艳

二、《骨干教师研修手册》——一份沉甸甸的记载

为构建"博睿斋骨干教师共同体"，我们研制了《骨干教师研修手册》。撰写《骨干教师研修手册》既是开放式的在职培训活动，也是实施新课程中教师继续教育和专业化素质提升必要的学习形式。它突出了以教师为本，通过自我反思，解决教学实践中的现实问题，以提升教师专业化发展的校本研修理念。

研修手册内容丰富，记载着教师在这三年来的成长目标、听课学习、听课评析、教学设计、教学反思、论文获奖及发表、课题研究等情况，学校定期检查、总结、交流。通过研修手册的撰写，引领教师不断成长。

(一)规划成就理想，目标引领发展

"凡事预则立，不预则废"。做任何事情，只有在做之前有一个明确的目的和方向，才能在开展的时候顺利地进行，理性的人生规划能引导我们朝着既定人生航向前行，阶段性的工作规划能有效地引导我们朝着下一个理想阶梯成长。因此我们的研修手册内容之一就是制订三年成长目标和个人发展规划，为自己今后的发展指明方向。

教师发展规划是指一个人对其一生事业历程相继的预期和计划。首先，它的制订有助于教师自觉地把学校的发展和个人的成功联系起来，为实现目标设想而不断提升能力水平，充分发挥自己的聪明才智，克服工作中的各种困难和挫折，始终朝着职业发展计划设计的目标发展。

其次，有助于教师自我价值的实现和超越。按照马斯洛的需求层次论，人的需要是多方面的。教师工作的最初目标可能仅仅是为了找一份工作，进而追求的可能是自我发展和自我实现的需要。学校将教师个人发展纳入组织发展的轨道，让教师在推动学校发展的同时，也能按照明确的职业发展目标，通过参加相应层次的培训，实现个人的发展，从而获取个人成就和自我实现。正如校长经常讲的，"校兴我荣"、"成就学生的同时成就自己"。

"三年发展规划"让我们的教师沉静下来认真思考近阶段工作的计划和期待的目标。"博睿斋"成员薛秋兰教师的故事，真实地叙述着我校教师成长的

轨迹。

薛秋兰老师在她的《个人三年发展总规划》中分析了自己的优势与不足，确立自己“个人发展总规划”：

我的个人发展理念是“坚持到底就是胜利”、“让自己是最好的”。

我的个人发展目标是：

1. 树立良好师德：通过自身所表露出的自尊、自律、自重、自立、自强、谦和、博爱等性格特征心理品质和道德行为意识和习惯来影响学生，努力完善和维护教师良好形象，使学生从中受到启迪和感染，直至产生同化作用。

2. 提高文化素养：要使自己有风度、有气质、有素养，就要多方面地学习，取人之长补己之短，不断提高自身的文化素养。

3. 过硬的专业技能：教好课是对教师的基本要求。他要求教师在工作中，既要遵循教学规律，又要勇于创新，不墨守成规。具体要做到以下几点：

(1)在备课中，钻研教材，列出基础知识、基本技能，明确重、难点；从学生实际出发组织教材，选择教法，努力在教学实践中体现课改试验的教学方法，尽量做到因材施教。

(2)在课堂教学中要做到重点突出，难点分散，创设民主、和谐、平等的教学氛围，使学生乐学、爱学，主动积极地投入到学习当中去，充分发挥学生的主体作用。

(3)让多媒体辅助教学走入课堂，使教学寓教于乐，声情并茂。既可节省教学时间，又激发了学生学习的兴趣、优化了课堂教学。

(4)多开展有益的活动，调动他们主动学习的积极性。

我的年度发展任务：

(1)每年争创优秀班集体，每月出一期班报，每年出一本班刊。每年的“春蕾杯”作文赛争取有 2 名以上的学生获奖。

(2)结合自身的语文教学，主动承担新课程的研究。每学年至少做一次班队会，至少在学校里获二等奖以上。

(3)每学期撰写两篇质量较高的学习反思或案例，坚持将课堂中灵光一闪的精彩记录下来。每学年至少撰写一篇教育教学论文，并力争发表或获奖。

(4)每学期认真阅读三本教学理论专著，平时广泛阅读教育教学类杂志并认真做好读书笔记，提高自身语文素养。

(5)所教班级学生语文成绩合格率争取达到100%，优秀率争取达到60%。学生喜欢语文课。

(6)从各方面积极创造条件，继续成为班主任学科带头人，力争成为区语文学科的骨干教师。

我的最终发展目标是：成为学生喜欢、家长认可、学校信赖的教师。

如今，薛秋兰老师作为北京市紫金杯班主任、海淀区班主任学科带头人、海淀区创新型班主任。她曾经的规划已经逐步变成现实，新的规划也已经进入她的《研修手册》。

明确的奋斗目标给人以坚持不懈的力量。六年级组语文教师李小芳老师是海淀区语文学科带头人，我校骨干教师之一。她的成长很快，她积极参加区世纪杯评优课，主动承担了两个班的高效课堂家长开放课以及高效课堂达标课，电子书包开放课，积极尝试现代化信息技术给课堂带来的变化，被评为海淀区语文学科带头人。透过李老师的《个人专业发展三年规划》我们会了解到一位教师突破自己，快速成长的可行之道。

她在规划中写道：

二十年来，我深深地热爱着语文教学，虚心学习、潜心钻研业务、致力于学生语文素养的发展。曾多次在学校阳光杯获得一等奖；2010年获学区新新杯一等奖；做学区观摩课两节。我的教学水平虽然已达到熟练水平，但是还没有属于自己的鲜明的、独特的教学风格。教学反思不够及时到位，运用现代教育技术水平的能力还有待进一步提高。

我的发展目标：

(1)通过读书、实践，具有较高的语文素养，具有高品位的教育教学技艺，形成鲜明的教学特色。每学期坚持上一到两节校级公开课。

(2)积极参与课题研究，拥有自己的小课题专题。通过读书、实践，具有较强的教育科研能力，能够不断地反思自己的课堂教学，从问题中提出研究的课题，通过课题研究来提高业务能力，积极撰写案例、随笔、反思、论文，做到每年至少3篇，其中力争有1～2篇论文获奖或发表在区级以上刊物。

(3)积极参加学校“博睿斋”骨干教师工作室，引领语文学科走好教科研之路。通过自己的努力，在区域范围内有一定的知名度和影响力。

实施措施如下：

1. 终身学习，广泛学习

学习是使一个人永远年轻的法宝，也是使一个人在专业领域内游刃有余的法宝，我要用好这个法宝，树立不断学习充电的观念。要做学习的有心人，在书本中学习，学习政治思想理论、教育教学理论和各种专业知识，增强自己的理论积淀；也要在“无字处”学习，学习他人高尚的师德修养、丰富的教学经验，以达到取长补短的目的，特别是要学习现代信息科技，不断构建、丰富自己的知识结构。

2. 用心工作，传递正能量

要坚持用脑子工作，力争做到：反思昨天——在反思中扬长；审视今天——在审视中甄别；前瞻明天——在前瞻中创新。在工作中严格要求自己的言行，起到带头人的标准，泄气的话不说，影响团结的话不说，影响团结的事情不做，用自己的言行带动周围的人，时刻把学校的需要放在第一位。带头响应学校的各项工作。用心工作，传递正能量。

(二)科研教学同步，坚持在反思中成长

我校“教师共同体”提倡同学科教师同课异构，跨学科听评课，相似学科上尝试课等，聚焦课堂教学，提高教学水平。我们倡导教研与课堂教学同步，通过共同体平台互相交流、探讨、对话、互动，取长补短，吸取精华，及时调整教学思路，又通过反思，与同行分享得失，从而形成了教师专业发展的良性循环。我们要求骨干教师坚持及时写“点滴感言”、“教学反思”、“每月随笔”，积累教学中可贵的第一手资料；树立“细节决定成败、细节成就完美”的意识，捕捉稍纵即逝的灵感火花，及时反思，提高教学实效性。

比如，在探索高效课堂的过程中，各个学科创建高效课堂的模式，通过独立备课，同研共备、组员听课、集体反思，促进提高、超越了传统个人学习的局限，每一个成员都成为学习与发展的主人。共同研究让骨干教师脱颖而出，教师群体整体进步。教师的角色由“技术熟练者”转变为“反思性实践者”，教师的教学能力和水平在提高，自尊心和自信心也在提高。

有的老师不无感慨地说：“共做课题研究在于找到一个问题，让专家引领你进步；共做课题研究是找到一个机会，让领导帮助你解决困难；共做课题研究是找到一个节点，让同事或同伴帮助你解决问题；共做课题研究是找到一个方向，让自己系统地思考一个问题，成为这个领域的专家。”

在不断地学习，不断地获取知识的过程中，骨干教师将新理念，新方法运用到课堂教学中，在实践中尝试，再将所得的经验积累，通过“学习—实践—再学习—再实践”的学习方式提高自己，重视自己的教学感悟，加强自己教学反思，提升自己的教学水平。而这一切的一切，我们都可以从一本本《研修手册》中发现，那里记载着教师成长的足迹，印下学校发展的轨迹，是共同努力的见证，也是促进共同发展的资源。被评为北京市骨干教师、中教高级的武淑红老师就是其中典型代表。

执著专注　成器必然

十几年来我坚持参加课题研究，近两年我参加了《全国学科能力表现课题研究》，北京市《促进学生形成“植物都能繁殖后代，使它们世代相传”的核心概念的研究》，《海淀区小学生学业标准的研究》以及《提高小学生科学实验记录能力的策略研究》等。参加课题可以使我获得先进的教学理念！教育科研引导我注重了教育理论的学习、积累了教育实践的智慧，改善了原先比较单一的知识结构，为提高课堂教学质量奠定了扎实的基础。教科研帮助我实现了“课题和课堂的有机结合”的目标。

几年前我感到“活动有余、思维不足”是小学科学教学中的一个通病。学生实验后两组汇报数据，就匆匆得出科学结论，殊不知，搜集数据的真正价值在于对数据进行的量化分析！于是我就进行了关于科学课如何进行数据分析的主题研究。我坚持长时间关注相关信息及课堂实践的研究：从教学名著中找理论支撑，涉及关注数据分析的文章特别是对同一专题从不同角度的论述，仔细揣摩优质课的视频及教学设计！可以说几年的坚持，使我形成了“重视数据分析，引导学生发现规律”的课堂教学特色。在坚持中走向远方并享受着职业带给我的幸福感。

——武淑红

(三)设立“论坛”，分享智慧

博睿斋骨干教师工作室成立一年后，我校就有 2 人被评为中学高级教师，1 人被评为市级骨干教师；16 人被评为区级学科、区骨干教师；21 人被评为学区级学科带头人，占教师总人数的 50.6%。学校形成了校级、学区级、区级、市级骨干教师梯队。两名教师荣获全国特色教育先进工作者。三名教师获得海淀区创新奖，为学校的持续发展奠定了人才基础。如英语老师井伟和瞿萍，在组长井伟老师带领下，组员积极探索高效课堂的模式，瞿萍老师承担了全国高效课堂协作网的观摩课。她们两位教师结对子，研究高效课堂的流程，训练学生的课堂表达，探讨有效的评价方式，带领英语团队共同磨课，反复修改试讲、修改教案和课件，最终获得全国高效课堂评优课一等奖的好成绩。反过来瞿萍老师又把自己的研究成果主动与大家分享。

再如，武淑红、杨正芝两位先后被评为中学高级教师。李秋莉老师两次在海淀区世纪杯中取得好成绩，刘春海老师获得区世纪杯一等奖、区教学创新奖等。

学习共同体关注的是学习者之间的经验交流、新知的产生与资源的共享，是一种创造型群体。因此，博睿斋不仅是教师们共同解决棘手问题的大本营，也是教师们进行交流分享的乐园。为此，我们设立了骨干教师论坛，不断分享他们的经验智慧。

如海淀区语文学科带头人李秋莉老师，她迅速成长的秘诀就是在学习中积累，更是在历练中成长的。下面分享她的故事：

在积累中沉淀　在历练中成长

从 2006 年来到羊坊店中心小学以来，我曾前后参加了 4 次教学比赛，2 次学区的“新新杯”教学比赛，2 次海淀区“世纪杯”教学比赛。我想，正是这一次次的参与，一次次的历练，让我在不断尝试中发现自己的优势与不足，在不断反思中慢慢成长。参赛的过程的确是痛苦的，因为那种无形的压力是别人所不能替代的，只有亲身经历过的人才深有体会。

2010 年 4 月，我第一次参加学区“新新杯”比赛。为了能上好这节课，我真的是下了不少功夫。前期的搜集整理资料、观看优秀课例，到后来的试讲、评课、再试讲……尽管很辛苦，但却过得十分充实。2012 年的 3 月，我再次参加“新新杯”教学大赛。2013 年 5 月，海淀区“世纪杯”教学大赛开始了。它改变了以往的参赛模式，先全员参与教学内容的设计，完成较好的选手可入围学区级的评选，在此基础上，再由学区推选出参加海淀区比赛的最终人选。当时我校入围学区的语文参赛选手共三人：冯主任、张丽，还有我。我们一起学习、一起研讨，在相互鼓励中度过了那段备受煎熬又收获颇丰的日子。

为了我们能全身心投入，李校长还让我们进行封闭式学习。通读课标，分析本册教材的内容及重难点，特别是那两次模拟赛，更是令我受益匪浅。本以为自己已经准备得很充分了，但拿到模拟题时的那一刻，我愣住了。虽然勉强完成了这次的设计，但它给我敲了警钟，切莫大意，更不能有侥幸心理。在最后的决赛中，我们 3 名选手都获得了区级奖项。我想：这就是我们付出的回报，更是我们团队作战的优势。那段日子尽管忙碌，但对于我们每个人的成长是十分有益的。

2014 年 2 月，海淀区第七届"世纪杯"教学活动又拉开了帷幕。当得知授课内容是《李时珍》时，我先独立备课，冯主任帮我搜集相关资料。学区的孙宇老师和李校长对我进行了指导，不仅加深了我对教材的理解，而且提出了更为有效的教学策略供我参考。这无形之中助了我一臂之力，让我对后面的比赛更充满了信心。就参赛的《李时珍》一课，光教学设计就修改了 10 多版本，课件也反复修改了七八次，在这个过程中，我的教学能力有了显著提高，而且制作课件的水平也有了大幅度的提升。我也为自己的快速成长而感到自豪。那些日子的感动我将永远铭记于心。

——李秋莉

美术组云赛红老师来到北京羊坊店中心小学十年了，云赛红老师始终认为一名教师如果满足整天"一本教案写春秋，三年五载竞风流"，不求创新，不求突破，那是对自己职业生命的不负责任，也是对孩子们的未来不负责任。于是她身边的同事都成了自己的老师。

身边的同事是自己的老师

在这个温馨、美丽的大家庭里，我走过了自己的又一个十年的从教之路。从一个一切从零开始的小教新人成长为一名骨干教师，今天，蓦然回首这些年的成长历程，感慨颇多，感悟至深……

认真才能把事情做对，用心才能把事情做好。要想真正成为一名好老师，单靠自己的努力肯定是不够的。于是，我身边的同事都成了我的老师，我们美术组的凯悦，段小颖，李浩，刘春海，他们每个人都有自己的特长，他们的公开课，我几乎每节课都要去听，他们讲课的每一个细节每一句话都认真记录，课后我会认真揣摩，从中吸取他们的长处。而当我准备完成一节课时，我会虚心请教组内的每一位老师，他们每个人都会给我无私的帮助。比如凯悦，她常常会在下班回家后忽然一个电话，告诉我她有什么新思路了，我会马上记下来，有时她还会把好的教案发给我，我更是会虚心请教并接受他们的建议。

专业理论是教师立足之本，由于小学的教材中，涉及的专业比较多，有国画、版画、水粉、雕塑、剪纸、面塑、泥塑等，这就需要我们对这些专业的发展与特色都要了解，并且能够熟练操作，完成一件完整的作品。因此，我收集整理了大量的文字资料和图片，在业余时间进行充电。

对于美术老师，不仅要有过硬的绘画技能，更要具备一定的理论素养。因此，我在备课的整个过程中，把国画的具体理论以及各流派的绘画特点进行系统的整理，包括细致到落款与印章在国画中的具体要求。同时，我还要了解相关的一些历史背景，社会状况，通过这些理论的学习，我在备课、讲课过程中才能够做到知识体系严谨、周密。

我始终觉得，一名教师如果满足整天一本教案写春秋，三年五载竞风流，不求创新，不求突破，那是对自己职业生命的不负责任，也是对孩子们的未来不负责任，只有在教学中不断地创新、改革、突破，才会越来越具有生命力。

——云赛红

在学校的日常管理工作之中，不仅做领导的要以身作则，以自身的实际行动引领教师的成长，还要善于利用身边优秀教师的榜样力量来引领全体教师的发展。因为身边的榜样才是最近的、最具可比性的，对其他教师的鼓励和示范，具有更直观的教育和激励作用。“共同体”成员不仅将教学过程中发现的新问题、激发出的新思考、新创意记录下来，而且还通过讲自己的课程故事和案例，阐述新的思想理念，反思已有经验，进一步升华实践智慧，提升自我效能感。骨干教师论坛成为骨干教师成长的加速器。

(四)共建共享校级教学资源库

随着信息技术的突飞猛进，学习共同体也可以构建于网络中，这和传统形态的学习共同体的最大差别在于：传统学习共同体是基于物理场所而形成的，成员、空间、资源在形成之始就已经基本受限；而网络学习共同体则是在数字化空间中由共同兴趣引发形成的，团体成员、空间、资源能够得到很大程度上的弹性伸展。网络学习共同体借助自身的优势，实现了资源的共享和重用，变革了学习和协作的方式，从而真正提高了共同体成员的学习效果。① 本着与时俱进的精神，从 2010 年开始，我校开始建立"教学资源库"。资源库收录了课改示范课、学科带头人观摩课，得到了"教师共同体"的大力支持。老师们在备课过程中需要的课件、图片、音频、视频、试卷等材料，都能在资源网上找到。现在，把自己原创的一些课件、教学设计、教学叙事、教学反思、教学论文等上传到资源网上，已成为教师自觉的行为。

在全体"教师共同体"的努力下，我们的"教学资源网"越来越丰富，所有成员在吸收营养的同时也不断输送营养，并且在资源库的壮大中，博睿斋共同体也在不断壮大。这些优秀教育教学资源，为教师的讲备课、教研提供强有力的资源支持。此外，为了克服教师们在交流时的时空障碍，我校在冯晓燕主任的倡导下成立了骨干教师"博睿斋骨干工作室飞信群"。骨干教师可以在"飞信群"约会。在这里，他们交流心得、发表看法，讲述着工作、学习、生活的酸甜苦辣，分享着学校管理、教学工作、教研活动等各方面的体会，记录着教育叙事、教学反思、教学案例、课堂实录等丰富的资源。思想的火花在网络中碰撞。在这"教师共同体"里，老师们能在反思、比较和专家引领中认识到自身不足，从而改变教学行为，促进自己的专业成长。这不仅充分满足了教师自主发展的需求，同时也让名师或专家们能够足不出户参与"伙伴式"教研组的活动，帮助其他教师更快的成长，从而促进了各种资源的联动融合与再生。

总之，利用网络建设学习共同体，不仅使教师间的交流在时空方面更具有弹性，极大地增加了交流机会，而且有助于实践性知识的外化传播、集体分享和内化吸收。

(五)师徒携手，共同成长

教师的专业发展是一个连续发展的过程，有研究者区分了六种不同的发展阶段，其中第二个发展阶段是学徒教师。在我国，"师徒制"的培训方式对

① 胡小勇．促进教师专业发展的网络学习共同体创建研究[J]．开放教育研究，2009(2)：87－91.

新手教师的专业成长具有十分重要的意义，是一个新手教师成长为成熟型教师的重要环节。

顾名思义，“师徒制”的教师专业成长模式是指通过新手教师与资深教师合作的形式，使新教师通过对资深教师教学实践的观察、模仿和资深教师的具体指导，逐渐体悟职业的隐性经验或缄默知识，不断掌握专业技能和智慧的一种对新教师进行培养的方式。[①] 我们知道，知识可以分为显性知识和隐性知识，显性知识主要与概念有关，而隐性知识则与实践知识、技能相关。显然，教师成长过程中需要的相当多的知识是实践类知识，只有把无形的教学理论转换为直观的课堂演示，才能更好地体会其意义，才能更好地把理论应用于实践。因此，教师在专业学习共同体中，要合理利用“师徒制”这一专业成长模式。

博睿斋骨干教师工作室，在构建学习共同体的基础上，沿用了“师徒制”这一促进教师专业成长的模式，师徒携手共同奋进，效果明显，师父在市区大赛中勇夺桂冠，徒弟在学区、校级比赛中脱颖而出。如英语组师父井伟、瞿萍老师，业绩突出，双双在全国高效课堂培训会上做公开课，在全国高效课堂评优课中获得一等奖的好成绩。瞿萍老师在海淀区“世纪杯”评优课中获得二等奖的好成绩，徒弟是新人刘艳英，在这两位师父的带领下，她在北京市教学征文中获得一等奖，在学校青年教师高效课堂展示课中获得一等奖，执教班级获得英语高效课堂达标班级。她的感言是：集体的力量如钢铁，众人的智慧如日月；星多天空亮，人多智慧广。她说，作为一名新教师，我一直在盲目的摸索着怎么样去教学，经过英语组老师们的耐心指引和不懈的帮助，我真的领悟了不少，明白了不少，更重要的是让我对自己以后的教学有了更深刻的认知。“路漫漫其修远兮，吾将上下而求索”。由此可见，“师徒制”为教师个性化的专业发展提供了有利条件。

徒弟进步飞速，师父在带徒弟的过程中也是丝毫不懈怠。全国高效课堂协作网在我校举行第二届“小学高效课堂群英汇”，北京市近二百名教师参加了此次活动。瞿萍老师就是此次活动的一名授课教师。

---

① 杨显彪．“师徒制”：新手教师专业成长的必经之路[J]．中小学教师培训，2006(3)：13—14.

畅游在小学英语高效课堂的海洋

记得刚刚接到任务的一刹那，我真有点犹豫。我行吗？接下来我像一条自由自在的小鱼在互联网上畅游，寻找高效课堂这一美食。啊！我的头脑清晰了，我的眼界开阔了：高效课堂是针对课堂教学的无效性、低效性而言的。课堂教学高效性是指在常态的课堂教学中，通过教师的引领和学生积极主动的学习思维过程，在单位时间内(一般是一节课)高效率、高质量地完成教学任务、促进学生获得高效发展。高效课堂就是学生主动学习、积极思考的课堂，是学生充分自主学习的课堂，是师生互动、生生互动的课堂，是学生对所学内容主动实现的课堂。高校课堂是“自主、合作、探究”为核心的课堂。这不就是我们追求的课堂教学模式吗?

决心已下，首先动手设计我的导学案。白天课多，只能又等晚上了。夜半时分，摊开书本，打开电脑，迅速地搜寻各种资料。高速运转的大脑、匆忙捕捉信息的眼睛、忙碌移动鼠标的双手完美勾勒出我最佳的紧张备课状态。四周是那样的安静，内心却起伏不平。此时此刻忘记了流逝的时间，忘记了可亲可爱的家人，只剩下清晰的问题以及和学生对白的画面：如何让学生主动参与到课堂上来？怎样引导学生讨论并展示？……从学习目标到每一步学习的步骤都用心思考，制定出了我的第一份导学案。课堂上学生的学习步骤分五步走：预习交流、讨论问答、操练展示、反馈提高、自我检测。

第二天，教学主任、教研组组长不请自来。很好！正好请他们来把关。一节课上下来，他们连连摇头：导学案还不错，但课还是以往的常规课堂，没有高效课堂的影子。我都没时间灰心，因为大家说定：明天他们还要进入我的课堂。空课时间把大家提出的建议和意见做了归纳。改！静下心来从修改学案开始，基本上推翻上节课的所有，全部重来。又是一个少眠的晚上。

新的一天，早早来到学校，把导学案打印好，到班里复制好课件。早读时间带领学生早读，下发导学案，嘱咐学生课前写黑板。一切妥当，心情忐忑地等着上课。课堂上尽可能多地把时间给学生，让学生讲，让学生说，给学生展示学习成果的机会。学生们积极地举手回答问题，师友之间有了合作，各小组热情地展示，我知道有效果了。果然，课后几位听课老师不约而同地说：“有影子了！”短短的四个字是对我的最大褒奖！我的心里高兴极了，方向对了，一定会成功。从此教学主任、教研组组长和全组的老师都成为了我课堂上的常客。我的课堂成了开放的课堂。

那一周英语组的教研活动安排先听我的一节课，然后评课。这是我所期待的时刻，因为我可以吸收来自众家的思想和精华，是我得以提升的最佳时刻。可是意想不到的事发生了。在评课环节，大家畅所欲言，各抒己见。我一下子懵了，该听谁的呢？每个人都说得头头是道，但是把大家所说的集中在一起，好像没法同时实现。怎么办呢？又是一个少眠之夜，我把大家的思想做了梳理，也意识到：不是所有好的建议都适合于我的课堂，要善于取舍，吸取的一定是适合自己的、精华的部分。我打起精神，重新审定我的导学案，制定出了一份自己满意的学案。

一稿、二稿……我的思路越来越清晰，课堂一天比一天完善，英语课上学生们一天比一天快乐。我也好像那一只小小的毛毛虫，经历一次次外在的、内在的蜕变，终于破茧成蝶。接下来的展示课获得了专家与各位与会教师的一致好评。大家不相信：原来课堂可以这样，学生有这么大的潜力。

有人说：出发之前永远是梦想，上路之后永远是挑战。我说：梦想和挑战是我不断前进的动力。为了我的学生们，我会不断地接受挑战，不断地探索前行。

——瞿萍

第二节　班主任专业成长的摇篮

一、班主任工作室的建立

人们说小学班主任就是“孩子王”，是一群孩子的“头儿”。但班主任的工作极为重要，直接关系着班级工作的好坏，影响着一个班级几十个孩子的成长。北京市教委把“紫金杯”作为对班主任工作的最高荣誉。

为什么说班主任的工作极为重要呢？这是因为班主任工作的复杂性决定了其专业化的高要求。班主任是学校教育工作最基层的组织者和协调者，是班级建设的引导者，其职责除了正常的教学外，还肩负着班级管理，班级文化的建设是班级管理的核心工作。班主任工作的复杂性主要体现在如下三个方面：

第一，工作任务的复杂性：首先，学校是育人的场所，这也使得班主任的工作在管理之外又多了一层教育的意味。在当代背景下，要求班主任的工作从“班级管理”的定位转向“班级建设”的定位，从“规范学生”的重心转换到对“成就学生”的关注，从“学校的班级”之自觉到凸显“学生的班级”之意识，这都在呼唤着班主任工作的专业性。① 其次，班主任工作所涉及的关系的复杂性。班主任不仅要协调学生之间的矛盾，还要及时与家长进行沟通，联系家庭和学校；此外，还要处理与同事、领导的关系，这都对班主任的工作提出了较高的要求。

第二，主体的复杂性：众所周知，教育的对象是人，正是因为每个个体的差异性使教育工作变得比较复杂，不能整齐划一，需要因材施教。此外，从学生的发展过程来看，每个学生不是一成不变的，他们每时每刻都处在变化发展当中，这无疑又给班主任的工作增加了难度。现在是一个多元化的社会，加之学生有着不同的家庭背景和成长经历，因此，学生的思想观念也具有多元性，那么如何正确处理多元与一元的关系，也对班主任提出了巨大的挑战。

第三，实践过程的复杂性。由于诸多原因的影响，班主任面临的问题大多是突发性的，这就使得班主任的工作具有很大的不确定，这同时也考验着教师的教育智慧。

正是因为班主任的工作是一项相当复杂的、极具挑战性的工作，班主任工作的专业化才逐渐被诸多学校、学者提上日程。那么如何实现班主任工作的专业化呢？我校成立了班主任工作室这样一个学习共同体，来探索实现班主任工作群体专业化的途径。

我们以海淀小学班主任研修室建设为契机，本着让班主任工作室这个共同体成为“研究的平台、成长的阶梯、辐射的中心、师生的益友”的宗旨，探索优秀班主任的培养模式，打造优秀班主任团队，于是成立了“班主任工作室”。

我们开展多层次、多形式、有质量的班主任学习、研修、实践的培训活动，坚持理论和实践相结合，以课题研究为统领，以示范引领为特征，在交

---

① 李家成．论班主任工作的专业性——基于对班主任工作复杂性的认识[J]．基础教育，2011(4)：75－80.

流与碰撞中求进步，行走在班主任专业化发展的路上。

学校以班主任工作室为抓手，加强年轻班主任基本功培训，进行分层指导，让优秀班主任引领年轻班主任的专业发展。每月班主任工作室活动一次，班主任工作室每学期有计划，有活动方案，有过程记录，结合班主任不同时期的需要进行专题指导。通过开展和谐杯班会展评活动，激励更多的班主任在岗位上不断创新与探索，做学生喜欢的教师，推出模范教师典型。

工作室的关键点在于激发班主任带头人的内在动力，促进他们自主创新发展；帮助全体班主任在学习和实践中不断成长。为此，我们采取的主要工作措施有：

(1)继续加强理论学习。根据学校推荐的书目，每位成员依据自己的情况制订读书计划，积极撰写读书笔记；加强理论学习，建立工作室活动每次学习制。(2)加强成员之间的信息交流。成员之间定期进行读书、讲座、研讨等各种研修交流活动，促进自身素质不断提高。(3)开展主题研修活动。每月一次定期集中，就各自对小学班级管理中的热点、难点问题以及学校德育重点工作等进行研讨。(4)不断总结教学实践经验。班队活动是班主任专业发展的主阵地，工作室成员必须以课堂为载体，围绕学校重点工作，积极进行班队活动的实践探索，组织工作室成员互相听课，每位成员本学期至少上一节校级以上公开课或观摩课。(5)培养成员工作反思的习惯。养成总结反思的习惯，认真撰写反思日记和教育教学论文。每位成员至少撰写一篇质量较高的教育论文，整理一篇有一定质量的反映自己教学模式和风格的班队活动案例。(6)邀请专家指导。有计划地安排工作室成员外出培训、观摩、考察学习，聘请知名教育专家担任工作室导师，进行指导。

班主任工作室自成立后，激励更多的班主任在岗位上不断创新与探索，提升了育人水平。近两年来学校培养了北京市“紫金杯”优秀班主任 2 人；海淀区班主任创新奖 1 人；海淀区班主任带头人 2 人；羊坊店学区班主任带头人 7 人；海淀区优秀中队辅导员 3 人；海淀区师德标兵 7 人；北京市优秀班集体 2 个；海淀区优秀班集体 2 个。

二、例会中的版主分享与课题研究

正是因为班主任的工作是一项相当复杂的、极具挑战性的工作，班主任工作的专业化才逐渐被诸多学校提上日程。成立班主任工作室后，我们主要是通过强化学习、参与科研及加强例会三种途径，促进班主任工作室成员的专业成长。

在班主任工作室中，工作室成员采取集中学习和分散自学相结合、自主研修和专家引领相结合的形式，以理论熏陶的方式提升自己的专业素养。

工作室坚持每月一次业务学习的例会制度，实行的是“我是版主，我负责”，由工作室成员轮流主持、主讲，其他成员参与讨论，互相启发，并在成熟的时候对来自工作室以外的班主任开放，使工作室真正成为班主任研究教育、切磋育人本领的成长发展的“家园”，真正做到我的工作室我做主。

例会上有理论学习、经验分享、体会以及各种方案的讨论等，每次的例会上都有一个中心话题，努力创造德育队伍良好的工作、学习、交流的氛围，从而实现共同发展。例会的定期召开使班主任有了明确的工作思路。大大调动了老师的积极性，提高了活动实效。让每一位参与教师通过班主任工作室的活动，都从中受益颇多，提升了班级管理水平。

在班主任工作室中，我们还强调班主任要参与科研。我们深知“教而不研则浅”，课题研究是我校班主任工作室的要务之一。反思是形成教育智慧的重要方式，也是教师专业提升的有效途径，通过审察实践经验，凝聚教育智慧，享受教育研究的幸福。工作室负责人李莲华副校长在积极开展班主任工作研究的同时，继续带动并鼓励全体成员从事课题研究，积极撰写德育论文、案例。在已有成绩的基础上，继续“压担子”，争取“全面开花”，使整个工作室始终洋溢着一种研究的学术氛围，每位成员都能“研究出成效”。

同时工作室以课题研究为抓手，围绕市级课题《北京市中小学性教育大纲实践研究》开展子课题《小学高年级青春早期异性交往研究》、关于《校园奥林匹克教育研究》、区级课题《学生青春期健康教育策略的研究》《海淀区个性化教育》等，积极探索当前班主任有效的德育途径。我们要求成员在主课题研究范围内，选择一项研究内容，申报子课题，并在所在学校组织研究。为了将这项课题做实、做细，许多成员注重课题的研究过程，将日常德育活动与课题研究有效地结合在一起，推进课题研究的正常发展，收到了很好的研究效果。比如，我校以《北京市中小学性健康教育大纲实验研究》课题开展为契机，开展青春健康教育课堂活动。主题班队会为学生形成健康心理保驾护航。

进入小学高年级以后，自我独立意识、性别角色意识渐渐增强，容易与周围人群产生矛盾，结合班内男生、女生之间时有矛盾发生，虽然这是孩子们成长过程中的必经阶段，但是我们还是希望帮助孩子们尽快地从矛盾情绪中走出来，能够逐步学习建立良好的人际关系，因此我校高年级各班召开了青春期健康教育主题班会，通过录像、表演等真实情境引导学生体验、感悟互助关爱的美好情感，引导学生树立正确的与人交往的观点和态度，学习关爱他人，宽容待人。消除男生、女生之间的隔阂矛盾，培养良好的班风，培养同学们的集体主义协作精神。徐淑霞老师以青少年异性交往培养为切入点，将融入班级建设中，来提升学生的道德境界和健全人格，对学生进行一系列内容充实、形式活泼的青春期教育实践，比如，采用课本剧的形式表演《如果喜欢上班里的异性怎么办?》，贴近学生生活，生动形象，收到良好的效果。

通过课题研究，班主任老师们收获颇丰。仅青春期教育课题的研究，栾红艳老师的论文获得市一等奖；郭冬燕、李小芳、徐淑霞、薛秋兰等老师获得市二等奖；李莲华、韩冰等老师获得市三等奖；李秋莉老师获区二等奖。

三、让教育故事在校园流传

学校班主任工作室有效促进了我校班主任队伍的专业化发展，学校积极为班主任成长提供更多的实践机会与展示平台，使工作室成为青年教师快乐成长的园地；班主任倾诉心语的驿站，班主任专业成长的摇篮。在这个共同体中，原来只有 1 个区级班主任带头人。现在发展为 8 名班主任骨干教师，其中 2 人成长为区级学科带头人，6 人为学区班主任学科带头人。在他们的带动下，爱岗敬业、勇于奉献的班主任多了；真诚友善、团结协作的班主任多了；机智灵活、勇于创新的班主任多了；刻苦钻研、科研型班主任多了。班主任不仅成为了学生的知心朋友，更成为了学生成长的领路人，是学校德育工作的主力军。在平凡的教师生涯中，享受着“孩子王”快乐！

我校每个学期末我校都要评选优秀班主任，学校有严格的评价标准，经过一学期的多方考核，推选出优秀班集体，相应的班主任就被评为优秀班主任，达到以评促建的目的。在评选过程中，涌现出很多感人的故事，这些教育故事存在于普通教师活生生的教育经验中，通过撰写教育故事，促进教师的反思、总结和提升，促进教师专业成长是 UDS 项目倡导和推进教师发展的重要途径，让这些真实、鲜活和有意义的日常教育经验故事在校园中流传，我们积极参加 UDS 项目组织的教育叙事案例评比，并利用各种平台让教育的故事在校园流传，让更多的老师从中受益。就让我们一起走进几位老师，倾听他们的案例故事吧。

(一)等他化蛹为蝶

根据《国家义务教育法》的规定，符合标准的残疾儿童可以进入普通小学就读。自闭症儿童在经过测评后，通过随班就读进入普通小学。多数教师还是第一次接触自闭症儿童，对特殊教育的相关知识、技能及教学方法掌握较少或不全面，对自闭症儿童的特点了解不足，所以在日常教学中面对他们出现的怪异行为、情绪和语言等问题，难免会显得无从下手。在处理行为问题时，多使用常规的教育方式，不能达到较好的效果。长此以往，会增多自闭症儿童的问题行为，也挫伤了教师的积极性。我校也存在随班就读的现象，陈艳丽老师关爱自闭症儿童，耐心等待他化蛹为蝶。

等他化蛹为蝶

每当你踏进我们教室的门，放眼望去，第一眼你会发现第一排座位上有一位大眼睛的男孩，白净的皮肤，干净的穿着，他就是我们班的天天，可是谁又会想到，他竟然是一个接近自闭的孩子。

他自出生就跟着爸爸到北京来生活，妈妈在河南上班，所以一直由爷爷奶奶带大，且对他溺爱有加，幼儿园几乎没上过。可以说，他长期生活在一个缺少母爱而又封闭的环境里，心理上存在缺失，自理能力差，行为习惯怪异。还记得刚入学时，问他叫什么名字，问他十遍八遍，他与老师没有目光的交流，始终沉默不语；体育课上，不听老师的口令，独自一边手扶栏杆走来走去，不参与同伴们的任何活动；音乐课上，同学们又唱又跳，他要么沿着教室墙根走来走去，要么躺在桌子上，老师要求他坐在椅子上和大家一起唱歌，他没有任何反应；提问他回答问题，他不起立，不看人，不张嘴。很多时候他总是想干什么就干什么，不听老师的要求，也意识不到自己的行为给周围同学造成什么影响，老师苦口婆心地教育他，他和老师没有眼神的接触，没有语言的交流。从他的怪异行为习惯来分析，他非常接近自闭，他的社会化行为存在一定的缺陷，他对人情感淡漠，对事缺乏应有的反应。与亲人不亲，与同伴分离，不会建立友谊和伙伴关系。不参与游戏或不懂游戏规则。语言方面也存在障碍，缺乏正常的有来有往的交流，常保持缄默。

面对这样一个特殊的孩子，刚开始愁得我整宿地睡不着觉。俗话说："一把钥匙开一把锁。"看来我得努力使自己成为制作钥匙的专家，还要有耐心、有恒心，以最快、最有效的方法去打开各种各样的心门之锁。于是，我一方面找家长进行交流、分析原因，积极争取家长的密切配合，另一方面与其他老师一起探讨教育天天的好办法。同时，一点一滴地帮助他。比如，当他走进学校，在教室门口徘徊的时候，我就拉着他的小手把他送到自己的座位边；当他课前准备工作还没做好时，我就走到他跟前，小声提醒他该上什么课了，要拿出什么书，他找不着，我就帮他找；上课起立师生问好时，同学都站起来了，唯独他还坐在那里一动不动，我就一遍一遍地教他如何起立鞠躬问好；写字时，他的桌子椅子歪着，身子趴着，我就提醒他摆正桌椅，坐好了写字；他不会打字头，我就一次一次地把着他的手写字；并告诉他怎样观察笔画在田字格的位置；做眼保健操时，他找不着穴位，我就手把手帮他找穴位，等等。

为了更好地帮助他，我还在他的前后左右都安排了几名优秀的学生，随时帮助他。其次，我还抓住了他的每一次进步及时表扬他、鼓励他，让他也能享受到成功的快乐。功夫不负有心人，天天开口讲话了；他主动拿笔写字了；他能坚持坐半节课不下座位了；他能主动与同伴合作并举手回答问题了，等等。虽然他身上还有一些问题，但是，他的每一次进步都给了我莫大的鼓励和欣喜。

从天天的转变使我更加坚信：这些特殊的孩子不是不可改变，而是要对症下药。他们既是迟开的花朵，也是难以照顾的花朵。但是，只要我们用心去浇灌，耐心地培养，那么，这一朵朵迟开的花也会开放得绚烂多姿。这就是我们工作的快乐和光荣、无私与伟大！

有人说，没有爱就没有教育，对于班主任工作，爱的体现就应该是多动脑筋、多思考。天天的转变赢得了大家的认可，原来压抑在他心灵上的那块巨石，已经让我们齐心协力推掉了，他整个人都轻松快乐了，同时我们也在帮助他的过程中体会到了前所未有的幸福感。让我们慢慢等待他化蛹为蝶吧！

——陈艳丽

(二)期待花开的声音

多动症儿童也是学生中的特殊群体。四年级语文教师李燕老师对待多动症的学生种种怪异的行为又是怎样做的呢?

期待花开的声音

小函是一个患有多动症的孩子,课上满地爬,用脏话骂同学和老师,用剪子剪同学的衣裤等,关于他的种种“事迹”我早有耳闻,因此在知道了我即将接手的班级中有他时,不由得忧从中来。

果然不出所料,刚开学他就显现出他的“与众不同”:上课时他从来不拿出课本读书,只掏出一本《喜羊羊与灰太狼》来看。偶尔听到课中有趣精彩之处,他会突然大声说出他的想法,让我和其他学生们吓一跳。而当我鼓励他站起来再说一说自己的想法时,他却又对我不理不睬起来;上操时他从不跟着大家一起做操、进行游戏活动,而是在队伍后面的空地上随意踱步,有时贴着墙根,翻开草皮找几只潮虫捏在手心里玩耍。对他我是软硬兼施,加强管理,但很快我就发现,我越是表现出关注他,他越要搞出各种各样的怪招式,让我应接不暇。

一次,当我像往常一样,规劝他拿出书本和大家一起学习无果后,我选择忽视他的异常举动,开始进行正常教学。但是当学生们开始朗读课文时,小函同学发挥了他的大嗓门,开始大声朗读《喜羊羊与灰太狼》,一时间班里哄笑一片,我走到他面前严肃地说:“你现在在影响同学们上课,这本书老师先帮你保管,放学后再到老师这里取。”说着我伸手索要他的图书,他拿着书,斜睨着我,既不说话,也无动作,之后若无其事地把眼光重新调向他的图书。我的好脾气终于消失,伸手打算从他手里抽出那本书。他见状使劲攥住书的一边,只听嘶啦一声,那本书被撕成了两半。他愣愣地看着手里残破的书,忽然趴在桌上呜咽起来。我余怒未消,把手中那两页书页往讲台上一掼,继续进行教学。这之后,由于小函一直沉浸在他的悲伤中而忘记了捣乱,我的课得以正常地进行下去。下课后看到他还在那儿趴着抽泣,我忽然心软了。毕竟撕书不是我的本意,于是我让他把自己那本撕坏的书拿过来,准备给他粘补一下,并对他进行开导教育。谁知小函愤怒地跑到我跟前抢过我手中的那两张书页,三下两下地撕了个粉碎,之后扬得满地都是,同时他跺着脚冲我大喊："你凭什么撕我的书！你凭什么撕我的书！"情绪激动到无以复加。这时的我早已冷静下来，指着地面要求他捡干净地上的碎纸屑，他虽然忿忿的，但还是蹲下去捡干净了。之后我对着暴躁的他淡然说："本来书是可以修补好的，是谁把书页撕碎到无法弥补的呢？"一旁的孩子们纷纷说是他自己撕的。眼看小函又要哭了，我组织孩子们排好队去上第三节音乐课。

教室里就剩下我们两个的时候，小函终于平静下来。我把他拉到怀里，问："你认为老师是要撕你的书吗？"他摇头。"为什么书会被撕开了呢？"我再问。他说："我跟老师较劲儿，使劲拽了一下书，所以撕了。"听着他清晰的分析，我笑了。转移了话题："听你妈妈说你很喜欢李老师对吗？"他开始害羞起来，挣开我的怀抱："我才不喜欢你。"说完他不自在地在班里转来转去。"可是老师挺喜欢你，愿意和你做朋友，因为你记忆力很好。同学们每天记在联系本上的事情，你不抄写在本子上也能记住；每次科任课你都能带齐学具。课上老师的一些提问你回答得也很好，虽然你经常不举手就发言，不过每次你都很有见解；这些都是你的优点。不过，朋友之间也是需要尊重的，在上课的时候我就是你的老师，你得尊重我。"他虽然没有停下动作，但是能看出他在认真地倾听。我继续说："如果真的喜欢一个人，是会让对方知道，并且用对方喜欢的、能接受的方式去表达出来的。同学们也想和你做朋友，但是你交往的方式让他们接受不了，所以你的朋友很少，如果你能改变一下方式方法，同学们也会喜欢你的。"他不说话，还是不停地在班里来回地走动。"那么，你愿意和同学们做朋友吗？""不愿意。"他别扭地回答，但显然没什么底气。我笑了："这样吧，我来帮助你吧。"之后我重新把他拉到身边，"不过在这之前，你要跟我说说你今天哪里做错了。"在我的开导下小函同学很痛快地承认了错误。放学后，我又与他的妈妈进行了沟通，家长告诉我，小函在见到她的时候已经把今天发生的事情和她说了，"他说自己在课堂上捣乱，影响老师上课，而且跟老师耍脾气把书给撕了。"他的妈妈说："李老师，您对孩子这么负责任，我不知该说什么好。他有时会故意做一些事情来试探老师对他的容忍底线。我回去会再跟他谈一谈，希望您今后继续严格要求他。"听到家长这样说，我备感欣慰。

周末我去买了两本《喜羊羊与灰太狼》的漫画书。周一我把小函叫到办公室，当我把那两本书摆到他面前的时候，他的眼睛都亮了。我跟他说："虽然老师没有想撕你的书，但你的书确实损坏了，所以老师特意给你新买了两本作为补偿。当然，是有条件的，那就是以后不可以在课上看课外书，你能做到吗?”他连连点头，嘴角都快咧到耳根了，看着他开心的样子，我也忍不住笑起来。

——李燕

(三)做好桥梁与纽带

学生家长和学校之间如果能够建立一个彼此沟通的桥梁，让家校之间沟通无阻碍，那对教师的工作将是一大助力。家校沟通也是彼此了解和教育孩子的最好的一种方式。班主任赵忠梅老师在促进家校之间的沟通方面进行着不懈努力。她的做法是什么呢?

与家长有效沟通是学校工作的桥梁与纽带

1. 抓住第一次家长会和家校沟通平台

每次新接班，我都会做这样两件事：

介绍自己。抓住第一次家长会时间，向家长传递自己的教育理念，汇报自己多年的教育教学成果和自己在各方面所取得的成绩，通过自己的介绍让家长了解我的工作业绩，让家长不用心存疑虑。告诉各位家长孩子放在自己的班级就请尽管放心。自己会用心去关心和照顾每一个孩子。

利用家校沟通平台。在开学两周后，会利用家校沟通平台，给家长写一封家长信，总结孩子入学这段时间在校的表现，如：孩子的行为习惯，联系本家长签字情况，作业完成情况，孩子作业完成优秀的，要点名表扬，而且要重点表扬为班级做贡献的家长。比如，让孩子为班级带垃圾袋，为班级板报制作装饰品或购买装饰品，为班级带彩纸供学生使用等，通过自己的总结在家长面前呈现一个心细如发的老师、一个对学生无微不至的老师、一个懂得感恩的老师，家长感觉到把孩子交给我这样的老师，会一百个放心。家长吃了定心丸，就会放心地把孩子交给我了。其实，大力表扬为班级做贡献的家长，这一招效果非常好，我们班其实就有一两个家长为班级带东西，可是经过我在家校平台上的总结，到学期末，几乎每位家长都争着为班级做事，有为班级早读制作PPT课件的，有为班级出复习试卷的，有为班级复印练习题的，有些家长知道班级评比的奖品是我自己购买的，就主动为班级购买奖品。还有家长知道班里每天背《弟子规》，就给班里每个同学和同年级的老师每人购买了一本等，这样的事情在我们班层出不穷。充分展现了我和家长之间是相互理解、相互支持的。

2. 利用好联系本

联系本既是学生记录作业的本子，也是我们和家长进行简单沟通的本子，它是一个很好的沟通方式。平时我就利用家校联系本来跟家长沟通，让家长及时了解孩子在校的表现，每当遇到节日，我还会在联系本上写上一句对孩子及家长的祝福语，很多家长看了都很感动，也会在联系本上写上祝福送给老师。这样的方式，无疑增进了家长与班主任的感情，调动了家长关心子女、教育子女的积极性和主动性。另外，我觉得我们与家长的沟通联系要尽量做到经常性，而在实际中我们往往是在孩子犯错出了问题才会与家长联系，那样的话家长就会把班主任的联系看作“学生出错的信号”，不仅难以取得理想的效果，甚至会闹出笑话来。

3. 面对不同类型的家长，运用不同的方法

学生来自不同的家庭，每个家长的文化水平、素质和修养都不同，因此，我觉得要根据实际情况巧妙地与不同类型的家长进行沟通。

(1)对于素质比较高的家长，我就将孩子在校的表现如实地向家长反映，并主动地要求他提出教育孩子的措施，认真倾听他的意见，适时提出自己的看法，共同做好学生的教育工作。

(2)对于个别个性较强或是不理解学校和老师工作的家长。我就沉住气，先让家长发完牢骚，然后我会表示对家长这种心情的理解，最后再耐心地以平静的语气与家长解释、分析事情的利弊和对错，以理服人，用自己的真心赢得家长的好感，从而得到家长对学校教育工作的理解和支持。在过去的一年多，我们班就有这样一位非常挑剔的家长，她经常会提一些苛刻的问题和无理的要求。如：包本皮事件、晨走晨跑、学校订阅的教材不好、教室的书柜太小、他家的孩子怕眼睛不好，必须坐在第四桌、体育课为什么不让孩子到操场上活动，这样如何能保证孩子的身体健康等，面对这样的家长，刚开始，我真是头疼的不行，每每接到她的短信，我都会绞劲脑汁儿去思考，该如何回答他的问题。后来，我试着改变了方法，不等着她没事给我找问题，平时我用更多的时间去观察这个孩子在校的表现，及时发现孩子的闪光点，把捕捉到的闪光点第一时间告诉家长，让这位家长看到孩子在校的每一点进

步。一段时间下来，孩子的家长认可了我的工作，认为我是一个极其负责任的老师。还有一件事很令她感动，她的孩子户口在外地，准备把孩子户口转到北京来，需要学校开一个证明并且要加盖学校校章，孩子的爸爸找到我，问我到哪去盖章，我说到本校找冯主任，孩子的爸爸去了本校，可是本校新换的保安怎么也不让进，家长又电话找到我，问我怎么办？我说：“您别着急，我现在就到本校去，帮您解决这件事。”这时正是早读时间，很快就要上第一节课了，我一路小跑，到了本校门口，家长告诉我，冯主任已经知道了此事，已经去教学处帮他盖章了。家长看到我为了他的事，没有耽误一点时间，跑得是气喘吁吁，真是被感动了，第二天孩子的妈妈就在联系本上写下了一句话，赵老师，您真是位好老师，孩子放到您的班是她的幸福。我看着这句评价，也感慨不已，心说：得到您的肯定真是不容易啊！我就是这样用自己的行动感化着这位家长的心。

4. 用心去对待个别生，赢得家长的赞誉

现在我们班有这样一个孩子，名叫范行知，这个孩子性格很特殊，不会和小朋友相处，经常把自己的快乐建立在别人的痛苦之上。他经常对班里同学实施暴力，在班里经常有打人和咬人事件发生，其他家长很不满。针对这个孩子我真是没少下功夫，起初我对这个孩子的问题处理非常不理智，比如，在课堂上，这个孩子玩剪刀，还拿着剪刀对着别人耍着玩，在课上他经常会拿出削好的铅笔扎前面的同学，遇到这样的事情发生，我不会跟这个孩子交流，直接没收他的东西，气愤地扔到讲台桌上。意思是提醒他好好听讲，结果却适得其反，这个孩子更不听讲了，开始乱发脾气，扔桌上的东西，因为他觉得我拿了他心爱的东西，还是扔出去的，他不能接受，对我产生了敌对情绪。还有，在他和同学发生冲突时，我一般不问事情经过，就会直接把问题扣在他身上，等真正去解决问题时，才发现有时还真是错怪他了，对于打人、咬人事情的发生，我就会直接给他家长打电话，告诉家长，他在学校又打人了，或者他在学校又咬人了，家长听了也很无奈，告诉我在幼儿园他就有这种问题，真不知该怎么办？面对孩子的问题和家长的无奈，我也反思了自己的教育行为，我决定换一种教育方法来试试：当孩子在课上玩东西时，我会轻轻地走到他身边，对他说：“小范，你能把东西先寄存到我这来吗？下课再拿，要不然会影响你听讲了。”孩子看到了我的态度转变，欣然接受了，自己就主动把东西放到我这里了，当时我异常兴奋，这种方法对他有效了。课间，他不是总欺负人嘛！我就总给他找事干，帮班里擦黑板，帮老师发本，他很愿意做这些事情，在没有事情做的时候，我就让他看课外书，因为他对书很感兴趣，知识面很广，我的这个提议，使他很高兴。我有时还会用不忙的时间让他给我讲他从书中获取的知识。孩子每一天的变化和改变我都会及时告知家长，就这样，孩子在一天天地进步，现在他的身边也有几个好朋友了，这次期末考试还考了两个100分，一个98分的好成绩，孩子如此大的进步，家长是万分感谢，她感谢我的用心良苦和辛苦付出。感谢我对她的孩子不离不弃。在平常的工作中，像关爱孩子这样的小事例还有很多很多，如为孩子梳小辫、为孩子系鞋带、为孩子冲药、为拉裤子的孩子清洗衣物等，事情虽小，但让家长看来，我就像妈妈一样关爱着孩子们，我的实际行动让他们感动，所以得到了他们对我的充分认可。

一分耕耘，一分收获，看着自己的学生在一天天健康成长，看着他们取得一次又一次的进步，我感到无比欣慰。回想起来这些年接触过的形形色色的孩子们，这些都化为了我宝贵的人生财富。在工作中，我将不断努力前行，做最好的自我！

——赵忠梅

(四)信任的意义

1968年，美国心理学家罗森塔尔对学生进行了一个实验，教师对学生产生了高信任与高期待，学生按照教师的期待调节自己的学习行为，向着教师期待的方向发展，导致其成绩快速提高。罗森塔尔的实验展示了教师信任与期待对学生影响的可能性和重要性。信任是增加师生沟通的桥梁，是进行有效教育的基础。心理学研究表明，任何学生都期望得到老师的重视、信赖，期待着自己更多地被老师关注，希望自己的优点能被老师发现，自己的缺点能被老师理解。当学生感受到老师的信任，才会向老师敞开心扉，教师才能抓住教育契机，对学生进行有效的管理。

年轻的三年级组语文教师郭蕊老师的案例《信任的意义》非常精彩，在她的班主任管理中就发生了这样一件事：

信任的意义

陶行知先生曾说过：“教育就是社会改造，教师就是社会改造的领导者。

在教师手里操着幼年人的命运，便操纵着民族和人类的命运。”对于教师这一神圣的职业，我始终战战兢兢、心存敬畏。

每个学生都希望自己在老师眼中是最好的，低年级的孩子尤为如此，他们特别重视老师的评价。老师的信任，对于孩子而言是至关重要的。欣欣是一名二年级的小学生，平日里的她聪明热情、活泼开朗，她热爱班集体，这体现在她特别喜欢为集体服务，特别喜欢帮助同学，老师和同学们都很喜欢她。

这天，下操后，我进到教室准备收取教辅材料费，当我收到欣欣一组时，坐在欣欣前面的同学突然站起来说自己的钱不见了。我一听，赶紧追问事情的原委。原来，那位同学把自己的钱夹在了联系本里，上早读时坐在后面的欣欣管她借联系本看，后来她就发现钱不见了。于是我又向欣欣询问，欣欣说她发现本里面有钱就还给那位同学了，自己没有动同学的钱。我问欣欣为什么要借同学的联系本看，欣欣支支吾吾地说自己想看看昨天的作业。不等我说话，就有同学表示奇怪，早读时，黑板上明明有作业，为什么要看别人的联系本。欣欣听后着急地说是因为看不清黑板，而且自己发现本里面有钱时就马上还给她了，并没有动她的钱。此时又有同学说，自己看到欣欣后来又拿那位同学的联系本了，而且并没有得到那位同学的允许。我问欣欣同学说的是不是事实，欣欣轻轻地点了点头，可是马上她就又辩解道自己没有动那位同学的钱，自己交的钱是爸爸昨天给她的，其中一张上还有爸爸给她写的名字。我随手翻了翻手里的一沓钱，果然有一张上面写着欣欣的名字，可是怎么看，那字体也不像出自大人之手。我心底已经有了主意，然而这件事实在不好再继续在同学们面前追问下去，于是我让大家先上课，告诉欣欣课后到办公室找我。

当欣欣到办公室找到我时，我问她钱上的名字是谁写的，欣欣肯定地说是爸爸写的。我指着钱上的签名问道：“你让老师怎么相信这签名是你爸爸写的，你自己看看这像是大人写的吗?”欣欣沉默了，过了一会儿，只听她小声地说：“昨天爸爸给我钱后，我自己写的名字。”我一听，一股火气油然而生，声音也不觉放大了：“那你刚才在教室里为什么要撒谎欺骗老师?!”欣欣看我真的生气了，吓得不敢出声。我停了一下，接着道：“欣欣这件事情很严重，老师必须要弄明白。而且今天早上只有你动过那位同学的联系本，现在她的钱不见了，我有必要联系一下你爸爸，询问下这钱究竟是怎么回事。”欣欣一听我要给她爸爸打电话，立即改口道：“这钱是我昨天偷偷从爸爸钱包里拿的，爸爸并不知道这件事……”

听到这儿，我想大家心里都已有了分寸。如果事情到这里就结束了，如果我只是简单地以“不诚实”来批评她，只是用表面的现象来评判她，那么或许我们都会认为，这就是一个孩子不诚实，偷拿了同学的钱。“偷”这个字太过刺眼，我无论如何都不愿意将它与那些天真可爱的孩子联系在一起。

于是，第二天我又将欣欣叫到身边。经过一天的沉淀，欣欣显然已经意识到自己的错误。我问欣欣：“你昨天究竟为什么要拿同学的钱，心里究竟是怎么想的?”欣欣紧咬着嘴唇沉默了。但看到我始终面带微笑，丝毫没有要生气的样子，她开始小声地向我叙述，原来欣欣昨天发现自己没有带钱，害怕被我批评，又看到同学联系本里夹着的钱，于是就想先拿她的钱交给我，然后再向爸爸妈妈要来钱，第二天还给那位同学……欣欣越说越伤心，最后哭着说：“老师，我撒谎了，您是不是不喜欢我了?”看着欣欣哭红的眼睛，我轻声说：“你知道老师为什么昨天没有把这件事告诉你家长吗?”欣欣摇摇头。“因为老师相信你是一个好孩子，你只是想错、做错了一件事，如果你知道自己错在哪里，老师相信你一定会改正的，对吗?”欣欣使劲地点了点头，“老师，我知道错了，我不该拿同学的钱，更不该撒谎，我以后再也不会了!”我摸了摸欣欣的头，说：“老师相信你！这个秘密，老师帮你保守，你也要说到做到，咱们约定!”欣欣高兴地和我拉了勾，她的小脸一扫阴霾，洋溢着坚定的笑容。

——郭蕊

就这样，一个个生动、感人而又充满智慧的教育故事不断在教师中流传开，从而帮助教师固化了经验、传播了智慧、分享了心得、树立了信念。小小的教育故事在不知不觉中成为助推教师发展的重要手段与途径。

第三节　青年教师的“校级待遇”

一、校长任班主任的青年教师培训班

为打造一个引导、帮扶青年教师健康成长的平台，学校成立青年教师培训班。“青师班”学员由我校教师队伍中的主力军——35 岁以下的青年人组

成，校长亲任班主任，教学主管任班长。青年教师培训班实行项目负责制，项目负责人制订翔实可行的计划，每两周活动一次。制订丰富的培训课程；定期举行活动、讲座、沙龙、外请专家培训；外出拓展等各种形式，保证了青年团队的学习提升；通过结对子——师带徒制度，拜骨干教师为师父，师徒捆绑评价，师父全方位帮助徒弟成长；师徒共上一节课等活动促进青年教师的执教水平，期末评选师徒共进奖。通过搭台子——积极搭建教学评比、案例评比、读书征文等活动平台，尽可能给青年教师创造条件，提供机会，鼓励青年教师登台亮相，崭露头角，尽显才华；大胆使用德才兼备，能力较强的青年教师担当教育教学重任，为他们的成长铺平道路；还建立了青年班QQ群，利用网络平台互动交流。

无论是共读一本书分享与成长，还是青年教师展示课工作中显身手，或者拓展活动尽显青春风采，青年教师培训班丰富多彩的培训内容(见下表)，对青年人起到了引领的作用，青年教师培训班的活动，使一大批青年教师迅速成长为教师队伍中的中坚力量。

青年教师培训班2012—2013学年度第二学期课程安排一览表

日期内容	研讨学习内容
3月5日	开班动员、拜师会、布置三年个人发展规划
3月19日	听《用心育爱》师德报告结合自己的工作研讨交流
4月2日	教学设计交流
4月16日	在教学设计的基础上选取出优秀设计进行说课展示
5月14日	观摩邀请课
5月28日	研讨三高课堂，介绍好方法，好点子
6月4日	读书沙龙：《56号教室的奇迹》
6月18日	总结

二、迹显心通——青师班学员的成长心得

自我们青年教师培训班成立以来，通过搭台子、创机会、结对子等切实有效的措施，培养青年教师人才梯队，让青年教师得以快速成长，脱颖而出。下面几个案例，都是青年教师的成长心得。

脚踏实地用心学习全力以赴

新教师刚刚走上舞台，有的只是理论，教学经验真的少之又少。只有理论是做不到优秀的。在我们年轻教师的成长过程中，积极向有经验的教师学习是十分重要的。京剧艺术大师梅兰芳曾说过："不看别人的戏，就演不好自己的戏。"用我们自己的话就可以这样说："不听别人的课，就上不好自己的课。"

记得刚走上讲台的时候，去听老教师的课，受益匪浅。听课时，我常常带着自己在上课过程的问题去听经验丰富的老教师的课，才发现"姜还是老的辣"，我为什么就没有想到这个问题可以这么巧妙处理呢？我怎么就不知道这样过渡到下一个问题呢？这个时候，我才觉得，我要学习的东西还有很多！非常感谢那些无私让我们年轻教师听课的老教师和年轻的前辈们。所以，在平时我对他们是非常尊敬的，是发自内心的尊敬！

"三人行，必有我师。择其善者而从之，其不善者而改之"。当我走上讲台的时候，我的角色，已经由学生转变为教师。"隔行如隔山"，从"学生行"进入到"教师行"，我没有任何经验。所以，不管我在上学期间多么优秀，也不管我的学历多么高，我都得从零开始。而这个时候，最值得我学习的，就是我身边的同仁们。

在平时的教学中，我总会遇到这样那样的问题。面对这些问题，我都是在有经验的老教师指引下一一解决的。教学上，我们英语组的姐妹们帮我一一指点，反反复复听取我的课，给我指出需要改进的地方；课堂教学管理中，遇到棘手的事情，我们五年级组的老师们热心的给我帮助，告诉我如何去管理学生，如何让他们更有秩序地听讲……真的是很感谢！

"没有最好，只有更好"，在向有经验的老教师学习的基础上，我们年轻教师也要充分发挥自己的优势，做好青年人的带头作用。

在过去的一年里，我想在教学中对我影响最大而且助我成长最快的莫过于"三高达标"课堂了。刚刚熟悉了教材，刚刚从老教师们课堂中懂得了什么是"三高"课堂，刚刚熟悉了英语的五步十环节的教学模式，这次又要上"三高达标"课堂，心里非常害怕，我在想：这课怎么讲啊？怎么把主动权交给学生啊？怎么能够在短时间内调动起来学生们的积极性？……一系列的疑问摆在了我的面前。但是光想能够有什么用呢，还是脚踏实地地听课吧。认真听取我们英语组老师的课，每次听课记下来老教师们讲课的日常问候语以及对学生的评论；记下每一位老师在课堂上设计的调动孩子们兴趣的游戏或活动，比如，井老师最擅长让孩子们表演情景剧，瞿老师最擅长让孩子们吟唱英文歌曲，潘老师最擅长锻炼一位有能力的小学生主持课堂，李老师和刘老师他们最擅长的就是制作各种小游戏……每一位老师都有自己独特的特色，每一次听他们的课，我都受益匪浅。

——刘艳英《脚踏实地用心学习全力以赴》

从一名运动员转换角色成为一名小学教师，体育组青年教师黄丽老师在青年教师培训班虚心请教，善于学习，成长很快。让我们一起倾听她的关于“成长”的故事吧。

学习成长感恩

我不像大多数教师那样师范毕业，参加的第一份工作就是教师。我第一份工作是运动员，真正进入社会以后做过一年多的柔道校本老师。但是那与真正的教师还真是有一段很大的差距，当然这是我真正进入教师这个职业以后领悟到的。回首这一年的工作实践，我不禁思绪万千、感慨不已。这一年来我的成长可以用飞速来形容。作为一名刚踏上工作岗位的青年教师，一开始我心中不禁有些忐忑。幸运的是，学校各位领导和许多老师对我的工作给予很多的关心和帮助，并且让我加入到“博睿斋”这个组织中来，在这里我学习到了很多东西。我把我今天“成长”分为三个阶段：

懵，这个字的意思是一时的心乱迷糊、无知。现在想来这个字淋漓尽致地诠释了我当时的全部状态。

记得刚开学第一节课，整个操场就我一个班在上课。我发出集合的口令时，全班同学都愣愣地看着我，没有动作只有疑问。当时我也懵了，手足无措，后来是李振峰老师告诉我：“先让他们听懂你的口令，知道口令发出后该做什么。”后来怎么上课？上什么课？怎么与学生沟通？怎么带好一个班级这些问题就困扰了我很久，更不要提什么“三高课堂”了。我整晚整晚的睡不好觉都在想怎么解决呢？结论：学习、学习还是学习！

学习，那以后我经常邀请体育组的两位带头人和刘晓义老师来看我的课，他们帮我分析教材，给我提出很多宝贵意见。周晨光、李振峰老师总是在我有疑虑的时候帮我答疑解惑，在教学内容上给了我很多灵感。我没课的时候经常听各位老师的课，有的时候我觉得不能光听体育老师的课，还要听其他科目老师的课，于是我利用这学期“一师一优课”录课的机会，听了几节一、二年级班主任的课，我发现不仅在教学上给了我很大的启发，还在管理班级上给我上了一课。每一次咱们“博睿斋”的活动我都积极参加，因为我知道在这里我能了解大家，学习大家的教育教学经验。

刚刚觉得可以控制课堂的时候，问题就来了，高效课堂达标课。我踌躇了很久，是上还是不上？冯主任鼓励我、年级组组长鼓励我、体育组组长鼓励我，他们说“别怕，你没问题”。我想了想我一刚出道的，做得不好也不丢人。上吧！但是我还是领了一个班的达标任务。我向其他教师借来他们上高效课堂的教案及流程(数学、语文、英语等)，从资源库里下载一些教师的高效课堂视频来观摩，刘晓义老师的达标课每次我都跟着上。前后准备了好几套教案，光草稿就打了好几稿，不断与组内教师探讨、修改、再讨论再修改，最后结合自己的一点小创意圆满地完成了达标课程。得到了领导的高度认可。后来我就后悔了，当时我怎么不多领几节达标课的任务呢？

成长，就这样一学年下来，我发现我开始有些小小的进步，知道体育课应该怎么上了，课堂常规都该怎么做，慢慢的也形成了一些固定的规矩。慢慢地开始丰富课堂，做一些学生喜欢的课件在无法上室外体育课时给学生们补充体育知识。和学生们熟了，也跟他们一起成长了不少。

——黄丽　《学习成长感恩》

才华横溢的三年级组语文教师郭蕊老师是一名心理学研究生，善于思考，积极进取。她讲述了一个关于学习这件“小”事的故事。

关于学习这件“小”事

作为一名教师，我时常战战兢兢，只因那句老生常谈的话——想给学生一杯水，你必须要有一桶水，而现在一桶水显然是不够的，你需要成为一眼泉。学习这件“小”事对于教师而言是永无止境的。

李校长常说学习是福利，对此我十分认同。学习的确是一件可以让你感到幸福的事情。重回教室，坐在小小的课桌前，心无旁骛地专心听老师上课，贪婪地汲取着知识的养分。无论是听课抑或是捧起书本研读，突然就感到豁然开朗、一派清明，那种感觉真的很幸福。假若时光可以倒流，我会对曾经的自己说，珍惜你坐在教室里的分分秒秒，这会是你一生中最美的时光。

当然，学习也是一件苦差事，特别是对于已经工作的我们。还记得当初为了考研，整整一个暑假，每天奔波于辅导班与家之间。一个多月的时间，休息的日子屈指可数。开学后，更是每个周末都要赶去上课，几乎没有休息的时间。然而当拿到录取通知书的那一刻，你会突然发现，一切的辛苦都是值得的。

我很幸运能够有机会再一次走入教室，坐在那里听老师滔滔不绝，看师长挥斥方遒。我常常被教授们渊博的学识、深刻的见解所震撼，不由得心生景仰。知识会积淀你的人格，想要赢得学生的尊重和信服，除了高尚的情操，我想拥有好似无穷无尽的知识，也是十分重要的一点。

两年的研究生生活，我痛并快乐着。实话实说真的很累，很辛苦。一边工作一边学习，无疑是一种挑战。忙于工作之余，还要经常去参加研究室的例会，常常是一下班就赶过去，晚饭都来不及吃，八九点才能回家；而假期几乎都用来上课；准备开题、准备论文等。然而，有挑战就会有收获。我收获的不仅是心理学专业知识，更是让我再次体会到学习的乐趣，看到了更为广阔的天空。

每个人都有学习的潜能，亟待我们去挖掘。而时间就像海绵里的水，挤一挤总会有的。当然会有筋疲力尽的时候，然而不忘初心，它总会支撑着你坚持到最后。

还有一年我就要毕业了，毕业论文阶段也许还会遇见诸多挑战，但我坚信只要有目标、有梦想，就一定可以披荆斩棘，摘得硕果。匆匆那年，那年匆匆，愿我们所有的人均有收获，充实无悔。

——郭蕊《关于学习这件“小”事》

学无止境，阅读点亮智慧人生。青年教师成长需要有好书相伴。王朝晖老师分享了自己的读书心得。

可以荡涤心灵的话语

当把《正能量》一书阅读完毕的时候，我不禁有了一种脱胎换骨的感受，“活出全新的自己”这句来自封面上的话语，在自己心中爆炸。当今的社会过于浮躁，让自己经常会有一种疲惫、压抑和抱怨的情绪，在书中这些都被称为“负能量”，这些负面的东西过多必然会影响到自己的生活质量，让自己的幸福感降低。

记得书中有这样的话语，如第一章《找回正能量，活出全新的自己》中的“我们的首要任务，并非触及遥远的地方，而是处理眼前的工作”。第四章《接纳正能量，激发内心光明面》中的“如果你想从人生中获得快乐，就不能只顾自己，必须为他人着想，因为快乐源于你为人人，人人为你”。第六章《运用正能量搭建你的人脉圈》中的“做一个好听众，让对方畅所欲言”。

之所以对这三句话记忆犹新是因为在日常的生活中能感同身受。身为班主任平日的工作较为烦琐，一件件事情如同小山一样让自己心烦气躁，总觉得工作好像没有尽头一样，一件接一件压得自己喘不过气来，这样就不自觉地让负能量占据心中的主导地位。这句“我们的首要任务，并非触及遥远的地方，而是处理眼前的工作”，让我茅塞顿开。遇到事情首先不要抱怨，因为它不会因你的抱怨而消失，应该做的事有重点的规划，安排好先后顺序，干完一件再说一件，做好今天的事情，明天再说明天的，这并不代表着无序，而是一种很好的心理减压，因为过多的担忧会让自己烦躁。谁都希望自己快乐、轻松的工作。介于这句话我现在在和大家工作的时候经常会说“先干好这件事，明天的再说”。饭要一口一口地吃，事情要一件一件地做。

身为年级组组长的我，给自己定的工作原则就是“全心全意为人民服务”，组训就是“工作有你有我，快乐因为你我”。同时我也经常和身边遇到麻烦的同事说：“没有什么大不了的，尽力就好。”“你太了不起了，这件事让你来做我放心。”“大家辛苦了，注意身体，劳逸结合。”这样的话语，同时自己也会身体力行，为大家带头放松一下。现在回顾这就是一种正能量的传递吧！只有乐观的精神和健康的心态，才能让自己和自己身边的人生活工作都快乐。正应的书中的那句话“如果你想从人生中获得快乐，就不能只顾自己，必须为他人着想，因为快乐源于你为人人，人人为你”。

“做一个好听众，让对方畅所欲言”。这句话我很欣赏，我经常和自己身边的朋友在一起畅所欲言，没有什么谈话的主题，只是在一起聊一聊，听一听彼此的抱怨，自己不是什么心理医生，但是我自己知道能找一个人听自己倾诉是一件很幸福的事情，也是一种减压，是一种释放。我自己希望有一个忠实的倾听者，也希望成为别人的倾听者。能成为自己身边朋友的倾听者是一件极其荣耀的事情，那是朋友对你的信任，一定要珍惜。

一点感触，一点自悟，没有高深的理论，希望可以和大家共勉，让我们都能成为正能量的传播者，让身边的同事快乐的生活，轻松的工作。

——王朝晖《可以荡涤心灵的话语》

真人 CS 户外拓展是一项深受青年人喜爱的游戏。它是一个讲究策略的实战项目：在整个活动中，真实的场景和轮换的角色定位，会让参训学员有一种主动补位和换位思考的意识，强化的是一种团队间协助沟通的理念；其灵活的战略模式让参与者更深地体会到打破故步自封的思维模式的重要性；因为真人 CS 户外拓展训练游戏中一系列规则和角色分工，给让团队提高时间与任务的管理技巧以及分析解决问题的能力。在游戏中，可以全面展现个人魅力，使得个人或团队在面对压力和挑战的时候能够充分发挥潜能和自身优势条件，使个人或团队的生存环境转危为安；同时强调更多的是分工、沟通、协作、配合以及支持，这也是团队建设中的不可或缺的重要因素。

因此我校组织青师班的学员参加真人 CS 户外拓展训练游戏，在游戏中感受合作的重要性，从而促进团队建设。赵灵灵老师参加此活动后，深有感触的写到：

7 月 13 日，青师班的学员们在冯主任和陈主任的带领下到怀柔参加真人 CS 野战活动体验，这次活动极富有激情、乐趣和挑战。极大地增强了同事之间的默契配合意识和集体荣誉感。

曾经最爱看军旅片了，没想到这次竟然可以在真人 CS 游戏中梦想成真。炎热的夏季，我们为了防身，不仅要穿上迷彩衣，还要穿防弹衣，戴头盔，当真的全副武装起来之后，感觉身上好沉呀，看来我平时是真的比较缺乏运动。但整齐的装备让整个团队的面貌焕然一新。活动还没开始，大家已经大汗淋漓了，但没有一个人在抱怨，依然很兴奋，我们开始分组、为自己的组队编响亮的口号。武器拿在手中时，大家个个向特种兵一样威武。游戏正式开始之后，大家还是蛮开心的。但由于缺乏经验，第一仗打得颇为混乱，作为防御方的我害怕敌人攻击，只好躲在墙根下，把枪架起，没有目标的射击，但还是被进攻方击中了臀部，真是防不胜防。几回战斗下来，有的人已是气喘吁吁。虽然没有分出胜负，但是大家都觉得很过瘾。

但这次真人 CS 体验的确获益匪浅。真人 CS 游戏要讲究团队协作，不能逞个人英雄主义。同时这样的活动也锻炼了我们的身体，这样的游戏很有意义。

——赵灵灵《团队协作胜于个人英雄主义——CS 体验感受》

在CS中玩得怎么样跟一个人平时的心理素质、生活习惯有很大关系。那种做事的时候从别人的角度来想的人就会玩得很好，相反，那种很自大、盲目，又不喜欢和团队配合的人就会很郁闷，因为这个游戏的场地大、人员分散，如果不是几个人集中作战就很难取胜。在游戏中，你需要完全相信你的战友，必要的时候要牺牲自己来保护别人，一起商量战术、地形。这样，人与人之间的距离一下子就拉近了。安燕老师感受颇深：

通过此次真人CS训练，我的体会如下：

1. 要加强羊坊店中心小学团队建设，增强学校的向心力和凝聚力。人心齐泰山移，团结就是力量。

2. 无论干什么事都要有明确的目标。没有明确的目标，就没有明确的方向，不仅会浪费时间，更会一事无成。

3. 关键时刻，要沉着冷静，要用积极的态度去面对工作，面对人生，不断征服它。

4. 要上下沟通，拓展沟通渠道，确保信息畅通，使整个活动始终处于有效的控制状态，以做出正确的判断和决策，否则就会贻误战机。

5. 态度决定一切。态度决定性格，性格决定行动，行动决定习惯，习惯最终决定一切。当我们面临困难和压力的时候，我们最大的敌人不是前方的艰难险阻，而是我们自己，我们最难战胜的敌人就是我们自己。所以我们在做任何事情时，都要保持积极、乐观的态度和勇往直前的斗志。

一切美好源自用心。我们要用心去工作，无论对于团队有积极的意义，还是对于个人来说也是有积极的意义．因为个人的成长与团队的成长是相互的。

——安燕《相信自己的“战友”美好源自用心——青师班CS感受》

三人行必有我师焉！裘燕妮老师刚刚工作两年，除了重视自身学习，在加强学生的训练方面，她有自己的一套方法。在青师班交流中，她说：

针对不够自信、不爱发言的孩子进行了训练，多让他们回答问题，多鼓励表扬，慢慢地他们的自信心也越来越强，取得了很大进步。另外，个别孩子回答问题总是站起来就说，没有任何起始语，而且说起话来缺乏一定的思维逻辑，前言不搭后语。因此我针对这些孩子进行了重点训练，首先从简单的回答问题如何开始练起：例如，语文课回答灵活问题前要说“我是这样想的”“我认为……”，数学课回答固定答案时要说“我的答案是……”“我的算式是……”，在带领同学读课文或读生字词前要说“请大家跟我读”，需要同学进行补充时要说：“谁还有补充?”这方面练好以后再针对语言混乱缺乏逻辑进行训练。

在这些孩子说完自己的答案后我会重新将他们缺乏逻辑的话整理再说一遍，并让孩子重复说一遍，虽然会浪费一些时间，但是效果很好，慢慢地他们就知道如何有条理地回答问题、阐述观点了。现在孩子们回答问题有自信，伙伴互助有实效，学习知识有热情。

随着学生从一年级进入二年级，我也开始了课前预习方面的培养。先教会他们如何进行预习，都需要预习哪些方面。例如语文，学习新一课前我会要求他们预习本课生字，读课文。课文内容要有基本了解，生字做到会认读，会组词，通过使用字典对多音字，形近字，字形结构方面进行基本了解。不懂的问题在书上做好批注。第二天上课时孩子们会跟大家分享自己的预习成果，其他同学进行补充，课堂学习氛围浓厚，学生积极性越来越高。同时，学生经过了预习后对于我提出的问题能反应迅速，积极思考，我在讲课时也会轻松许多，两方都受益。

本学期为了促进孩子们进行课外阅读，我开展了阅读之星评比，阅读交流活动。利用周五辅导班或中午时间让孩子们把自己阅读时收集到的好词好句好段面向全班做分享，向同学介绍自己看过的精彩的书籍，交流心得体会。

经过努力，班中的学习氛围越来越浓厚，形成了良好的学风。同时我也体会到了教师必须不断钻研，不断学习，推陈出新，才能使学生受益更多。

——裘燕妮《不断钻研，不断学习》

一个个故事，勾勒着一位位小学教师的平凡日子。一句句朴素的语言，叙述着平凡教师生活的快乐。透过一篇篇心语，让我们分享着他们的成长与快乐。

这五年来，我校着力打造骨干教师、青年教师团队，教师借助博睿斋骨干教师工作室、班主任工作室、青年班三个共同体不断取得新的成绩。在“十二五”期间，教师各级各类论文共 553 篇获奖，其中国家级 71 篇，北京市级 284 篇，区级 198 篇。教师潜力巨大，有一批金牌教师，小学科拥有各个科目的领军人物，骨干教师所占比例逐年提升。2013 年、2014 年先后有 2 位教师被评为中学高级教师，1 名北京市骨干教师，北京市“紫金杯”班主任 7 名，海淀区学科带头人、骨干教师 20 名。在 2015 年学区级学科带头人评选中，我校 25 人当选，所占比例居羊坊店学区前列。

⑤ 第五章 “三高”课堂让教与学充满激情

课堂是学校的生命线，如何让课堂拥有真正的活力，如何营造一个学生乐学、教师乐教的理想课堂模式是我们一直追求的方向。奥林匹克精神追求“更高、更快、更强”，我们的奥林比克教育追求“和谐与超越”。如何将奥林匹克的精神与学校的课堂教学有机结合？从2010年开始，我们以UDS项目倡导的行动研究方法，探索“伙伴互助”、“高参与、高活力、高效益”的课堂（以下简称“三高”课堂）。在学习借鉴全国课改先进校的基础上，我们着重结合本校奥林匹克特色教育的特点，边实践边研究，在教学相长的良性互动中，教师们不断革新观念、更新思维、创新方法。最终确立了我们“伙伴互助”“三高”型的高效课堂模式。具体方法体现在边学边教，将时间权、学习权、话语权、探究权甚至是教学权送给学生，培养学生自主、合作、探究的学习能力；边教边学，让学生成为课堂真正的主人，提高课堂时效，使个性化教育的价值得以充分体现。

第一节 在课堂教学困境中寻找突破口

一、正视当下课堂教学的困境

在传统的教育模式中，教学方法往往是注入式的“满堂灌”，而学生则是被动地死记硬背。搞题海战术的结果往往是师生陷在作业堆里，根本无法得到良好的教学效果，无论是教师还是学生都苦不堪言。课堂上诸多低效无效的环节，浪费了本该属于学生的学习时间。往往是教师教不会就让学生练会，学生练不会也要考会，如此恶性循环无形中加大了学生的负担。在课堂上，教师滔滔不绝，单纯注重教师的表演和学生的整齐划一。课堂基本上全是顺着教师事先设计好的教案推进，沉闷而单调，学生的能动性、学习兴趣被老师的单向甚至强制灌输所限制，导致学生兴趣点低、参与率低。最终，使很大一部分学生成为课堂的旁观者。

(一)减负增效引发的大讨论

为了改变现状，教育行政部门提出要“减负增效”。但是如何实现“减负增效”，一直是教育界深度思考并长期困扰大家的话题。

2010年新学期伊始，围绕这个话题，李冬菊校长以研究的态度审视我们的课堂，学校分学科组织教师展开讨论：我们要弄清楚到底什么是“减负”？“减负”减的是什么？作为教师应该如何落实“减负”？“减负”之下如何实现课堂高效？

经过讨论大家认为，造成学业负担的原因有很多，比如：应试教育的不良导向性、家长对孩子的期望值过高、社会力量办班扰乱正常的教学秩序、教师和家长的观念陈旧等。但最终，大家把造成学生负担的根源聚焦在课堂教学上。为了适应时代的要求，教师必须更新教育观念，接受现代教学思想。而教学思想转变的核心则是对“教”与“学”关系的正确处理。确切来说就是教师的“教”是为学生的“学”服务，“教”是为了使学生学会“学”，进而达到“不需要教”。简言之，就是引导学生先是实现“学会”的目标，进而掌握“会学”的方法。

“重视学生的学习过程，研究学生的学习方法”是课堂教学改革的中心课题。如何真正实现减轻小学生过重的学业负担，如何“把课堂还给学生”，是当前每一名教师苦苦思索而不得其解的问题。如何使学生的学习生活变得活力四射，增强学生学习的自主性和愉快感，变被动接受为主动出击，更是我们思考的问题。在困惑中挣扎，希望有一种方法能让教师“破茧成蝶”。减负大讨论让很多教师明白了，“减负”最根本的出路是要通过改革课堂教学手段和方法，调动学生参与的热情，变旁观为主动参与，从而提高课堂四十分钟的效率。最终，老师们一致认为落实“减负增效”的有力环节应当是构建高效课堂，从而调动学生参与的热情，提高课堂效率。

(二)奥林匹克教育理念指引教改

既然传统的灌输式教育模式亟待改革，那么，在个性化教育理念日渐深入人心，在“减负增效”已成学界共识，在创建高效课堂成为新课改的点睛之笔的大趋势下，我校作为奥林匹克示范校，如何把奥林匹克精神所倡导的参与、合作、竞争的意识更好地融入日常的教学中？如何将奥林匹克精神所追求的“更高、更快、更强”的理念作为创建高效课堂的动力？如何让合作互助、积极参与、不断超越的奥运精神成为学生的潜意识？这是摆在我们面前的重要的教育战略抉择。

2011年9月，我校明确了创建伙伴互助“三高”高效课堂模式的研究课题，倡导“高参与”、“高活力”、“高效益”的“三高”课堂实践。在李冬菊校长的倡导和推动下，在全校师生的自主探究与大胆实践中，一个以伙伴互助追求“三高”课堂学习模式应运而生。同时，学校先后派出不同的干部教师团队到全国各地的课改先进校学习，把先进的教育理念带回学校。

课堂破局的真正奥秘在于“学习能力”，只有学生会学才能减少对“教师”和“教”的依赖。因而，我们主张素质教育的主要素质恰是“学习能力”。课堂一旦堕落为“知识本位”时，教学就变成了灌输和死记硬背，学生便变成了“知识的奴仆”，教师则变成了“知识的贩卖者”和“二传手”。唯有敢于把学习还给学生，突出学生的主体地位，“我的课堂我做主”，让学生去“经历”并且“经验”，学习的过程才充满生命的律动，因律动而感动，因情感的介入而生动和灵动。

我校制订的“三高”课堂改革追求的目标首先是向45分钟要效益，旨在发挥40分钟的时间效能，原则是尽可能不浪费每一分钟。让教师的教学实现从低效甚至负效到有效课堂的探索，最终实现课堂高效的“三级跳”。

我们追求的高效课堂的理想特征是：主动性、生动性、生成性。主动性，是指学习状态。主动学习会激发学生的潜能，使其对学习中乐在其中，从而带来学习效益、生成能力。生动性，是指追求课堂的情感价值。它突出“学乐”和“乐学”两方面的内容，让学生对待学习的态度如饮甘露琼浆，变“怕上学”为“怕下课”。生成性，是指在课堂上要敢于变各种“句号”、“叹号”为“问号”。在教学中，我们追求“主体多元”，鼓励不同见解，让思维激荡思维，让思想冲撞思想，让方法启迪方法。课堂价值尽在“不可预设”的“现场生成”上，一切的预设应服务于现场，而不是服务于预设。

我们追求的高效课堂内涵是，让课堂成为“知识的超市”、让学习成为“生命的狂欢”。教师不再是高居于课堂之上的独舞者，学生不再是躲藏在课桌后的看客。知识超市体现的是对“学生”和“学习”的尊重性、选择权、自主性，同时要求课堂呈现出丰富性和多义性，琳琅满目、各取所需，谓之“知识超市”。所谓“生命的狂欢”则指课堂立意从“知识”到“生命”的变化，从而带动课堂价值追求的“质变”。老师作为导引者或点拨者，播下一个兴趣或话题的火种，而学生的好奇心、求知欲和参与意识被引爆。一个寓教于乐的课堂教学，其场面的酣畅淋漓确实像是在狂欢。最终，让课堂成为学生成就人生梦想的舞台、展演激扬青春的芳草地、驰骋心灵的跑马场。对于这种课堂内涵的理解，教师也是经历了一个不断理解，不断实践，不断加深的过程。

知识的超市，生命的狂欢——悉心打造高效课堂

建造和谐、高效、快乐的数学课堂是每一位数学教师的梦想和追求，高效的课堂可以让学生在有限的时间内掌握更多的知识，提高学生的学习效率。自从 2010 年高效课堂走进我们的视野。我也跟随大家潜心研究。但是，一直以来，我只是一名跟随者，对于高效课堂的精髓并没有真正领悟。真正引起我对高效课堂的共鸣源于教师节那天，上届毕业生回校和我聊天。每一个孩子都侃侃而谈，我都插不进嘴。我问：“你们怎么都那么能说?”孩子们异口同声地回答：“是高效课堂的魅力啊!”我才意识到高效课堂使我们培养出了一批善于提问，及于补充、敢于质疑的孩子。

学生只有在课堂上真正拥有了时间和空间，才能真正落实学生的主体地位，才有可能是自主学习，“让老师和学生在校园里自由呼吸”！在课堂教学中，我们应积极调动学生的学习兴趣。例如，班中有个别学生，他们在课上不敢发言，很胆怯，尽管回答的是正确的但声音也非常小。我就会经常鼓励他们让他们大胆地讲，大胆地说，让他们积极地参与到学习当中，只要大声发言，不管对错，都会给本组加分。经过一个月的训练，他们有了很大的进步，也能积极地参与到学习中去。通过这样的课堂我认为教师的任务并不仅仅为教给学生知识，更重要的是点燃学生学习的激情，只有这样，才能实现我们教育的目的。教师为主导，学生为主体，把课堂真正的还给了学生。但教师并不轻松。因为“功夫在课外”。只有充分预习，才会有丰富多彩的课堂展示。要使学生在课堂上的活动有意义，一定要加强预习。学生的预习实际上是在教师指导下的自学，帮助学生明确目标任务、引导学生掌握学习方法，教师的精心准备，充分自觉地把学生带入了一种想学、能学、抢着学的氛围之中。使学生们不仅能积极参与课堂而且能有效地参与。

——韩冰

对于“三高”课堂，新入职的徐溪影老师在《由传统课堂向“三高”课堂的转变》中这样谈道：

我是一名有着六年工作经验的老师，今年我调入羊坊店中心小学任教。我校推行“三高”课堂，这让我对于课堂理念发生了很大的转变。以前我的课堂一直都是传统的教学模式，当我接触到高效课堂，感觉这样的课堂更能培养学生的自学能力，使其从“学会”到“会学”。通过不断的学习，我从中懂得了很多，高效的课堂真的让每个孩子都参与到自主学习中。我觉得高效课堂要求我们不但要教给孩子们知识，更要教给孩子们掌握知识的方法，在短短两周的时间，我也不断的自我调整，努力地从普通的传统课堂向高效课堂转变。努力打造适合自己的高效课堂，让数学课堂焕发生命的活力。

我们追求的高效课堂和新课改要求是一脉相承的，是对素质教育内涵和新课改理念的“实践表述”。新课改主张“自主、合作、探究”，具体落实方法恰是独学、对学、群学。

经过反复实践，在大量课堂经验的基础上，我们逐渐归纳出以下几个教学要点：(1)自学“三要”：要自觉预习，要自主解决50%的问题，要标注出疑难问题。(2)课堂“三看”：看自主程度，看合作效度，看探究深度。(3)小组“三评”：评互动程度，评拓展宽度，评生成的高度。(4)展示“三性”：展示选择近共性问题，强调展示过程中的互动性，追求生成的价值性。

二、计划护航“三高”课堂研究

任何一项活动的策划都是以计划为先导，计划可以使活动目的更明确，使工作循序渐进，有条不紊。只有计划到位，策划活动才能得以顺利有效地开展，取得事半功倍的效果。计划是联结目标和行动的桥梁。没有计划，实现目标往往可能是一句空话。为实施高效课堂战略，我校制订了高效课堂推进方案，并将其列为学校每学期教学工作计划中重要的一项。各年级还有本组的高效课堂计划书。

2012—2013 学年度第二学期高效课堂推进计划方案

经过一年多的研究，高效课堂在一定范围内取得一定的成效，但是没有形成规模，新的学期中，我校的高效课堂要加大研究力度，以点带面，稳步推进。

1. 成立高效课堂课题研究核心组、备课组，加强组内研究。每月一次核心组活动，及时通报高效课堂的进度和遇到的问题。大家群策群力，发挥集体智慧解决问题。

2. 以春季家长开放日为契机，加强对“导学案”的研讨，寻找导学案的最佳适用范围及最大价值。(期末各教研组上交三篇优秀导学案，进行评选)

3. 加大对高效课堂的骨干教师、突出学生的奖励力度，增强其引领性。

4. 落实高效课堂的伙伴互助“三高”课堂常规动作。

5. 各班要开辟专门的评价园地采用有个性的方式方法，对优秀的合作伙伴进行评价表彰，进行周评、月评、学期末评。

6. 明确各年段高效课堂培养目标。各学科负责人要通过一学期的听课与教研组组长研讨，梳理出负责年级的年级培养目标(尽量细化)。

具体安排：

2 月

1. 积极营造高效课堂环境氛围，开学初各班高效课堂口号上墙。

2. 各教研组在学校高效课堂推进方案的基础上制定高效课堂推进计划书。

3. 制定并上交第一轮高效课堂研究课计划(2 月最后一周完成年级组报课)。

3 月

1. 完成第一轮高效课堂开放活动，学科负责人进班听课。

2. 召开教研组长会议，针对第一轮高效课堂的课堂情况，深入剖析本组课堂现状，进行归因分析，找出整改措施。

4 月

1. 高效课堂家长开放日课堂教学研讨活动。

2. 第一次评选高效课堂最佳小伙伴“奥林匹克合作之星”，进行表彰。

5 月

开展年级组组织“邀请课”活动。(在 4 月家长开放课的基础上，各组选取优秀的高效课堂进行组际间友好交流课活动)

6 月

1. 高效课堂期末复习课交流活动。

2. 开展“三个一”工程：每位教师一份感悟——最深的学习体会，一份自己最满意的教学设计，一篇自己最深刻的教学反思”。(任选一项)整理成集，固化高效课堂教学模式的成果。

3. 评选高效课堂“奥林匹克教师之星”，第二次评选高效课堂最佳小伙伴“奥林匹克合作之星”，进行表彰。

4. 学科负责人上交所负责科目的高效课堂总结及梳理的年段目标。

能准确的摸准课堂的现状，为新学期继续推进“三高”课堂掌握了第一手资料，教学处每学期末都会发放调研问卷，让“三高”课堂推进计划就像学校的一个方向舵，有计划有步骤把课堂一步一步引向更高处。

第二节 “三高”课堂的探索之路

对于登山者而言，虽然历尽艰险，但是最终登顶的那一刻却能欣赏到常人所不能领略的美景，体味到常人不能体味到的人生感悟。我校探索课改的脚步亦如同攀登险峰一般，建设“三高”课堂就是我们立志探索的目标，也是我们必将攻坚的山峰。而我们上下求索、孜孜不倦的践行，无疑是为了创建出属于我校自己品牌的高效课程教学模式来。

简单梳理一下，纵观我校高效课堂探索的历程，主要经历了如下五个阶段：

第一阶段，老师动起来。学校组织教师外出观摩学习，让大家对何为高效课堂的本质从观念上加以深化理解；第二阶段，学生动起来。主动更新教学思维，把时间和空间还给学生，建立“伙伴互助”小组的学习模式，让学生参与教学的全过程；第三阶段，方法跟上来。编写全新的导学案，加强对课堂内独学、对学、群学节奏转换的引导与调控，及时跟进持续而全面的量化评价，让课堂效率高起来；第四阶段，成果显出来。倡导各具特色的班级文化建设，形成“各美其美、美人之美、美美与共”的良性竞争局面；第五阶段就是推进达标课堂，制定达标课堂标准，做到班班达标，并将思维导图工具植入课堂，提升学生的思维品质，从而助推高效课堂的溢出效益，真正形成“高参与、高活力、高效率”的“三高”课堂。最终，将伙伴互助的“三高”课堂模式加以深化与完善。

通过五个阶段的努力，我们终于登顶——初步实现了最初确定的课改目标，欣赏到了伙伴互助“三高”课堂模式的那种惊艳。而其间的山重水复、柳暗花明、百转千回、峰回路转，个中滋味，只有亲历者能懂！

一、观摩高效课堂，点燃课改激情

任何改革从来都不会是一帆风顺的，面对课堂模式改革的要求，很多教师虽有尝试探索之心，却苦于缺乏有效的教学方法。有些教师在没有见山见水时选择观望，固守原来的课堂模式，不肯轻易改变。面对这种情况，我们认为首要任务是在思想上提高教师对课堂模式改革的认识。要让新的课堂改革思想破茧而出，要让高效课堂模式开好局，就必须找出一个好点子以引爆大家参与课改的激情。李冬菊校长找出的点子，就是去观摩学习。

2010 年 10 月，李校长亲自带领各学科 50 多人次的骨干教师到香山中学考察学习。各位任课教师第一次近距离接触高效课堂，学习兴趣十分浓厚。此次观摩活动，强烈激发了我校教师课堂改革的热情。校长趁热打铁，紧随其后对全体教师做了以“杜郎口到底在改什么”为主题的讲座，进一步转变教师固有的教育思想，使全体教师认识到提高教学质量，减轻学生过重学业负担必须从提高课堂效率、改变课堂开始。这样一来，全体教师达成了必须进行课堂改革的共识。

2011 年 3 月，广大教师的课改激情被调动起来后，各种与课改相关的点子与想法涌现出来，其中一些操作性较强的秉着拿来主义想法的课堂模式很快就进入教学实践。这就是我们对高效课堂模式进行的尝试性探索。但是，在实际探索过程中产生的一些问题始终困扰着教师探索的步伐，如：小组成员怎么分工？导学案如何设计得更有效？评价到底该怎么做？如何实现真正的高效而不只是几张桌子拼在一起乱哄哄地凑热闹？等等。到底该如何创建适合学生个性发展的有生命力课堂呢？这些暂时无解的问题让很多一开始热情如火的教师变得彷徨，甚至有个别人干脆放弃了探索，重新捡起传统教学的老路。

二、向兄弟学校“求取真经”

面对 2011 年 3 月高效课堂模式探索出现的暂时性低迷局面，我们想再也不能闭门造车了，如何让教师拥有科学有效的教学方法成为压倒一切的首要问题。为此，我校决定要让一部分课堂探索的积极分子先动起来，果断走出去取经验、取智慧、取良方。

我们经常回顾曾经的“取经之路”，以铭记出发的目的：

2011 年 4 月，我们选派一批骨干教师奔赴山东潍坊实验小学、即墨二十八中、昌乐二中向这些全国知名的课改先进校学习。聆听课改讲座，购买书籍光盘，教师们对高效课堂的理念有了更清晰的认识。

2011 年 7 月，学校组长级以上的中层干部召开了以“聚焦问题、减负提质、追求高效”为主题的教学工作会，达成共识：落实减负提质，必须从课堂高效开始；学生个性化发展，高效课堂是根本。

2012 年 8 月，在李校长的带领下，我校教师一行三十三人来到青岛，参加全国高效课堂的专题研修。其间，大家聆听了三场生动的讲座：《文化想象力与中小学教学改革》(山东师范大学教授潘庆玉)、《愉快学习 幸福成长》(杜郎口中学的副校长孙玉生)、《和谐互助让课堂充满活力》(即墨二十八中校长李志刚)。三场精彩纷呈的讲座让我们受益匪浅。潘庆玉教授阐释的以激发学生的想象力与创造力为目标的教育理论让大家耳目一新；孙玉生校长娓娓道出了教学改革的艰辛历程，课堂教学模式的改变带给教师与学生的变化让我们跃跃欲试。李志刚校长的讲座让我们更真实地感受到了老师及学生的无限潜力，让大家对高效课堂有了全新的认识，充满了热情。

2011 年 9 月，新一轮的伙伴互助、“三高”教学模式开始研究，学校的课题研究呈现出活力四射的趋势。如我校的科学课教师武淑红在学习即墨二十八中及杜郎口的高效课堂的模式后，提出质疑，实验课如何开展？如果太放手，出现安全问题怎么办？比如，做燃烧与灭火的实验，如果没有严格按照操作规程实验，学生很可能被烧伤、烫伤。

经过深思熟虑，她想到了尝试一种全新的教法：提示—交流法，即开发一本《探究报告册》，分为物理实验和化学实验探究。物理实验的探究报告册分为以下三部分：活动目标、活动准备、活动过程与方法。在活动过程与方法部分又分五个环节：提出问题、猜想与假设、制订计划、实施计划和结论。她把操作要点编写其中或者写在卡片上，放在“锦囊妙计袋子”中，各合作小组先研讨实验方案，需要帮助就到讲台前的“锦囊妙计袋子”讨方法。实验前先动脑后动手，把方案完善后，就安全问题师生互相补充后再探究，真正做到把课堂还给学生。

运用《探究报告册》 提升科学课效率

新课程标准强调自主、合作、探究的学习方式，要求转变传统的灌输式教学行为为自主、参与、体验式的教学行为，凸显学生的自主性、主体性，构建充满生命活力的课堂，以便提高课堂教学的有效性。

“让课堂没有死角，让每个生命都有存在的价值”，解放思想，开启智慧，开拓自己的高效天地并时刻告诉自己不学习就会落伍，学习能让自己充满活力，能让自己永远年轻，我要变“要我学”为“我要学”。不但如此我们要做语言的巨人，更做行动的巨人。带动组员积极在小学科推进高效课堂。

真正的课堂要还给学生，给不同层次的孩子机会，可以运用《探究报告册》，引领学生。学习即墨二十八中及杜郎口的高效课堂的模式后，我一直质疑，实验课如何开展？如果太放手，出现安全怎么办？比如做燃烧与灭火的实验、使用酒精灯的实验、电磁铁的实验，如果没有严格按照操作规程实验，很可能学生被烧伤、烫伤。记得讲座中场休息，我迫不及待地问二十八中李校长：“您校的化学实验课如何实施？也采用五步十环节吗？也让学生先自行做实验再全班讨论、总结吗？安全问题如何解决？”李校长告诉我，教师可以提前教给“小学师”。哦，疑惑解开了，可是细细琢磨，总觉得节节实验探究课都这样也不现实，小学科学教师周课时 18 节，有时一天五节课，什么时间提前教给“小学师”？课间是孩子休息的时间不能占用；偶尔占用中午还好，长期下来会打乱班级安排，孩子也不干呀！前思后想，我想尝试提示—交流法，即开发一本《探究报告册》，分为物理实验和化学实验探究。物理实验的探究报告册分为以下三部分：活动目标、活动准备、活动过程与方法，在过程与方法部分又分 5 环节：提出问题、猜想与假设、制订计划、实施计划（实验过程中观察到的现象记录如下）和结论五环节。把操作要点编写其中，或者写在卡片上，放在“锦囊妙计袋子”中，各合作小组先研讨实验方案，需要帮助就到讲台前的“锦囊妙计袋子”讨方法，实验前先动脑后动手，把方案完善后，安全问题师生互相补充后再探究，真正做到把课堂还给学生。尽管我们心中还存在疑惑、困扰，但是让我们在实践中去发现、解决与完善。

——武淑红

我们的老师这样反思：为什么以即墨二十八中和谐互助课堂为代表的课

堂教学模式充满活力而高效？秘诀在于“先学后导，以学定导，学导和谐，问题评价，互助共赢”二十个字。这种教学模式易于操作，简便而科学，课堂既凸显学生的主体地位，又兼顾了教师的主导作用。教师与学生间的角色定位准确。学生互助合作，有助于培养学生的综合能力。课堂既自主开放，又能够灵活掌控，收放自如。对此，有中央教科所专家评价说：“以前的课堂是教师的‘单口相声’，和谐互助课堂则是‘三句半’。前三句是学生说，那说在‘点子’上的半句是老师”的。这种说法充分肯定了老师“导”的巧妙作用。以下是教师参加培训后的收获：

赴青岛参加高效课堂培训体会

作为一名青年教师，在工作中我不缺少热情和积极性，课堂教学中却往往容易讲多，而忽视学生的自主学习，而山东即墨二十八中“和谐互助”教学策略的出现，让我眼前一亮，这不正是解决这一难题的办法吗?“和谐互助”教学模式以学生自主学习、互助学习为主，教师要变换角色，退隐幕后，只起引领和点播的作用。学生在这种教学模式下调动了积极性和主动性，也培养了责任感。学优生因为能给别人更多的帮助而有成就感和自豪感，所以人人都努力学习争当“师父”，既然当了师父就不能比别的“师父”差，在责任心上也就丝毫不能松懈，把“学友”的学习当成自己的事情，千方百计的给“学友”讲明白，把“学友”教会了，这样首先自己的知识要很精通，表达能力也要提高，所以通过当一段时间的“师父”，这些原本就比较优秀的学生就更优秀了。那些“学友”呢，由于各种原因学习比较吃力，成绩不理想，心里本来就着急甚至有些自卑，这时有同学愿意帮助自己了，也就不好意思不努力学习了，再加上是“一对一”的讲解，而且是随时随地地讲，所以会取得比老师讲解更好的效果，不但提高了他们的学习成绩，还提高了他们的自信心，也使他们学会了感激帮助他们的人。

“和谐互助”的意义不仅是学习上的互相帮助、共享共赢，更重要的是个性的张扬互补和人格上的相互影响的共同发展。使学生会自学了，会主动思考了，质疑创新能力强了，动手实践能力棒了，会主动亮出自己表达了，练就了自信，智力和非智力因素都有了明显的提高。互助还有利于激发和强化学生的学习动机，学生花费时间少而收获明显，能产生一种轻松、愉快的成功感。“和谐互助”教学让每个孩子都能分享到合作的乐趣，都能在和谐的空间之上挥动思维的翅膀，变“苦学”为“乐学”，真正实现使每个学生得到发展。

——韩冰

我们的老师开始了这样的探索：在集体备课及教研活动中，结合学科特点尝试展开了如何将“10＋30”模式与探究式教学模式相结合的小课题研究。力争探索出具有我校特色的课堂教学模式，让学生、老师的作用都得到最大的发挥。“10＋30”教学策略是课堂时间的“黄金分割”，即教师所讲时间小于10分钟，尽量减少纯知识性语言；学生自主学习活动时间不少于30分钟。从形式上看只是把一节课的时间重新分配一下，可是教学理念却有一个质的变化。因为“10＋30”课堂教学策略将教师从主角的地位变为主导的位置，真正成为课堂教学的组织者、参与者、促进者，是主导与主体的权重分割。它要求教师减少知识传授过程中的讲解性语言，以保证学生在课堂上自主活动的时间不少于30分钟，使我们的课堂成为“动态的课堂、活跃的生成的课堂”。

三、体验式培训引领探索路径

在对高效课堂模式尝试探索的过程中，大家意识到建立好小组是关键。但是如何更有效地进行小组建设成了教师最棘手的问题，为了习得点金术，我校先是请进了“指路仙人”，后又搭起全国小学高效课堂“大比武”的“擂台”，邀请八方行家齐聚我校切磋“技法”，抓住不同展示平台，让师生一展“三高”课堂风采。

2011年8月29日，学校特别请到了全国高效课堂协作网专家于新北先生为全校教师进行体验式培训讲座，带领全体教师进行高效课堂小组文化建设模拟，为教师深入推进高效课堂扫除障碍。全校教师参与课堂变革的积极性被点燃，一批课堂改革的先行者教师开始了对“高效课堂”的尝试与触摸。

2011年至今，全国小学高效课堂协作网多次带领全国各地的参观学习的来访团来观摩我校的“三高”课堂。在每学期的家长开放日上，以研究课展示形式，将“三高”课堂开放给家长，并跟家长交流，获得反馈信息。开放、富有活力的“三高”课堂获得专家和家长的一致好评。

四、展开试点，自主探索

筚路蓝缕，以启山林。我们从“高效课堂”四个字切入做“高效”文章，基于小学生的年龄和特点，决定策略性地先试点性、实验式、自愿式地试点开展，鼓励骨干和干部带头先行。

（一）激发主体作用，把时间还给学生

李冬菊校长在带领大家四处游学取回高效课堂改革的“真经”，在充分消化吸收以即墨二十八中“和谐互助”教学模式为代表的高效课堂之所谓高效的核心要义后，从试点开始，再由点到面，再通过搭建“阳光杯”高效课堂展示课、家长开放日等竞技性平台，使得高效课堂模式的探索高潮迭起。尝试探索各种可能的高效课堂模式在教师间蔚然成风，一批优秀教师设计的高效课堂展示脱颖而出。至此，高效课堂改革在我校已经从最初的星星之火熊熊燃烧成燎原之势。

我们所理解的高效课堂应当是一个开放而有活力的课堂，是实现教师高效地教，学生高效地学的教学状态，集中表现为调动学生学习的积极性，让学生多参与、快乐地参与课堂教学才能实现学生学习的高效。

我们所实施的伙伴互助“三高”课堂教学模式不仅是传统意义上的仅仅把课堂与课外有机的联系在一起，学生自学，然后由“一个小伙伴”负责把自己的“另一个学习伙伴”在课堂上教会。伙伴互助“三高”课堂教学模式更是颠覆了传统教学中老师讲，学生听；老师提问题，学生回答的教学模式。而更重要的是，伙伴互助的“三高”教学模式使学生主体地位得到落实这一想法变成可能。课堂上，学生不但是学的主体，也是教的主体，不是老师教生，而是学生间互学，教师只是在关键处点拨。问题由学生自己去发现解决，规律由学生自己去探索总结和应用，概念由学生自己去概括提炼，例题由学生自己去解读体悟，作业由学生自己去选择完成。凡是学生自己能学会的内容，教师不讲；教师所讲，只是那些学生费尽心思而学不会的内容。这样做极大地激发了学生的问题意识与自主探索精神，学生的主体地位得到落实。而这一落实，也更让教师实现了如何在不加班加点的前提下，实现“减负增效”：以教人者教己。教学互助互动，化被动为主动，化消极为积极，真正点燃学生学习的内在动力。也就是我们常说的，让每个学生动起来，让每个学生变得

更加自信，让每个学生都学会终身学习。

“学会”与“会学”的思考

高效课堂一方面体现了学生在课堂中的主体地位，学生的兴趣与快乐是高效的前提，同时也体现了教师在课堂中的主导地位，引导学生“学有所得、学有所感、学有所悟”。我个人觉得处理好“学会”与“会学”的关系是高效课堂实施的关键。“重视学生的学习过程，研究学生的学习方法”是当前教学改革的中心课题。旧的教育观念，在教学方法上是注入式“满堂灌”，让学生死记硬背，处于被动地位。由于搞题海战术，教师陷在作业堆里，学生学习负担过重，又无法得到良好的效果。无论是教师还是学生都苦不堪言。为了适应时代的要求，教师必须更新教育观念，接受现代教学思想。而教学思想转变的核心是对“教”与“学”关系的处理。确切来说就是教师的“教”是为学生的“学”服务，“教”是为了使学生学会“学”，进而达到“不需要教”。也就是引导学生为了“学会”的目标，掌握“会学”的方法。

创设主动参与的情境，让学生体会到参与之乐。在数学教学中，根据学生的“好奇心”，充分发动学生动手实践或亲身制作学具是提高学习兴趣的一种方法，它会使学生在实践操作中发现问题，手脑并用，通过自身的探索后获得成功，体验到参与之乐。如在教学《长方形和正方形的认识》时，我让学生们从家里带来长方体和正方体，先通过各种感官了解什么是长方形和正方形，然后让学生们在小组里动手操作：怎样把立体图形上的长、正方形搬到纸上？孩子们在小组内认真思考积极讨论、操作，最后呈现出来的是用多种方法制作出的平面图形，有的组是比着立体图形画出来的，有的组是用印泥印出来的，有的组是叠出来的，接着让学生动手量出长方体的长、宽，量出正方形的边长，引导学生仔细观察，鼓励学生总结出长、正方形的特征，最后通过比较、分析、归纳，得出长方形和正方形的相同、不同点以及二者之间的关系，学生不仅兴趣更浓，积极性高，而且通过亲身参与，印象更加深刻，记忆更加牢固。

——孙宏

若干年前钱学森提出了让每一个中国人深思的问题：“中国为什么出不了诺贝尔奖?”若干年后我们勉强回答了这个问题，虽然莫言、屠呦呦已经登上诺奖的领奖台，但是我们在创新能力方面依然是短板，学生的创新质疑能力越早抓起学生就会越收益。爱因斯坦曾指出：“提出一个问题往往比解决一个问题更为重要。”因为解决一个问题，也许仅是一个学科上的、实验上的技能而已，而提出新的问题、新的可能性，从新的角度去看旧的问题，却需要有创造性的想象力，而且标志着科学的真正进步。因此学生的质疑能力的培养要从小开始，“三高”课堂侧重学生质疑、补充能力的培养，学生在课堂上大胆质疑，相互补充同伴发言，呈现出勃勃生机。

数学课堂的质疑与补充激发学生的创新力

给予学生一个“有疑可质”的平台。新课标理念下的数学课堂，给了学生更多思考和活动的空间，给学生提供更宽广的平台去发现数学、探究数学。需要我们数学教师能给学生一个能制造“疑问”的平台。这个平台需要容纳师生间的民主与尊重，需要恰如气氛的情境活动，需要学生的大胆质疑，甚至敢于挑战“权威”，敢于挑战老师，敢于挑战教材。

如我在教学“线的认识”时，我设计了“排队”这一生活情景。教学中，我紧紧抓住“排队”引导学生去发现、探索，先让一个小组的六个同学前后排成一条笔直的线；在此基础上，我们一起假设：如果全世界的小朋友都来沿着队伍的一端排下去，那么，其结果不正像一根无限延长的射线嘛；如果往两端排列，不正像无限延长的直线嘛！在“排队”这一形象的生活情境诱导下，学生视野开阔了，纷纷说出了生活中的射线、线段和直线。突然，一个学生迫不及待地站起来说道：“我反对！他们说得都不正确！”“那你有什么看法呢?”“铁路线不可能是无限长的，马路也不可能，总有个尽头吧。我觉得他们说的都是线段。”这位学生理直气壮地辩解道。是的，直线在我们生活中太少了，几乎可以说没有。直线是数学家们为了研究数学的需要而想象出来的一种线。射线也是这样。“排队”情境的合理创设，带给了课堂的“意外”精彩，让学生深刻理解了由线段延长后形成射线和直线的过程，课堂思辨中，“老师，我反对!”这种叫板似的“质疑”，激活了学生的思维，因此才有了智慧火花的闪现。

课堂质疑声音的出现，必定有出现的时机和平台。它有可能给我们制造出一些麻烦，但它带来更多的是意料之外的惊喜。因此，我们要善于提供这样的可以质疑的平台，让学生有疑可质。“课堂就是让学生出错的地方”。教学中常常因为一句“猜一猜”引发了学生新知与旧知的碰撞，学生在猜测与计算结果的矛盾中自发地产生了争论。课堂上的这种争论不是一种排练，更不是一种特意的安排，它凸显了课堂生命的活力。虽然错误的质疑可能导致教学内容完不成，但学生对于错误的经历不正是我们需要的吗？往往一节优秀课的出彩就在于学生的错误的精彩，往往学生能力的提高是从错误的质疑开始的。

课堂质疑需要智慧，是一种最直接的师生对话，是教学成功的基础。合理、准确、恰当的课堂质疑能提高学生的数学素养，增强学生的数学意识，从而很好地提高数学课堂的教学效率。培养学生质疑能力关键在于教师要更新教学观念，优化教学方法，提供多种的观察、操作、思维及语言表达的时机，鼓励和指导学生自学，引导学生主动参与学习的全过程，使学生对所学知识感到有问题可想、有问题可疑。长此以往，就能不断提高学生的质疑能力。

——郭冬燕

任何的探索都不是一蹴而就的，人们只惊羡秋之硕果的芬芳，岂不知探索路上充满了艰辛，在教学实践中，老师们积极投入到高效课堂的研究中。但是几十年养成的习惯不是一下就能改变的，教师讲解时间太长，学生自主学习时间不够，教师如果不严格控制自己的讲解，学生就不能真正成为课堂的主人。针对教师的讲解时间过多的问题——教学处为教学干部配备秒表，进班听课记录教师讲解用时。小秒表的举措引发教师大思考、大触动，大家开始约束自己的言行。但是新问题紧接着又出现了，教师的语言是少了，但是课堂上该讲的重难点没有讲透，有些教师则不知道什么该讲什么不该讲了。

针对这种情况，在各学科广泛调研的基础上，我们规定了“三不讲”，即：学生已经会的不讲；学生通过互助学习能学会的不讲；学生都不会的问题不讲。只会滔滔不绝、口若悬河的老师不一定是好老师，把学习的时间还给学生，如涓涓细流启迪学生智慧，引导学生学会学习的教师一定是学生信服的好老师。

经过大量艰辛曲折却又惊喜不断的教学实践摸索，结合本校奥林匹克教育特色，我校逐渐地探索出一条属于羊坊店中心小学自己的高效课堂模式之路。

(二)相信伙伴的力量，确立小组合作模式

在激发学生的学习热情上，高年级组的教师率先尝试四人合作小组，进行小组合作学习，利用学生的展示热情，激发学生提前预习，探索新知，利用网络搜索相关的知识进行有效学习。四人合作小组在小组合作初期，确实让一部分学生脱颖而出成为小组展示的佼佼者，可是四人小组，在合作过程中的弊端也很明显。首先是纪律问题不好控制；其次是小组每个成员不能充分展示，组长不能兼顾到每位同学。在这种情况下，我们想到了传统教学中的“一帮一，一对红”尝试同桌两人结成学习小伙伴，初步形成我校高效课堂的伙伴互助“三高”课堂模式：学生在课堂学习过程中，通过自学、展示、反馈的学习流程，以同桌两人为一个单元组成学习伙伴的学习形式，课堂上，通过学生帮助学生，兵教兵，亦师亦友，实现伙伴双赢。

我们的创造的同伴互助高效课堂模式，激发了学生的学习兴趣和求知欲望，受到了孩子的喜爱。

“这一次我和我的学习伙伴又获得了合作第一名的好成绩，这都是我们共同努力的结果。不光我们很高兴，大家也都很羡慕我们，都想坐上这第一名的宝座，所以我们这时更不能骄傲，还要继续努力，‘协同作战’争取更好的成绩。”五(1)班唐若冰同学兴奋地说。

自从学校开展高效课堂以来，五(1)班同学们的学习兴趣可高了，大家都不想拖伙伴的后腿，都想让自己的小组表现得最好，得到老师和同学们的认可，而且还能获得加分。唐若冰同学说，我们在上课前精心预习，认真准备，互相探讨，遇见意见不统一或有不明白的地方，等老师在课堂上为我们一一详细地解答时，我们一下子就明白了，并且记忆还很深刻，想忘记都很难。

同学们在课堂上非常活跃，都积极地抢着发言，大家对问题的理解都很透彻，每个人和每个人的想法都不一样，充分体现了同学们的聪明才智，表现出了智慧与智慧的碰撞。因为每次都是以学习小组为单位发言，所以学习伙伴互相交流，及时补充对方的不足，使自己的小组表现得更好、更完美。

“高效课堂不仅激发了我们的学习兴趣，还锻炼了我们的表达能力，加强了我们的合作意识，让我们有充分展示自己的机会，使课堂气氛更活跃了，让每一个人都能感受到自己的存在，感受到自己的成长。”这是唐若冰同学在高效课堂的学习体会。

说到高效课堂，六(3)班的崔馨月同学谈到了她作为小老师给同学们授课的体会：“自从高效课堂开展以来，我们班一直以‘高参与，高活力，高效益’来严格要求自己。我们班的四科已经全部都达标了，是全校第一个获得达标锦旗的班级！这是我们全班的荣誉与骄傲！”

同伴互助的高效课堂模式使孩子成为受益者，许多孩子进步明显，家长看在眼里，喜在心里，“三高”课堂得到了家长的普遍赞誉和支持。

“很高兴孩子在一个非常和谐、优秀的班集体里学习和生活。在班主任李老师的教育、帮助和带领下，她和同伴互相帮助，共同进步。”二(3)班孟德欣的妈妈说，“欣欣从小就是一个懂事和积极进取的孩子。刚到这个班集体的时候，她并不是很优秀，我们每一天都嘱咐她要多交朋友。很高兴老师在她们班中开展了同伴互助小组活动，老师安排她和赵麒杰一组，我们都特别高兴。因为一直以来就总听孩子说他很出色！伙伴互相促进，看到赵麒杰的字写得特别漂亮，欣欣就主动向他学习，还请我们为她买了字帖，课余时间积极练习。现在，欣欣的字像赵麒杰的一样漂亮了。真的很感谢他的学习伙伴。这种模式促进了孩子自觉的学习，进步！”

“由于孩子第一次从老家来到北京，所以有很多地方不适应，胆子很小，上课不敢回答问题。虽然老师没少鼓励，可她还是不敢大声说话。但是自从和赵麒杰组成互助小组后，伙伴相互带动，老师反馈说，孩子现在不仅能够积极勇敢的回答问题，而且学习成绩也达到了全优。”

三(6)班徐子涵爸爸深有感触：“师友互助，打造高效课堂。”从二年级那次现场观摩了班级语文公开课，作为家长，我们看到了在“师友互助高效课堂”中，教师把时间归还给孩子，把表达权归还给孩子，使他们不仅有了施展才华的时间和舞台，更重要的是潜移默化地调动了孩子们对掌握新鲜知识的兴趣、培养了孩子自觉学习的良好习惯、增强了孩子们的责任感和集体荣誉感。

以前子涵的语文识字和阅读能力比较弱。自从班级开展了师友互助，课堂上在老师的正确引导下，学习伙伴担当小老师站在讲台上逐字拆解、组词。课堂下，学师帮助学友，两个结对孩子相互帮助，相互促进。慢慢地，我们发现了孩子的变化：自己主动预习新课文、主动学习新生字、开始喜欢看无插画的图书、经常和家人一起玩接词的游戏等。而且，孩子还会经常讲起学师学友间发生的故事，动员家人和她做学师学友的模拟游戏。9 月底，子涵很兴奋地告诉我们，她和学师的互助小组因为表现出色，在班级的评比中排名第一，得到了安老师的表扬和鼓励。有了动力，子涵说她和学师商量好要一起继续努力，把这种优异的成绩保持到期末。在本学期的一次作文中，子涵写了学师学友共同学习的故事，特别提到学师帮助她学习、提高成绩的感受。孩子真的长大了！

孩子在学校里到底是一个什么样的情况呢？2014 年 10 月 30 日下午，一(1)班王泓镔的妈妈带着激动且好奇的心情，走进了一(1)班的教室。看到很多家长已经坐在了孩子们摆好的小板凳上，没想到，小小的孩子们在学校里已经是小主人了，他们已经会积极主动的整理自己的教室喽。坐在小板凳上，王泓镔的妈妈认真地环顾了一下整个教室，她看到：

“教室里很干净、很温暖，墙上有孩子们的小笑脸，每个孩子的小笑脸都贴着不同样子、不同数量的奖励小贴画。”“早就听王泓镔说过，要好好学习，这样就能得到小贴画了，呵呵，老师挺有办法，这种鼓励个人进步的方法效果很明显啊！”“在家长会上，班主任刘老师还专门强调了，家长们不要相互比较孩子的贴画，重要的是孩子自己不断进步，这就是他们最大的收获。”

“上课的时间到了，刘老师组织孩子们集体背诵了古诗，又上了一堂数学课，小家伙们完成了‘左右’的学习。在背诵古诗时，每个小朋友都积极主动并大声的背诵着，有一个小朋友因为家长有事情，到校晚了些，急的都哭了，孩子是希望给自己的爸爸妈妈展示一下学习成果的，刘老师和其他的家长都很理解孩子的心情，小朋友哭得不能背诵古诗了，这时候，同班的很多小同学都积极举手要帮助他完成背诵任务，最后古诗的背诵顺利完成，而且声音非常洪亮，一(1)班真是一个团结的小集体！上完室内课，孩子们都排着整齐的队伍上室外活动课去了，这时候，刘老师给家长们播放了她制作的一(1)班生活学习小视频，视频整整十多分钟，从视频的内容就能够看到老师的关心与温暖。视频中有 150 多张老师精心挑选的照片，都是开学这两个月来孩子们在学校各种场合中的照片，包括：入学教育、课堂坐姿、回答问题、早上晨读、中午进餐、秋游活动、跳绳比赛等。”

“看到孩子在室内行为有规有矩、室外课堂活泼可爱，我这个做妈妈的心里真是激动！”王泓镔的妈妈说，“通过这次家长见面会，能够看到孩子在学校里快速地成长进步，能够感受到一(1)班是个温暖团结的班级，这就是我最开心的地方!”

(三)把展示空间交给学生

高效课堂注重学生展示，把课堂的主体地位还给学生，让更多的学生能参与到课堂教学，能让学生站起来讲就不要坐在座位上讲，能到讲台上讲就不要在座位上讲。学生一节课中要不时面对伙伴讲、面对小组讲、面对全班同学讲(小展示与大展示相结合)，给学生创造一切可展示的平台。学生已经把在黑板上写板书，在讲台上为同学们讲解变成家常便饭。在听课过程中我们发现原有的黑板已经满足不了学生的需要，于是我们在每一间教室的墙上装上了侧黑板，学生可以分小组到侧黑板前展示。侧黑板已成为学生展示自我风采的一个平台。

本学期，我校的教学工作重点之一是构建“同伴互助合作共赢”的高效课堂教学模式。通过一个学期的研究，我们很惊喜——孩子们在课堂上的表现，让我们看到了创新、看到了胆识、看到了合作、看到了自信，为了给学生提供更多的参与展示空间，在2012年寒假期间，我们教室的布置方面做了个小小的改变，在各班教室安装了侧黑板。

这一小小的改变，给我们的孩子带来了什么?我们的孩子怎么看教室的侧黑板呢?请看下面同学们评价：

五(4)班王嘉茵同学认为这块“小黑板”对大家很有帮助：我们班分为了五个板块。分别是语文、数学、英语、星星评比栏和每日一星。大家不仅牢记了概念、公式和单词，还增加了一些语文知识的积累。“星星评比栏”帮助大家树立了竞争意识，每天做最好的自己!

“侧黑板是我们的小助手，我们课堂学习的重点可以在上面展示，同时，一些好的课外资料，也可以通过这块黑板告之同学们，我真的觉得它很好!”五(4)班郑蕴衡同学说。

六(3)班李皓禹同学说：“这个学期，我们班多了一名新成员——一块黑板。这块黑板立在我们班的右侧墙壁上，老师说我们可以在黑板上写一些名言警句、作家作品等，同学们可以随时利用。同学们一听赶快行动起来了，一下课，同学们你找我，我拉你结成一组一起完成黑板。在别的同学写资料时，大家围在一起，你一言我一语，讨论得热火朝天的。我喜欢这块黑板，它是我们不可缺少的精神食粮。黑板虽小作用大，它大大提高了我们的学习兴趣，扩充了我们的知识面，还拉近了同学们之间的友谊。"

小黑板大舞台

以前，黑板是教师的专属土地，如今随着我校高效课堂的全面铺开，随着新的教学理念的逐步渗透，黑板在我们的教育教学中，作用在不断地转变，角色也在不断地更新。黑板开始变成学生展示自我的舞台，课上学生可以在上面驰骋自己的思想，展示自己的思维，课下每一块黑板都是学生交流的空间，老师只是游弋于黑板背后的一个手执"火种"的人。在这里智慧已经不在仅仅是传授，更多的是自主的探索、追求，新知在一遍遍擦除中萌显，创造在一遍遍擦除中滋生，学习的主动权掌握在学生的手中。

我们常说要把学习的权利还给学生，可怎样给呢？就是这样一块侧黑板的安装，给学生带来了更大的展示舞台，我们的学生多了一个展示的空间。可以把黑板的一角，让它变成每日一句，每日一词的展示角，让学生在经过它时不经意地瞟上一眼，心中在默念几遍，让学习在自然的无意识中形成，让知识的积累实现从无意识到有意识的自然过渡。黑板也可以是智力竞争的园地，经把一些智力竞赛题展示出来，使学生在一种若游戏的竞争状态中积极地思维，让学生的思维在一种充满情趣的智慧空间里快乐的徜徉。

把黑板开放给学生，让学生成为它的主人。一块小小的黑板可以成为促进学生发展的魔板。

——吕宏艳

(四)发挥思维导图的作用

根据科学研究发现人的大脑是由两部分组成的，左大脑负责逻辑、词汇、数字，而右大脑负责抽象思维、直觉、创造力和想象力。巴赞说："传统的记笔记方法是使用了大脑的一小部分，因为它主要使用的是逻辑和直线型的模式。"所以，图像的使用加深了我们的记忆，因为使用者可以把关键字和颜色、图案联系起来，这样就使用了我们的视觉感官。首先，使用思维导图进行学习，可以成倍提高学习效率，增进了理解和记忆能力，把学习者的主要精力集中在关键的知识点上，节省了宝贵的学习时间。其次，思维导图具有极大的可伸缩性，它顺应了我们大脑的自然思维模式，从而，可以使我们的主观意图自然地在图上表达出来。它能够将新旧知识结合起来。学习的过程是一个由浅入深的过程，在这个过程中，将新旧知识结合起来是一件很重要的事情，因为人总是在已有知识的基础上学习新的知识，在学习新知识时，要把新知识与原有认知结构相结合，改变原有认知结构，把新知识同化到自己的知识结构中，能否具有建立新旧知识之间的联系是学习的关键，而思维导图恰恰是一个最好的载体。

学校将思维导图全面引入到各科课堂教学中。思维导图不仅有利于培养学生全方位思考、归纳的学习、分析能力，而且根据其在课前、课中、课后的不同时间的运用，促进学习预习、展示、反思的积极性与主动性，让学生活跃课堂内外。

思维导图在科学课中的运用

“活动有余，思维不足”是科学课堂普遍存在的问题之一。一些学生只注重其表现而忽视其内在联系，在从直观现象到理性分析的学习过程中却遇到了很大的困难，且他们头脑中的知识点是碎片式的，如何提高科学课程的教学成效？正巧去年秋季我校倡导思维导图引入课堂。

在实验探究前，创设情境，引发问题，让学生通过绘制思维导图暴露“前概念”，了解学情，设计教学活动。

比如，“种子萌发的条件是什么？”这幅图是五3谢秦旸小组的想法，她们认为种子萌发有四个必要条件：泥土、水、空气、阳光，很显然有明显的错误，即泥土和阳光不是种子的萌发的必要条件。看看其他小组的思维导图，8个小组6个都认为阳光是必要条件，由于一节课时间有限，这些因素不能都研究，因此我就确定了重点围绕着“阳光是种子萌发的必要条件吗？”展开研讨，设计研究方案，让学生严格按照实验方案进行对比实验，一周后拿着实验材料，汇报实验结果，而没有按照教材先研究“水”这个因素。

我通过思维导图了解到学生有什么错误的认识，分析共性的问题在哪里，从而确定教学目标以及重难点，找准教学的起始点，为“以学定教”起到了很好的作用。

思维导图使学生的思维可视化，把方案变成图形，形象生动，可以让学生梳理自己的思路，又能快速了解别人的计划，知道了问题解决的方法，也学会了运用不同的方法来解决问题。

比如，《动物与环境》一课学生研究“蚯蚓喜欢什么样的环境”，实验的方法是控制变量法，把环境因素想全至关重要，只有想全才能进一步找全相同条件和不同条件，设计实验改变不同条件，把控相同条件，否则一切都是徒劳！

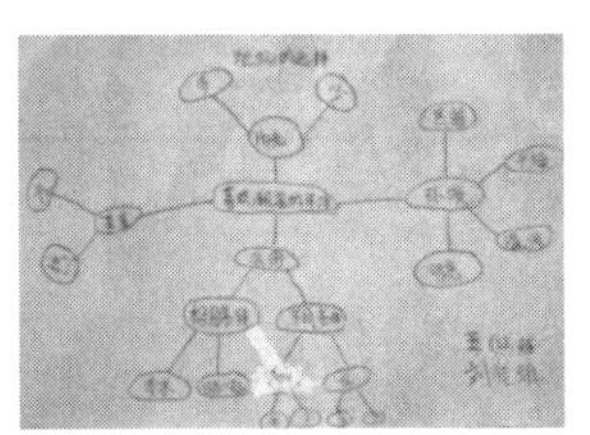
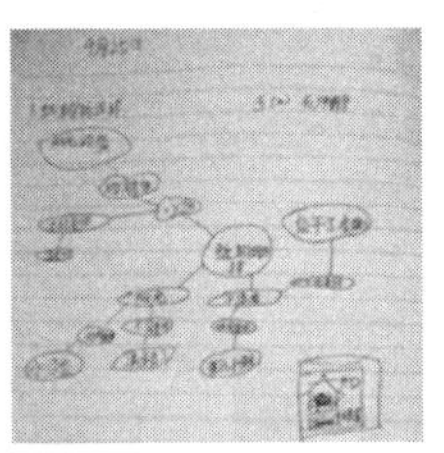

下面我们看几位学生的实验方案设计：思维导图把学生的思维可视化，反映出学生在设计方案的思考程度。

第一位在全班展示方案后，同学们就发现问题指出他的“环境”因素指向与“阳光”、“水分”是重复的，另外还有人提出研究“水分”时，“阳光”是相同条件，应该把控而不应该与水分一起改变。第二位也是层次不清楚，有包含关系：“干湿度”与“水分”重复。第三位同学导图设计的简洁、清晰，特别是如何把握相同条件很到位，但有同学发现他的“阳光”与“阴暗”条件是重复的；

最好的是第四位同学，层级清晰，不仅写清把控的条件，还具体表明实验方法和器材，特别是如何变量的设计细致到位，受到大家的认可！但是如何把握相同条件不如三号同学。由于课上时间紧，我要求学生把思维导图写在笔记本上，有兴趣的课后可以在A4纸上重新画彩色的。我们看到第四位吕瑶同学用不同颜色表达不同的因素，思路与图都很清晰！

经过交流、讨论，提出建议后，各个小组对这次的实验都清晰明了，胸有成竹了。

由上面的案例可见，在思维导图的引导下，学生对方案制订的思维过程是逐步深化的过程，先是对方案粗略地制订，然后补充完整方案，最后找出问题加以修正，再进行补充完整，思考由浅入深，由单一变复杂，由片面转向全面，问题解决由模糊变清晰，也越来越有把握。不知不觉中，思维越来

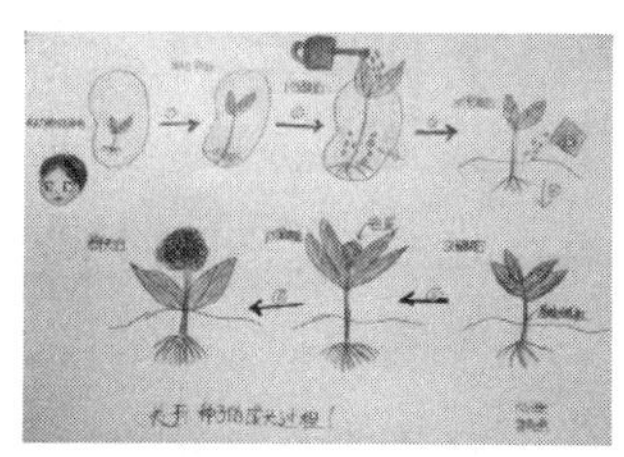

越广，考虑问题也越来越周全。提高了学生的分析能力。这就是教学所要达到的目标，让每个学生在学习的过程中锻炼思维，学会思考，学会分析，进而发挥出创造的潜能。

在思维导图的绘制过程中，学生动手画一画，通过想象和色彩感受，创作出自己喜欢的图画，这样的作业方式不仅调动了学生完成作业的积极性，让学生寓学于乐：使难的教学内容趣味化，使浮躁的孩子安静下来，大大提高了学生的学习热情；通过卡通画也暴露了学生前概念的顽固，比如种子的构造，尽管是六年级的学生，还有对种子结构认识的偏差，引起我今后教学的注意。

通过思维导图在科学探究中的实践探索，不难发现思维导图在解决当前小学科学教学困惑中发挥着优势：(1)可视化学习；(2)符合年龄特点；(3)强化联想创造。以上事例说明借助思维导图有助于学生回顾整个思维过程，更容易掌握科学知识结构，理解其抽象概念，提升逻辑思维能力、发散思维能力、分析力，加强记忆能力，激发学习的积极性。

——武淑红

思维导图在语文课中的运用

教师利用导图进行课堂的教学设计，整理课文讲解思路，对文章进行整体架构；上课过程中，教师借助学生的导图，引导学生对导图进行修正，补充学生所未能理解的如修辞手法、写作手段等，协助学习更好地理解课文；课后，教师可利用导图进行课后总结和反思，有针对性的帮助个别学生更好地进行学习。

运用思维导图优化语文阅读教学过程——学生绘制思维导图、借助导图分享文本的理解、师生与生生的互相交流、教师用导图导读导思……在这种对话式互动课堂中，改变了传统课内阅读知识的讲授为阅读技巧方法的引导，唤醒了学生内部意识，唤起了学生的阅读热情，催化了学生产生浓厚的阅读兴趣，提高了学生的阅读能力。

教师在这种课堂中，不仅充当了引导者的身份，而且成为了学生的倾听者和扩充者，在学生提出问题或遗漏知识过程中，有针对性地指导学生更好地进行学习。

其实每个学生都存在个性差异，在他们的思维导图中表现也很明显，这是十分正常的事情，我们不能代替他们的思维方式强加于他们。我们对学生的表现采取不同的评价方式，因为学生的学习基础、学习能力以及思维的方法都不尽相同，我们不能用简单的好与不好来评价，应该多给予鼓励与褒奖，让他们树立自信，在与其他小组同学的思维导图中，不断完善自己的理解，从而让每个学生的个性以到彰显。

——李晓芳

各个学科对于思维导图都进行了探索，教师们兴趣盎然，发现了思维导图这种工具的魅力，数学、英语教师在探索后写下这样的感受：

思维导图在数学课中的运用

思维导图是用来组织和表征知识的工具，它通常将某一主题的有关概念置于圆圈或方框之中，然后用连线将相关的概念和命题连接，连线上标明两个概念之间的意义关系。思维导图能够构造清晰的知识网络，便于学习者对整个知识结构的掌握，有利于发散思维的形成，促进知识的迁移，所以它是一个促进学生课前预习，课中展示，课后梳理归纳的有效工具。用好它，会取得事半功倍的效果。用思维导图来进行预习的主要作用，是帮助学生明确目标，在阅读时能够集中精神，在短时间内把握住阅读内容的要点，理顺自己的思路。同时，标记的使用能让学生在听课时有的放矢，提高听课效率。另外，通过检查学生的思维导图，教师能够迅速找到学生对该内容的思维障碍点，确定重点与难点，使讲课更加有针对性和实效性，真正做到因材施教。

数学复习课堂中知识点较多，学生在学习时容易把知识点进行分散的复习，就像捡芝麻一样一颗颗地捡，这样就很容易漏捡。如果教师按照自己的思维帮学生复习，就不能看出每个学生的优势和不足之处进行个性化教学，从而导致学习一刀切：优等生吃不饱，后进生学不会。而且以这种按教师思维模式的复习课学习很难激发学生的学习积极性，致使学习趣味性不强。如果教师能教学生一种复习的方法，把学习中的“芝麻”串起来，让学生自己去把这根线拿起来，那么学生就不会像大海捞针地去捡，还会感受到一种成功的喜悦，因此画思维导图的方法就是一种很好的线，可以让学生一提就是“一串”。融入了思维导图的教学让学生从散杂、片断的机械式学习提升为注重关系并充满主动探究活力的有意义学习。思维导图对学生来说是学习过程的缩影，是思维活动的见证，它记录了教学过程中师生共同经历的学习过程，留下了知识建构的痕迹。我们数学教师不妨树立痕迹意识，借助思维导图指导学生把知识串联起来，并激发学生的学习潜能，培养学生的创造性思维。

——王宏伟

思维导图在英语课中的运用

思维导图作为一种高效教学策略，对小学英语教学具有重要意义。它不仅能以彩色图像等方式来激发学生的学习兴趣，加强学生的学习主动性，还可以提升学生的课堂注意力，把枯燥的学习变成有趣的活动。此外，思维导图教学策略还可以锻炼孩子的思维能力，培养创新精神。《小学英语课程标准》要求英语教学“培养学生的观察、记忆、思维、想象能力和创新精神。”通过思维导图的训练，孩子会能够在不同思维之间架起沟通的桥梁，将原本不太可能联系起来的东西进行创造性的连接。这无形中锻炼了思维，会使人产生一种超出常人的创造力和想象力！

在小学英语教学中，我们不难发现孩子的总结能力差，孩子在课堂上很难将老师讲的东西迅速地进行总结归纳，形成清晰的思维链条。而思维导图让孩子通过画画的方式，只需要记下老师讲解的重点，并在不同重点之间添加上相互产生关系的线条。这样，不仅可以迅速地理解课堂内容，而且在复习的过程中能通过导图回忆起课堂讲解的具体顺序，层次清晰自然，学习的效果自然得到了提高。

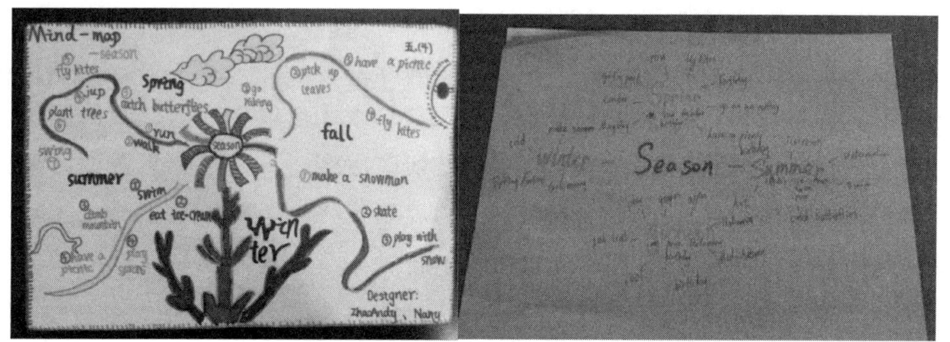

例如，在英语教学课程中有关季节的这一课，在这一课时，孩子们接受的有关季节的信息不多，就是四个季节：Spring，Summer，Autumn and

Winter. 如果按照平时的教学，对于这四个关键词的记忆背诵，孩子们都是死记硬背，甚至对于基础薄弱一点的孩子讲，有些困难甚至背诵过程中混淆，所以就根本别提对本课所有内容的归纳总结了。但是通过 Mind Map，很多学生就在对这一课的学习中理清了思路，分清了重难点。他们首先大脑中就能立刻形成一个关系网，及时对本课的所学内容归纳总结，层次清晰，对单词的记忆也一目了然。

因此，作为一种思维工具，思维导图将言语信息图像化，有助于将大量的信息分解成易于理解和记忆的“组块”，帮助学习者系统地，有条理地思考学习材料，并以图形的方式记录下其思维过程，从而既达到了记得牢、不易忘、易提取的效果，也提高了学习者学习英语的兴趣及自主学习的能力。由于这些因素在英语学习中的作用举足轻重，这几方面能力的提高也必将极大提高学习者的英语综合水平。

——刘艳英

(五)发挥教师的主导作用

学生参与意识强了，课堂活跃了，可是新的问题也接踵而来：课堂倒是热闹起来了，可是部分教师的课堂控制能力弱，导致教学任务不能按时完成。如何规范教师的课堂流程，减少教学的随意性，就成为高效课堂的研究重点。而编写导学案、规范课堂流程的解决之道就提上了日程。这就要求教师积极行动起来，动脑动嘴找办法，动手动脚找材料。在课堂教学中把握师生互动的节奏，真正做到教学相长。而对点拨时机的选择或者说对教学转换节奏的把控，恰恰是教师的教学智慧与经验的体现。

师生互动的良好教学关系恰如诗歌中的“起兴”。师“起”生“兴”，真正高效的教学活动必然是师生间情绪都充分调动起来才可以实现的。教的是声情并茂，使出浑身解数，循循善诱。学的是切磋琢磨，不达目标不罢休，乐此不疲。其真意在于：通过教师巧妙点拨的启发式教学，诱导学生养成主动学习、自我教育的习惯，营造出教与学的乐融融的节奏与律动。让快乐求知成为学习的源头活水。如此，课堂方显生动，学习才能灵动。

1. 加强个性化指导，提高每个学生参与的质量

高效课堂之初总是那么十几个学生占据课堂的主角，一部分学生依然不

愿举手或者惧怕举手，或者发言言之无物，占用过多的时间。如何让学生大胆说话，并提高表达质量，各教研组展开针对性研究。根据年龄段不同，在高年级组研究中首先搜集整理了课堂常用语，如启发式课堂用语，在学生不知如何发言的时候，适时地点拨提醒，启发学生的思维。赏识性的课堂用语，给胆小的学生以鼓励。而反思常用语不仅能巩固课堂知识，提炼出学法，也能使学生对知识的理解更加丰富全面，还有利于提高学生的自我分析、自我评价和自我调整。所以说，课堂常用语其实是给学生的发言提供了辅助器。目的是教会学生倾听别人发言的习惯，学会评价他人的发言，学会言之有序、言之有物的表达。中年级还探讨出来学习伙伴发言的顺序，那就是一定让不善于表达的学生先开口讲话，另一个小伙伴进行补充或纠正。

2. 精心设计导学案

要保障上述高效课堂教学目标的实现，离不开导学案的精心设计。可以说，导学案是课堂高效益的坚实保证。各教研组在共研共备的基础上优势互补，积极尝试导学案的编写，初步形成我校高效课堂模式流程，使课堂环节有据可依。同时借助鼓励的力量调动学生的学习热情，形成班级伙伴互助“三高”课堂的风气。例如每天伙伴互评，每周评选班级优秀小伙伴，每月评选校级“奥林匹克之星”，学期末评选“奥林匹克智慧之星”。系列评价，为高效课堂进一步发展提供了不竭的动力。表彰的力量使班级内伙伴互助“三高”课堂形成风气，学生以伙伴共同受到表彰为荣，持续评价维护了学生参与的热情。正如薛秋兰老师所言：“能否激活一个班级，关键看一个小组能否被激活，而激活每个小组，就要建立全面、有效、公平的评价机制。”

在探索高效课堂教学的研究之路上，我校教师积极实践充满民主精神的课堂教学模式，由原来关注“教”的过程，变为关注学生“学”的过程，教师从“独奏者”的角色过渡到“伴奏者”的角色。教师努力减少课堂低效行为，挤出时间让学生练习。讲台、黑板成为学生锻炼的舞台。每一位教师都努力践行着高效课堂的高效，下面我们介绍几个典型案例。

低年级组安洪洋老师借助伙伴互助“三高”高效课堂，训练学生敢于大声表达，并设立了学友先发言、学师后补充的课堂常规。为了培养孩子认真倾听的习惯，他还在班上设置了最佳听众奖，规定只有最佳听众才有资格到前面来做小老师。在需要讨论时，他会提出要求：“下面请小学友说给你的学师听，请学师认真倾听。如果你同意他的想法，就举手示意，给你的伙伴鼓励。”每当学友说完后，看到自己的学师举着手给他肯定，都会特别开心。他们相互肯定，相互鼓励。如果知识偏难，就会让学师补充，学友记录。两者互补，一起进步。在课堂上，她教学生把汇报的问题分解成小的点。例如，语文教学生字时，可以从音序、音节、字形结构、部首、除部首有几画、记字方法、组词、造句等方面来汇报。有了汇报的小点，孩子们掌握了方法，就不怕不会说，不怕说错话了。利用午自习的时间，她带着学生到操场上晒太阳，带领学生在操场上席地而坐练习大声说话。

王朝晖老师注重学生预习本的使用。在学生预习上下功夫，着力培养学生自觉学习的能力。在她的培养下，首先，学生的学习态度改变了，由被动学习变为了主动学习。特别明显的是预习作业的改观，他们不仅完成老师布置的词语方面的预习作业，还主动增加关于课文结构和内容的超前学习，并有部分学生会把课后问题提前做好批注，甚至是小小讲课稿。学生这样做目的只有一个，那就是为自己的同学讲清楚，要争当最优秀的小老师。他们愿意站在讲堂前为大家讲课，他们喜欢展示自己的口才。其次，学生变得爱钻研了。对于练习题，原来的做法是老师讲答案、分析题目的重难点，现在则是由学生分析题目讲解重难点，不仅有讲授而且还有针对后进生的提问。

3. 建立小组评价机制

郭冬燕老师积极探索高效课堂评价体系，利用评价有效促进班集体建设。郭老师经过第一学期的高效课堂尝试后，把小组评价作为一个重点来抓，在黑板的右边一竖条分别记录着十六个小组的表现，而且要求每节课的任课老师都要做出适当的评价。班上还制定了值日班长制度，设有专人负责，把每天的纪律、卫生、学习、作业、课堂表现等一系列班级活动全都纳入到评价中。每周做一次总结，每月根据得分评出最佳合作伙伴，写出大红榜，贴在班级文化墙上。她坚信再淘气的孩子也是有上进心的。自从采用小组评价机制后，班中的同学们都暗暗地较上了劲儿，总要互相看一看哪个组的分数多。每个月的月底是评价总结的时候，各小组会分析分高的组哪做得好并向他们学习，分低的组也要说一说哪些方面需要改进。大家互相学习，互相帮助，大大增强了班集体的凝聚力。期末的时候，五班被评为了优秀班集体，各小组合作奋进的动力更强了，为实现课堂的高效打下了坚实的基础。

李秋莉老师带领高年级语文团队，对教学中的困惑点“作文批改”进行研究。她改变作文教学中学生被动参与的现状，利用伙伴互助“三高”课堂修改方式，调动学生的参与意识，促进写作兴趣的提高。她注重孩子们之间合作意识的培养，创造性地构建一种学生喜闻乐见的作文教学模式。她所带领的五(4)班积极进行高效课堂班级文化创建，获得家长的一致好评。

栾红艳老师也非常善于利用“师友互助”模式。在每一次验收结束时，学师和学友都要写出对自己成绩的分析。你对你的哪科成绩比较满意，哪科成绩不满意？找到自己考出好成绩或成绩不理想的原因。伙伴间还要互相交流。这样，学友可以看看学师取得好成绩运用了什么好的学习方法。学师也要帮助学友分析，学友为什么会得到这样的成绩。往往在这个时候，学友就会对自己的成绩产生不满，在这种内心渴望进步的情绪下，学友很容易接受学师对自己的帮助。同时，学师还要分析自己学友的成绩，列出细节，找出自己应该在哪些方面对学友进行帮助，然后，定出这次考试自己的目标分数。这样学生心中总有目标，学友还有学师的帮助，一定会充满向上的力量。等成绩出来后，将实际成绩与自己的目标分数相对照。每一次都要进行总结，表扬进步突出的学师和学友。在感恩节、元旦等节日来临之际，教师鼓励学师写一些卡片鼓励自己的学友，肯定他的进步，学友也要写出自己对学师的感激和希望。这样可以增强师友之间的和谐关系，在班级中逐渐形成和谐、积极、向上的气氛。

高效课堂给了学生更为宽广的展示舞台，学生变得活泼开朗起来。他们尝到了成功的快乐，在课堂上变得敢于表达自己的见解了，也变得更加自信了。他们变得更爱学校，爱集体了。伙伴互助“三高”课堂让学生懂得了珍惜身边的伙伴，明白做老师的辛苦。原本成绩优秀的学生成绩不但没有下来，反而得到了提升。由于在遇到问题时需要积极主动地想办法去解决，他们的心胸变得更为宽广豁达，无形中领导能力、管理能力也得到了锻炼。小伙伴之间一对一的辅导，使一些学习有困难的孩子得到了具体的指导，学师和学友的成绩都有了不同程度的提高。

4. 教师指导，有效预习

高效课堂建立在学生课前有效预习的基础上，有效预习更是高效课堂的重要特征。它需要在教师的指导下，学生分析自己的学情，结合教材的特点，积极进行相关知识的拓展阅读与思维训练。我校 2013 年度最美教师、语文骨干教师李秋莉，在“三高”课堂探索中，对课前预习的重要性有着独到的认识，她的科研论文《课前有效预习促进课堂高效》，获得了海淀区第十三届教育科研优秀论文二等奖。

课前有效预习促进课堂高效

《语文课程标准》指出：积极倡导自主、合作、探究式的学习方式。学生是学习和发展的主体，改变过去的传授式学习方式，关注学生的个体差异和不同的学习需求，培养他们的创新精神和实践能力。随着新课改的推进，学生学习方式转变，预习已成为重要的学习方式之一。

课前预习是阅读教学的起始阶段，虽然是在课前，但却是整个阅读教学不可缺少的环节。预习的过程就是学生自读自悟的自主学习过程。预习的深入与否，效果好坏，直接影响着学习课文的效率。而且，学生一旦有了预习的习惯则事半功倍，它是学生在学习过程中一个必不可少的环节。通过预习，学生可以综合运用已有知识和技能，初步了解学习内容的重难点，找出自己的疑问和困惑，从而为他们接下来有的放矢的听课学习做好准备。良好的预习习惯，不仅能培养学生自学习惯和自学能力，还能有效提高学生独立思考问题的能力。

通过实践，我发现课前预习的确是一种行之有效的学习方法，它能明显地提高学生学习的效率，激发学生自觉学习的主观能动性，获得课堂学习的主动权。有效预习更是高效课堂的重要特征，它需要学生在教师的指导下，分析自己的学情，结合教材的特点，积极进行相关知识的拓展阅读与思维训练。中国有句古话：“凡事预则立，不预则废。”可见，课前预习非常重要，它是学习过程中必不可少的一个环节。

课前预习实际上是学生通过自己的思考，对即将所学知识进行的自学。在预习的过程中，教师要教给学生一定方法的指导。古人云：“授人以鱼不如授人以渔。”在教学中，教给学生预习的方法十分重要，在强调预习重要性的同时，必须教给行之有效的预习方法。

教学中我发现，四年级学生已经具备了一定的自学能力，所以我就要求他们每学一篇新课文之前，都要提前进行预习。而语文学习中，首要的障碍便是生字，碰到不认识的字，我就引导学生通过查阅工具书或请教他人来达到认字的目的，从而扫清阅读上的障碍。其次就是文中一些不理解的词语、句子等，可以让学生通过查找资料或伙伴交流来完成，在这过程中，学生积极主动地去克服学习中所遇到的困难，能慢慢培养其自觉学习的习惯。而学生要保持预习的持久动力，需要及时获得自身预习情况的反馈信息。这就要求我们教师应采取各种形式，在学习新知识之前，检测学生的预习情况，对表现较好的学生一定要及时予以表扬，对预习作业完成不够理想的学生及时进行鼓励，或给予适当指导，不断强化预习的重要性。

特别是我校开展高效课堂课题研究之后，各班都在稳步推进伙伴互助。孩子们在前一天预习的基础上，要在课堂上与学习伙伴进行预习交流，然后再相互补充。这样，学习的准备就更充足了。每到自学、互学后的小组交流展示环节时，学生们就纷纷举手，争先恐后地走上讲台汇报自己小组的学习成果。参与积极性特别高，让为人师的我们备感欣慰。良好的预习习惯可以帮助学生确认自我的认知能力，分享同伴的学习成果，还可营造班级快乐学习语文的氛围。可见，只要教师肯动脑筋，培养学生的兴趣并不是件太难的事情。

——李秋莉

五、形成“三高”课堂模式

我校伙伴互助“三高”课堂高效课堂模式的提出，既不是空穴来风的突发奇想，也不是亦步亦趋的邯郸学步，而是有着远比简单的字面意义更为深邃的景深：在教学中着意凸显的“伙伴”二字，既与当代心理学、教育学等科研结论相合，又散发着中国几千年厚度的传统教育的温润。美国著名心理分析家艾里克·埃里克森(Erik H Erikson)的研究证实，伙伴关系对于儿童的健康成长至关重要。中国社会科学院学者石衡潭认为：孔子的“有朋自远方来，不亦乐乎?”虽然可以理解为讲普遍的待客之道、友谊之乐，但从上下文关系综合来看，这句话是讲与同学好友共同学习的乐趣。与讲个人学习的方法与乐趣的首句“学而时习之，不亦说乎”相承接，又直启讲学习态度的下句“人不知而不愠，不亦君子乎”。此外《礼记·学记》中的“独学而无友，则孤陋而寡闻”又以反向证明的方式道出了与志同道合的伙伴，互相切磋，共同学习的重要性。

我校倡导的伙伴互助“三高”课堂的学习方式使学生间合作学习，互帮互助，既可以提高学生的交流沟通能力，提升班级的整体学习水平，又能促进学生之间的团结协作，形成良好的班风学风。这种方法应该得到持续推进和改善。而要完善课堂“三高”学习方式，使其真正落到实处，首先要强调学生的课前预习。教师要教会学生预习，学生根据自己已有的知识基础提前预习。教师会在开学初讲清楚各个年级段的预习要求，学生依据自己的程度实施不同的预习方案。因为第二天要在所有同学面前展示自己的风采，每个学生为了能精彩地展示自我都会竭尽全力去预习。正是有了这种展示的欲望，才能促进每个学生根据导学提纲超前学习。

我们在探索伙伴互助“三高”课堂教学模式的教学实践中不断研究总结，不断升华优化，创造性地发展完善了伙伴互助“三高”课堂模式的内涵，同时又探索出针对不同学科、不同结构、不同年级组别的配套实施方法。总结出高效课堂模式六步骤：预习交流—互助学习—总结归纳—成果展示—当堂检测—互助评价。

我们通过对大量的教学实践分析出影响课堂教学成败的关键因素有三

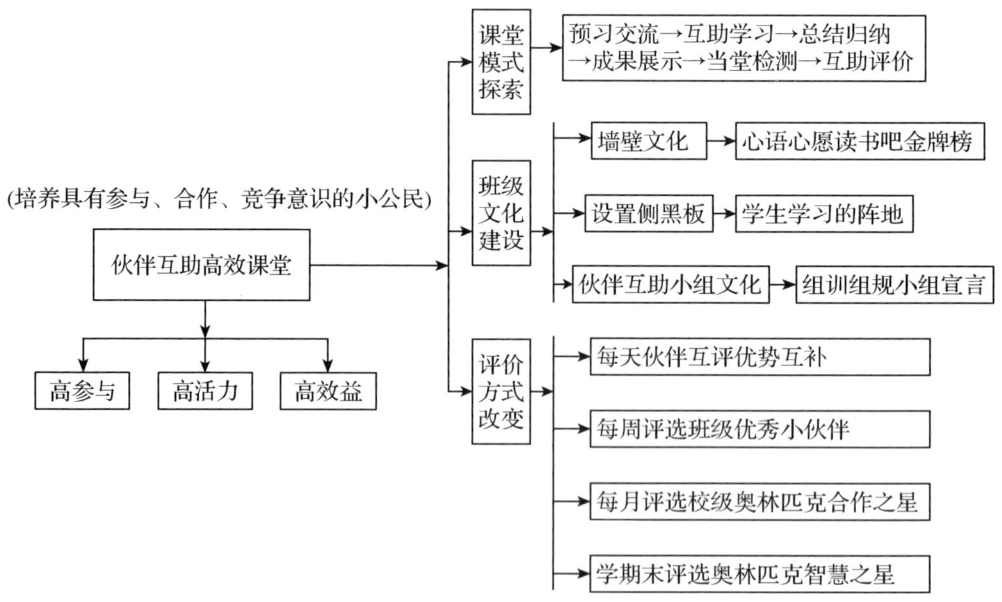

伙伴互助“三高”课堂模式图

个：一是“对子”要结得好，结伙对学的方式要能长期有效地发展。二是老师要导得妙，要灵活掌握课堂的节奏、点拨的时机、评价的尺度。三是教师与家长互相配合，帮助学生养成自主学习的习惯。

对于我们的高效课堂教学而言，伙伴间的小组合作是关键；对伙伴互助小组而言，分好组是关键。怎么划分小组，组内成员的搭配很有讲究。不但要注重小组内学生成绩的搭配、男女生比例的搭配、座位顺序的搭配，还要考虑到每一位学生，让他们在组内既是竞争的对手，又是学习的帮手，更是检查的助手。在小组合作中，学生明确自己的职责。

组建好合作小组，不等于学生就能合作学习了。要使合作学习小组能够正常运行，且合作富有成效，老师必须引导学生做好以下几件事：

(1)确定学师学友。学师学友的确定由学生自己做主，两人商量决定。学师的任务是小组讨论时学师先说，学友再说。学友遇到问题时，学师要帮忙解决，如果遇到学师也不会时，可以向其他组的学师请教。在帮扶过程中，学师为学友讲解难题、传授学习经验和方法、督促学友完成作业……都需要足够的耐心和良好的表达能力，而这让一些小学师感到有难度。因此，老师应在推进伙伴互助“三高”课堂学习方式中经常鼓励并指导小学师提高沟通能力，对他们的努力及成效及时给予肯定，帮助他们逐渐获得学友的认可。为了提高伙伴之间的快乐指数，老师应从学生的个性、爱好、学习差距等多方面进行考虑，尽量让志趣相投且学习差距不是过大的学生之间进行结对。这样伙伴之间不会产生太大的心理压力，且彼此之间不仅可以交流学习经验，还可以一起玩耍、一起锻炼……彼此感受友爱，分享快乐。

(2)制定组规及目标。各组可以根据实际情况制定本组的组规及目标：①每节课积极举手发言并互相监督；②上课注意听讲不说没用的话；③按时并认真完成作业。

(3)抓住合作时机。合作要抓住时机，比如，新授课中的讨论、探究、练习后的订正。这样做效率无形中就提高了，学生还特别受益，尤其是困难生，他们能听到一对一的辅导。而对于优等生，在讲解的过程中自己也得到了提升。

兴趣与好奇心是学生自主性学习和深入探究的驱动力。传统的以教为本、学生被动接受的应试教育模式直接影响了学生学习兴趣、自主学习和创新意识的形成。因此，老师不仅需要在课堂教学中增加讨论和互动学习时间以激发学生的思维和学习兴趣，还应该采用更多方法为小学生提供一个相对宽松的学习氛围，让他们有时间和精力去体验观察、实践、思考、查阅、讨论等自主性学习的过程，有机会通过自己动脑动手去展现富于个性及新意的成果；让他们可以大胆提问，勇于创新和自我表现。

六、班级文化助力"三高"课堂

为了助力高效课堂探索，我们还加强了班级文化建设。班级是展开教学活动的基本单位，它可以充分调动学生参与的积极性，增加学生们的凝聚力。良好的班级建设需要良好的班级文化才能形成稳固的班集体，形成良好班风。

在高效课堂实施中我们发现了一部分学生的参与积极性比以前降低，一部分班级高效课堂开展只停留在表面，没有深入下去。如何让高效课堂的探索持续发展，我们意识到只做课堂，不重视班级文化建设，高效课堂就是无源之水，无根之木。环境是影响人的发展的一个重要因素，就发展心理学和教育学的角度而论，为儿童营造一个良好宜人的健康成长的环境，是性价比最高的、受益最大的教育投资，是名副其实的天使投资。不论是"性相近，习相远"的格言，还是"近墨者黑，近朱者赤"的成语，都强调了环境熏染对人性发展的重要作用。这一点在中国传统蒙学教育的经典读物中也有论及。如大家耳熟能详的《三字经》中"昔孟母、择邻处"，引用孟母三迁的典故。再如《千字文》中"墨悲丝染"高度概括了墨子就人性如同生丝易被染色的道理，即墨子所谓的"染于苍则苍，染于黄则黄，所入者变，其色亦变"。

学校肩负着百年树人的神圣教育使命，必然要倡导并营造整体上健康、良好、阳光的校风和团结、活泼、向上的班风。对于一个班级来讲，建设富有个性的班级文化，能使班内形成良好的学风、班风，使教师的教育教学活动达到事半功倍的效果，也能使整个班级充满朝气，对学生的智能发展、人文品格的塑造起到推波助澜的作用。一个班级如果能利用班级文化，建设出和谐、幸福、积极向上的班风，其课堂教学一定会收令人满意的效果。

于是我们在学校"和文化"的基础上，进行班级文化建设、小组文化建设。在班级文化建设上，我们凝聚全体师生智慧，建立各班的特色文化，创建班训、班歌、班级口号。墙壁文化展示了学生的心语心愿，读书吧、金牌榜、侧黑板文化成为辅助学习的阵地，"伙伴互助"小组则制定了组训、组规、伙伴共同体宣言，让班级文化助推高效课堂。

（一）班文化符号：班级特色与口号

形成全体成员共同的班级目标，这是班级文化的核心和基础，也是班级文化得以实施与发挥影响的原动力。也只全体成员认同并遵循这种以价值观为基础的班级目标，班级文化才能变成无形的精神力量。同时，具有教育意义和趣味性的集体活动是激发学生求知欲，发展学生智力和创造性，使班级文化朝气蓬勃的有效手段。因此，我们学校在建设班级文化时，首先确立了班级目标和特色口号等班级文化符号，又以特色体育活动为载体，增强班级文化的吸引力和实效性。

学校 39 个教学班全部建立起了符合本班特点的班级名称、班级目标、特色口号、特色体育活动处处凸显班级文化特色。以六年级为例：

班级名称	特色班级	班级目标	特色口号	特色体育活动
六(1)	齐志飞扬班级	齐心协力志向远大	阳光向上，超越自我，No pain No gain	跳绳
六(2)	快乐阅读班级	努力飞翔，超越自我	海阔天空，任我飞翔	羽毛球
六(3)	乐学班级	进取书写成长 快乐记录时光	努力就有收获， 人人都能成功	跳长绳
六(4)	书香墨趣班级	漫游书海品味书香	书香墨趣，伴我成长	乒乓球
六(5)	爱心班级	争当优秀班集体	齐努力，共进步 互帮助，永争先	踢毽子
六(6)	鸿鹄班级	做最好的自己 创最优的班级	凌云壮志 脚踏实地	跳绳

（二）班级特色镜头掠影

对于一个班级来讲，建设富有个性的班级文化，能使班内形成良好的学风、班风，使教师的教育教学活动达到事半功倍的效果，也能使整个班级充满朝气，对学生的智能发展、人文品格的塑造起到推波助澜的作用。因此，我们必须充分利用班级文化，促进每个孩子健康成长，同时又塑造一个互帮互助、健康优秀的班集体。

首先，我们认识到班级文化是一种教育界中存在的文化现象，它必然带有教育的功能。它以隐蔽性、示范性和手段的多样性和灵活性来实施影响，促进学生的全面发展。通过班级文化对学生的影响并不是硬性要求，而是运用学生喜闻乐见的方式和活动，潜移默化地使学生的行为、价值观和学习态度等发生变化。我们学校的每个班级都确立了特色文化口号，在班级目标的引领下，能够结合本班的实际，通过教师尤其是各班班主任的努力，充分利用班级文化，切实提高学生的发展，促进学生成长。

小镜头——“书香班级”

我们班开展了以“让墙壁说话，展班级风采”为主题的班级文化建设活动。走进我们的教室，“课堂有你有我，学习你我共赢”的醒目标语，它时时刻刻提醒孩子们，勇于竞争，大胆表现。侧面的墙壁上，张贴有互助小组的评比表，这里是学生们较量的阵地，我们把学生日常的学习，行为表现细化，并进行量化，用加星的形式体现。虽然只是数量上的一个小变化，但却大大激发了学生的小组意识，团队意识。因为每个同学的表现，不仅关系到自己的成绩，还会影响到自己的互助小伙伴，这无形中赋予了学生更多的责任，同时也给了他们奋发向上的动力。我们的班级名称是“书香班级”。就是想创设出积极向上、清新高雅、健康文明的书香氛围，让大家在潜移默化中与书为伴，与书为友，开阔视野，陶冶情操，让孩子拥有一个书香浸润的童年。营造书香班级，关键还在于要为学生提供课外阅读的时间和空间。为此我给学生开辟了三条途径，以保证学生的阅读。

我们的班级口号是“我要自信，赢得自己就是赢!”……我在日常的教学中从表扬学生的闪光点着手，让学生从中能意识到老师和同学对他的信任与鼓励，学生就会在无形中产生一种自发的激情和动力。

给学生一片成长的沃土，他们将带给我们无限的感叹与惊喜。我相信，健全的富有生命力的班级文化，必然会结出人才成长之果。

——张丽《富有生命力的班级文化促学生全面发展》

小镜头——“祥云”班级

“祥云”班级源于我校的奥林匹克教育。2008 北京奥运会，祥云火炬传遍了整个中国，我们班定名为祥云班级，寓意六(3)班全体同学能高举祥云火炬，传承奥林匹克精神，不断进步，不断超越。

我们的班级口号是：一天比一天进步，做最好的自己。

班级目标是：把握今天，走向明天。

班级吉祥物是：牵牛花。为什么选牵牛花呢？牵牛花是一种藤本植物，牵牛花能凭着自己不服输的精神，借助攀附物昂扬向上。她散发出生命的活力和不屈的精神。

班级宣言是：我们是一根藤上的朵朵牵牛花，虽然极其平凡，但不甘卑微。我们要团结互助、积极进取，坚韧不拔，以健康、自信的心态过好每一天。

班级体育特色是：击缶健脑操、健美操、呼啦圈。

李佟奇是校健美操队的主力队员，曾参加全国、北京市、海淀区的多次比赛，均获得优异成绩。她作为班级健美操小教练，课间时间带领大家跳跳健美操，活动活动。她还对班里的“小胖子”实施减肥计划，真是一举两得。

呼啦圈是全班同学共同喜欢的一个体育项目。

自从“高效课堂”以来，我班以两人一小组(师友互助)，四人一大组这种形式，开展小组活动。各小组也各具特色，有“希望之翼”小组、“极地阳光”小组、“理想之舟”小组、“梦之翼”小组、“彩色风铃”小组。九个小组组成了我们六年级三班这样一个大家庭。

——栾红艳 《展班级文化炫集体风采》

小镜头——“书香墨趣”班级

我们班的班级口号是“书香墨趣、伴我成长”。学生们把自己的读书经历记录在了读书卡上，也有的同学写了读后感，还有的设计出了图文并茂的语文小报……越来越多的学生开始对读书有了浓厚的兴趣，看到他们用心读书的样子，总觉得那么可爱！

我喜欢中国的书法艺术，所以也很重视班中学生的书写。我从简单的笔画开始练起，指导他们如何把汉字写规范、写美观。由于我的关注，孩子们的写字热情慢慢高涨。上学期我们举行了班级硬笔书法比赛，并装订成册全班传阅，得到了学生和家长的好评。这学期，我又开始引导学生练习软笔书法，亲自为学生准备了练字的纸，并推荐他们找一些好的字帖来临摹。我想，这样坚持下去，孩子们的书写能力一定会大大提高。

自学校倡导“高效课堂”以来，我们班学生积极响应，除了改变了原有的教学模式，还通过一些积极向上的口号来引导学生做得更好。如：“学习有你相伴，快乐如影随形”，“相互帮助求进步、努力拼搏创佳绩”。这一条条醒目的标语时时刻刻在提醒孩子们，勇于竞争，大胆表现。在教室的北墙上，有个“伙伴互助金牌榜”。意在引导学生发挥小组合力，大家互帮互助，共同成长。五年级(4)班越来越像一个温暖的大家庭。正如教室门口贴的那句话“班级就像家，我爱我的家”。

——李秋莉《营造温馨学习氛围　培养学生良好习惯》

小镜头——“阳光体育”班级

我们根据自己的习惯成立了班级社团。愿意养成坚持锻炼习惯的学生组成“肌肉块小队”；愿意养成每天练习乐器习惯的学生组成“小音符小队”；愿意养成每天写作习惯的学生组成“作家发烧友小队”；愿意养成每天读英语习惯的学生组成“2012ENGLISH 小队”等；并把在养成好习惯活动中表现突出的学生组成一个小队，定名为“小小智囊团”。学生们在各自的小队中，互相帮助，研究改进方法。“小小智囊团”的学生们还热心为其他同学出谋划策，帮助他们获得成功。我们班的赵某同学总爱啃指甲，班里“小小智囊团”的同学就在他的铅笔盒上贴提醒纸条，鼓励他上课多举手发言，提醒他不发言时把手放在背后，一个月后，他真的改掉了这个坏习惯。

——韩冰《蓬勃向上的集体　健康成长的足迹》

从上述例子中我们看到，随着班级文化建设开展，班级文化建设给孩子们带来了无尽的激情和欢乐，给老师们带来的是感叹和惊喜，给班级带来的是积极向上的氛围，而给学校带来的是师生新的精神风貌与心灵的成长！学生一旦置身于班集体的特色文化氛围之中，他们的思想观念就会受到潜移默化的影响，日积月累就会形成一种与班级文化相融合的价值观。由此可以看出，班级文化建设意义非凡。

总之，通过一系列的文化建设，班级的凝聚力、向心力得以提高；学生的集体荣誉感增强，每个人都为小组为班级的荣誉而努力。班级文化做得越好，班级战斗力就越强。各班还建立伙伴评比榜、表彰合作之星，使一对小伙伴同时受到表扬，给学习小组注入了持续发展的动力。为了营造高效课堂的环境氛围，让每一面墙壁“说话”，设立阅读之星、读书吧等小栏目。六年级 3 班、4 班两位班主任还把全班的全家福贴在教室的门上，营造一种每个人都为班级更棒而努力的氛围。班级文化建设无疑成为高效课堂行动研究的有力推手。

下面请看我校优秀班主任韩冰老师在班级文化建设探索中总结出的几点体会。

班级文化建设助力“三高”课堂

营造氛围，在活动参与中构建充满个性的班级精神文化。开展主题班级活动时，为学生提供充分发挥他们想象力、创造力的舞台，让他们的活力得到释放，个性得到张扬。通过竞选、评比，让学生轮流承担活动的组织工作，同时让尽可能多的学生参与到活动的设计、准备和组织中来。这种在活动过程中体现出来的班级精神文化，成为了培育人才所具有的独特财富和资源。

如在2012学年六年级3班两次精彩的班级文化展示中，学生尽显其才，钢琴四手联弹、吟诵古诗、管乐合奏、布艺贴画等。班主任韩冰主动放手只把主题和时间告诉学生，将策划权交给学生，让各小组自报主持人、出方案。两天后，同学们评选出最佳方案。然后，这个计划在主持人的组织下进一步分工负责，积极准备，成熟后，在各小组长的带领下开展活动。

开发潜能，在班容美化中创建富有特色的班级物质文化。好的班级文化建设形式要活泼、美观、大方，展示内容要丰富、益智、怡情，还要体现学校的办学理念，达到润物细无声的效果。布置教室时要考虑到学生在不同年龄阶段身心发展的特点，教室布置的内容、形式要适合学生年龄阶段和知识层次。对于低年级的学生来说，形式上要活泼一些，色彩上要鲜艳夺目一些，格调应充满趣味，文字内容要浅显易懂。如一些卡通形象、趣味纸艺、涂鸦作品，包含教育寓意的儿歌等，这些更能引起学生的注意。对高年级来说教室的形式要庄重一些，色彩要素洁一些，格调要高雅一些。

班容美化活动让学生学会了分工、合作与统筹。教室外面的文化墙由希望小组负责，墙报由超越梦想小组负责，后黑板报由快乐天使小组负责。再如“读书角”让知识成为信仰，“生物角”让严谨成为习惯。“生物角”上有同学们自主设立的植物管理员手册。手册内有约定的管理员守则：(1)不得违背植物生理需要。(2)植物管理员必须具备一定的植物知识。(3)必须虚心接受同学提的合理建议。还有管理员工作常规：(1)吊兰每天必须浇水，晒太阳。(2)仙人球一月浇水一次。(3)蝌蚪两天换一次水，换水时蝌蚪不离盆，水需是晒过的水。(4)鱼食需碾成粉末，每次少许。在各植物盆前，还放着心状、五角星状的牌子，上面书有“我身上有刺，小心哦”、“请不要欺负我，谢谢”等警示语。学生们的自信、爱心等良好的精神风貌，可见一斑。

自主管理，在平等交流中建立规范开放的班级制度文化。班规是养成好班风的重要的制度保障，而班规的制定，是全班师生的共同事情。陶行知说过：有时候学生自己共同所立之法，比学校所立的更加易行，这种法律的力量也更加深入人心，自己共同所立之法，从始至终，心目中都有它在，平日一举一动，都为大家自立的法律所影响。所以自己所立之法，大于他人所立之法；大家共同所立之法的力量，大于一人独断的法。因此，学生自己制定的班规会得到自觉的认真执行。从“要我做”变成了“我要做”。

在班级制度中还要明确奖惩条例，有合理的监督机制，执行过程中要公平、公正。如六年级3班搞班务公开，经讨论决定实行每日点评制。每天的第一节课前，值日班长都会对昨天的各项情况进行点评。同样，谁在哪个方面表现突出，经提名，得到公认后，可以在光荣榜上贴照片。然后，严肃而神圣地把班级日志递交给今天的值日班长。当然，值日班长人人都可以轮当。处理好班内“家”事后，国事天下事也需知晓，因此，在班务点评完后，每天还得进行新闻点评，把自己认为最重要的一条新闻讲给大家。

学生的管理是活跃又微妙的，丰富又具体的。在这种班级制度文化的影响下，学生能积极参与班级管理，把工作视为一种满足，大家能互相平等地交流，且愿意实行自我管理，班级制度也逐步内化为学生的自觉行为。

——韩冰

在班级文化建设中，我们还进一步完善了小组评价，助推三高课堂的小组合作学习。小组评价是小组健康发展的有力指挥棒，评价得当，小组就会蒸蒸日上。黑板的右边一竖条记录着1～18个小组的情况，后边画正字，彩色是加分，白色是减分。每节课老师都会根据组员的参与情况、发言情况、学习结果、互帮互助情况进行观察、比较去加分或减分，每节课老师都要做出适当的评价。班里专门有一个人记录每天的得分情况，每周做一次总结，每月根据得分会评出5～6个优秀组，评出最佳学习伙伴，写出大红榜，贴在班级门口，还会有额外的物质小奖励。每月还要评选校级奥林匹克合作之星，学期末评选奥林匹克智慧之星(详见奥林匹克“三高”课堂模式图)。这种有持续性的评价作为一种长效机制，进一步激发了学生小组合作的信心和决心，孩子们的小组合作有了动力，为课堂的高效打下了坚实的基础。

第三节 累累硕果，激励探索

转眼，我校开展高效课堂教学模式探索已有几年时间。“三高”课堂一切以学生为中心，以快乐学习为根本，让学生在快乐的学习氛围中，在积极的思维碰撞中，在自信的交流发言中学习到丰富的知识，实现高参与、高效益、高活力，使学生的学习真正落实到“三学”：肯学、想学、会学。自2011年9月，我校开始在全校学生中大规模开展伙伴互助“三高”课堂学习方式探索以来，学校实现了快速发展，收获了累累硕果。2012年，《北京市海淀区羊坊店中心小学伙伴互助“三高”课堂学习方式学生问卷调研报告》获得北京市基础教研论文一等奖。历经五年的探索后，我校伙伴互助“三高”课堂模式探索研究成果获得了海淀区第九届教育科研成果创新奖，受到海淀区教科所的高度赞扬。学校的达标课堂调动了班级的内驱力，激发起学生争创达标班级的热情。2014—2015年度，全校34个教学班都获得了达标课堂的称号。然而，更重要的是，通过“三高”课堂模式的探索，师生共同获得了发展，学校声誉得到显著提升。

一、模式改变引发教师改变

伙伴互助“三高”学习模式的应用，给课堂注入了新鲜血液。关注到了学生的潜力，给教师和学生一个更大的学习空间。教师动起来了，他们努力改变固有的教学模式和思维模式，把时间还给了学生，把讲台和黑板变成了学生锻炼的舞台。下面几个案例充分反映了我校教学模式改变引导教师改变的情况。

收获“高效课堂”累累硕果

本届六年级学生，是最早接触高效课堂的一批学生，也是受益最大的一批学生。高效课堂的教学模式经过几年的探索实践，学生们已经完全接受并喜欢上了它，“我的课堂我做主”，学生已经把课堂当作了展示自己的舞台，从课前的充分预习，到课堂上的积极展示、大胆发言，再到课后的及时检测，每一个环节的处理，学生无不轻车熟路，积极主动。他们真正做到了把学习当成了自己的责任，把自己当成了学习的主人。

在我们的课堂上经常可以看到这样的情景：学生作为小老师站在讲台上娓娓道来；各小组因为观点不一致，各抒己见，旁征博引，互不相让；小组内交流看法，或窃窃私语，或批注圈画，场面温馨……一节课，自始至终，都沉浸在浓厚的学习氛围中，学生始终都处于主动学习、主动探索的状态。

本学期一开学，我们六年级就紧紧围绕“做最好的自己争做优秀毕业生”的主题开展了一系列的活动，这是我们前进的口号，也是我们奋斗的目标。在推进高效课堂方面，我们也不甘落后，大胆推进。六(1)班语文、英语申报高效课堂达标课堂达标；六(2)班在“一家一师”个性化课题研讨中做语文高效课堂展示课；六(3)班数学、综合实践申报高效课堂达标课堂达标；六(4)班语文、综合实践申报高效课堂达标课堂达标。最可喜的是，六(3)、六(4)两个班把学校规定的四门课程全部达标，成为了我校第一批四科全部达标的班级，接受了学校颁发的“达标班级”锦旗。这无疑给学生一个巨大的鼓舞。

时光如梭，对于这批孩子，小学那美好的六年生活即将进入尾声，然而我们培养学生的自主、自信、勇敢、合作等好习惯、好品质将是学生永远的财富。孩子们，请珍惜现在，“做最好的自己，争做优秀毕业生”创品牌年级，我们一起努力！

——张丽

践行高效课堂，让数学课花开满园

《数学课程标准》要求学生学有价值的知识，有实用性的知识，促使学生的发展，提高课堂教学的有效性。高效课堂正是契合了数学课程标准的一种课堂模式，那就是老师教学理念必须高效；学生所获必须高效。归纳起来就是高参与，高活力，高效益。

在践行高效课堂的路上，我的感悟很多很多：

首先，课前准备要充分。我们知道，没有预设的课堂是放任的，也是杂乱无章的，必然也是低效的。要创造高效的课堂，充分利用好这四十分钟的每一秒，充分的课前准备就显得非常重要了。在课前我要求自己的预设要充分、目标掌握要明确，既要预设一些浅层次的要求，让学生能够循序渐进，掌握基础知识和基本技能，也要制定一些可以进行课堂延伸略带挑战性的练习，让学生的知识范围和学习能力有提高的可能。

其次，课堂气氛要活跃。要想课堂真正高效，必须正确认识师生关系，真正放下架子走近学生，成为学生平等的合作者。合作意味着参与，意味着一种师生之间的共同体验，从而可以使学生生成新的知识和技能。这就要求教师要从讲台上走下来，全身心地融入到学生中去。与学生一起交流，与学生一起活动，让学生在教师这里获得尊重和认可，让学生在班级获得归属感，学生在课堂上畅所欲言，敢想敢说敢讲，从而建立起有利于个性发展的课堂气氛。

总之，数学教师就是要将我们的数学课堂变成真正人文的，灵动的，现实的，焕发生命活力的舞台。在这里，只有智慧与智慧的碰撞，心灵与心灵的交融；在这里，每一个人都能感受到自己的存在，每一个人都能拥有自己的尊严，每一个人都能感受到自己生命的成长。

——王宏伟

二、学生喜爱，家长认同

课堂教学方法、模式发生了颠覆性的变化，同学们对高效课堂的感受如何，他们喜欢这种改变吗？

2012 年 1 月和 7 月，我们分别开展了有关伙伴互助“三高”课堂学生学习方式的问卷调研，分别对 3～6 年级和 3～5 年级的学生进行了问卷采访。调查的内容包括：学生基本信息，不同课堂学习方式与效果，学习习惯与效果，对教师的评价，对学师学友的评价等。通过问卷调查对阶段性效果进行了综合评价，同时探讨了如何进一步完善该学习方式，并对教师的教学方法和学生的学习方法提出建议。调查结果如下。

1.“学师”女生的比例明显高于男生

调研数据显示学师中女生的比例明显高于男生，说明小学阶段女生的学习成绩总体优于男生。由于小学阶段，男生发育相比女生晚两年左右，因此女生在阅读、写作、语言交流等方面的能力普遍好于男生，其自制力及专注力也好于男生，因此女生学习成绩相对较好。老师及家长应尊重小学阶段男女生发育时间存在差异的事实，对学习成绩较差的男生应抱有更多的耐心，要爱护他们的自尊心，对他们的进步要多鼓励，使之不掉队。专家研究表明，随着男生发育的渐渐成熟，他们发展的后劲很大，但前提是男孩儿在发育之初，其自尊心和自信心没有受到严重伤害。

2. 年级不同，课堂学习方式、效果不同

调研数据表明：学生在三、四年级时，由于自主学习能力不强，仍然对老师有较强的依赖性，因此在课堂上希望老师多讲一些的学生所占比例较高，占 21％。而进入五、六年级，学生明显不再满足于“老师讲学生听”的课堂教学方式，希望增加互动交流方式的学生比例大幅增加。

65％的同学认为课堂集体讨论非常必要，但其中只有 48％的学生愿意表达自己的观点，近一半的学生自己有观点却不敢说或不想说。这一方面与学生的个体差异和学习能力有关，另一方面说明有相当多的学生表达能力存在欠缺，需要老师更早、更多地关注学生在逻辑思维、总结归纳及口头表达能力方面的培养，多给表达能力不强的同学机会、鼓励和指导。同时，老师可在伙伴互助“三高”课堂学习方式中有意识地增加小组讨论及分组辩论的环节，逐步提高学生的兴趣和技能。老师应对小组合作学习的内容和形式进行充分的课前准备；对学生的回答和展示应及时点评，指出不足，鼓励优秀；对学生有疑问的问题应进行明确答疑。

3. 67％的学生对“三高”课堂持正面评价

调研数据显示：在伙伴互助“三高”课堂学习方式中，有 60％的学生认为能够经常体验到成功感，有 67％的学生心情感到愉悦，说明伙伴互助“三高”课堂学习方式让多数学生受益。但应该注意到有 13％的学生在活动中没有体验到成功感，33％的学生感到烦躁或郁闷，其原因还应做更深入的调研。老师在伙伴结对时除可让学生进行自由组合外，还应从学生个性、爱好、学习差距等多方面考虑组合的合理性，使伙伴之间能够和谐快乐相处，达到长期互助的目的。比如，让班里的尖子生与中等生，中等生与学习较差的同学结为学师和学友。由于两人成绩差距不是很大，学习习惯差异也不是很大，因此学友不会感到心理落差过大，学师也不会感觉帮扶难度太高，这样有利于增加双方的成功感和愉悦感。同时，老师在课堂上应及时肯定学师的指导作用，鼓励学友的进步。

4. 九成学生养成预习习惯，七成学生预习质量较高

调研结果印证：三至六年级学生中，已有九成养成了预习习惯，近九成学生认为预习对学习有帮助，而且七成学生的预习质量较高。学生在课堂上遇到难题时，有七成学生喜欢自己或与同伴一起解决，而不是直接问老师。同时，有六成以上的学生在解决完一个问题后，会试图寻找其他方法解决，特别是六年级有45%的学生经常寻找其他方法解决问题，说明学生的自主学习能力逐渐得到了提高。他们更喜欢探索性的学习，而不是简单的填鸭式的学习方法。从学生喜欢的作业类型可以看出，他们不喜欢机械重复的练习，更喜欢“活”的东西。他们希望在具有挑战性和探究性的实践中学到知识，提高创造力，展示有个性的作业答案。作业及考试中有错题说明学生对该知识点掌握不牢固或不灵活，老师需要督促学生养成建立错题本、及时修正错题、在考试前重点复习知识弱点的习惯。（详见附录二：冯晓燕《北京市海淀区羊坊店中心小学伙伴互助“三高”课堂学习方式学生问卷调研报告》）

很多学生对我们的三高课堂给予高度首肯。六(1)班郭香廷同学对此深有体会。

“三高”课堂培养了我们良好的学习习惯

本学期，我们学校继续伙伴互助高效课堂的模式探索。经过老师和同学们的共同努力，我们的语文、数学、英语都已达标。经历了四年的高效课堂探索，我的感受很深。下面我和大家分享一下我对高效课堂的感受：

高效课堂增强了我们的自信心。让我们在课堂上敢于举手，敢于发言，大家都相信自己只要做到：百分之百的努力加上战场上百分之二百的表现。这就是成功的关键。

高效课堂培养了我们良好的学习习惯。每次要学习新课时，老师都会留一项预习作业。以语文作业为例，这项作业包括预习新课的生字、词语和句子，还有了解本课的主要内容和查阅作者背景的相关资料等。其中，有一项作业要求绘制思维导图，能引导我们更加深入地了解本篇课文的结构及中心思想。在课堂中，还可以根据同学们各自绘制的思维导图，进行分小组讨论，互相交流各自的心得。这不但提高了我们的学习效率，而且激发了我们的学习兴趣。

高效调动了我们在课堂中的活跃性。在高效课堂中，老师们会用多种多

样的教学方式来调动我们的活跃性。比如，在数学课上，由同学们当作小老师，带领大家动手实践，做各种数学模型，来帮助我们更加直观、生动地理解其数学意义。以前有一些同学害怕举手发言，但在高效课堂活跃、热闹的气氛中，大家克服了紧张心理，积极、踊跃、大胆地发言。

如今，我们六(1)班的好多同学都能像小老师一样，站在神圣的讲台前侃侃而谈。高效课堂就像神奇的魔法一样，能帮助我们轻松地克服学习中的困难，改善我们的学习习惯，大大地激发着我们的学习兴趣。

——六(1)班　郭香廷

说一说我们的“三高”课堂

近几年我校一直在进行高效课堂教学模式的探索，刚开始的时候，我只是知道“高效课堂”这个词，怎样才算是高效呢？它到底是怎么一回事？我就这样怀着既好奇又期待的心情走入了高效课堂。

高效课堂是一种全新的学习方法，能使学生有效地、高效率地在课堂上发挥自己的积极性。本学期我们又上了一节公开课，把高效课堂的意义体现得淋漓尽致。我们上的课的名字是——《我的伯父鲁迅先生》，课前大家预习得相当充分，有的人补充名言，有的人补充人物，还有的人虽然一时不知道该说什么，但也来努力想补充上自己的意见。

开始上课了，张老师先把话题引出来。让同学们相互交流探讨，准备小组补充发言。大家争先恐后地举起了手，想要回答问题。张老师点了一个小组，剩下的小组不但没有灰心，并且仔细地听那个组的发言，看他们说错了什么，漏说了什么，然后好给他们补上。最后，张老师为了使我们加深对鲁迅的认识，找了一篇臧克家写的《有的人》，请了两位朗诵有感情的同学把它来读一读，两位同学读得有声有色、声情并茂，使我们真正体会到了鲁迅忧国忧民、不怕迫害的精神，我们也在鲁迅高尚精神的熏陶下结束了这堂课。

开展高效课堂活动锻炼了我们自主学习的积极性，活跃了我们的思维，让我们更积极地发言、更积极地去思考。我发现，同学们的学习比以前更主动了，对学习的兴趣更浓厚了，同学们为了在课堂上回答问题，主动在课后收集更多的资料，进一步扩大了知识面，同学们的学习效率也都有了较大的提高。

这就是我们的高效课堂，它使我们的学习生活更加精彩，它是属于我们的学习殿堂！我喜欢高效课堂！

——六(2)班 仝可忻

我们的课堂在变化，学生变得神采奕奕了，变得快乐愉悦了。他们在课堂上敢于表达自己的见解了，变得勇于思辨了。可以说，伙伴互助“三高”课堂让学生变得更加自信的同时也让他们懂得了团结协作。对此，家长们感言：“看到孩子的变化，感到震惊！看到每个孩子都积极向上，充满活力，孩子比以前更大胆，更自信了，孩子在这样的学校学习，我们家长放心！”

苏格拉底说：“教育不是灌输，而是点燃火焰。”教育的起点应该立足于人的成长的基本形式。课堂叫什么名字并不重要。我们的至圣先师孔子兴办私学，他的课堂幕天席地没有名字，可是他弟子三千贤者七十二，他的大名为世人敬仰。古代的私塾模式看似刻板，可是依旧出了如此多的贤达之士，流传下来的书籍更是浩如烟海。课堂的模式不重要，重要的是课堂上有没有发生了真正的学习行为。什么样的课堂才是我们追求的课堂呢？那一定是没有一个学生的思维游离于课堂之外，即没有一个学生是课堂的旁观者。在课堂上，教师给学生预留了足够的思维空间和展示平台，通过调动学生的一切感官，去激发学生自身的潜能。让每一个学生的眼睛都是亮亮的，让每一个学生都敢于发表自己的见解，让每一个学生的脸上都有求知的喜悦。这样的课堂就一定是有生命力的课堂，是我们追求的高效课堂！

三、引来专家不断点赞

我们的“三高”课堂的影响越来越大，不断被专家点赞。仅在2014—2015学年第一学期，学校就接待数批专家、同仁来访。

2014年10月21日，我们接待了教育部“国培”安排的校长助力工程校长培训班。16位校长先后观摩了韩冰、关元元、栾红艳、赵丽娜、陈明、李凯悦老师的课堂教学。

2014年10月22日，海淀区个性化课题“一师一家”活动负责人张干萍主任、小教研语文研究员梁华教授等专家来到我校，张丽、郭冬燕老师代表学校进行课堂展示。听课后梁华教授对两节课上学生的独立思考能力、网络提取资料学习运用能力大加赞赏。课堂呈现思维的多元化，课前预习与课上学习相结合，老师的落脚点在学生的需求上，一切都是为学生服务。专家现场评课，学生的语言表达能力、质疑补充能力已经达到了一个新的高度。郭冬燕老师执教《三角形的面积》一课获得海淀区一等奖，张丽老师执教《我的伯父鲁迅先生》获得海淀区二等奖。

2014 年 10 月 24 日，全国高效课堂协作网的 60 多位来自全国各地的教师、校长来我校观摩。李晓芳、李雪、瞿萍老师进行课堂展示，冯晓燕副校长对学校课堂探索的过程做了专题讲座，老师们的课堂真实、生动。学生的思维有深度，获得了观摩教师的好评。

2014 年 12 月 5 日，海淀区小教研下校听课。安洪洋、栾红艳、张亚妮、李晓芳老师进行课堂展示，小教研的专家还听了张辉、关元元、郭冬艳、王宏伟老师数学课和刘艳英老师的英语课。小教研下校听课使我校借助专家的力量帮助我们诊断课堂，教研员梁静老师听完张辉老师的课后，由衷的感叹老师勇于从前台退下来是很可贵的！赞扬我校学生语言表达条理清楚，自信大方！

2014 年 12 月 29 日，成都科华小学一行 8 人来学校交流观摩，与李校长就学校文化建设进行座谈，冯晓燕主任介绍了学校课改的情况，观摩了武淑红老师的科学课，对科学课中思维导图对学生的思维影响赞叹不已。

在现场观摩了“三高”课堂之后，各位专家与家长对“三高”课堂给予了高度评价：

海淀区教科所张干萍主任评价：“学生的语言表达能力、质疑补充能力已经达到了一个新的高度。”

高效课堂秘书长于新北观摩羊坊店中心小学伙伴互助高效课堂后非常激动，当场留下 10 条感言：“一是震撼；二是享受；三是欣慰；四是感慨；五是佩服；六是惊喜；七是赞叹；八是想学；九是如痴如醉；十是回味无穷。”他说：“羊中心低年级段的探索，在全国都是领先的，在孩子还小的时候，就让孩子打开心扉敢于表达，羊中心的教师做了一件功德无量的事！”

江苏新华小学校长说：“让我看到了学生为主体，教师主导的理想课堂模式，更让我们惊讶学生智慧的火花和灵感，伙伴互助学习的高效课堂真正为学生提供了一个主动参与，展现自我的平台。”

四、反思不足，再攀新高

“不畏浮云遮望眼，只缘身在最高层”。王安石这句诗道出了一个真理：

实践上的成熟源于理论上的清醒。过去，在小学教育课堂改革纷繁复杂的境况下，李冬菊校长带领我们飞越迷雾，找到了有效推进高效课堂的好办法。当老师们的教学探索遭遇坎坷迷茫困惑之际，我们的李校长目标坚定、勇往直前，为创建高效课堂呕心沥血地寻求出路。当伙伴互助“三高”特色的高效课堂初见成效时，我们的李校长没有盲目地乐观，而是极具前瞻性地思考着未来发展之路。

伙伴互助“三高”课堂学习方式是通过爱心结对、互助奉献，让教师与学生互动，学师与学友互助，在互助中学习知识、增长智慧，在互助中锤炼品格、提升素质，充分反映奥林匹克教育精神“和谐与超越”的教学。经过5个学年的课堂实践，以“三高”为特色的我校高效课堂改革成效斐然。这让我们有充分的信心眺望明天的风景。

百年大计，教育为本。计利当计天下利，不必争一日之短长。课堂教学改革也不能过于急功近利，我们对高效课堂的追求是一个长期的过程。课堂的高效也有一个动态的衡量准则，我们对伙伴互助“三高”课堂学习方式的探索不应有休止符。目标锁定永远都应是下一个。我们理想的课堂是：智慧与育德一体，解惑与乐学并驾。

人之所以被莎士比亚借哈姆雷特之口誉为“宇宙的精华，万物的灵长”，就是因为人类拥有永不枯竭的探索未知的学习认知能力。在教学实践中，我们的老师归纳出学生学习的三种方式：独学、对学、群学。在追求高参与、高活力、高效益课堂的探索中，我们找到的课堂“三高”学习模式，其实是紧紧抓住了“对学”这个落实高效教学的关键抓手，再辅以老师启智、解惑的“群学”杠杆来保障教学公平，然后再通过引入当堂测评机制来促进学生的“独学”。如果我们做好了对课堂内“独学、对学、群学”的优化与掌控，那么就可以自豪地说：“三学”在手，课堂无忧！

国学大师陈寅恪认为一个高素质的人最应该拥有的两样东西，那就是：独立之思想和自由之精神。就这一教书育人的完美理想来看，我们倡导的“独学、对学、群学”这“三学”中，只有“独学”方能担当起这一涉及人的根本性发展的重任。世界上，没有一种宗教不讲人的个体修行，学习也是一种修行。中国儒家特有的一个修身概念就是“慎独”。“独”是独自面对、独自探索的学习状态，也含有独自担当、独立不改的精神追求。“慎”是一种谨严认真的求知态度，还蕴含着一种不盲从、质疑的能力。而在我们课堂“三高”高效课堂模式中，学生的“独学”恰是软肋，仍停留在一个自主预习的水平上。这就成为我们今后持续推进高效课堂探索的目标和动力！今后，我们的教育目标应致力于把学生培养成一个善于学习、勇于求知、敢于质疑的人格健全、敢于创新的人。

此外，伙伴间的“对学”也还有改善提高的空间。如何让伙伴成为“切磨箴规”的良师益友，如何让伙伴互助组演变成学习共同体乃至进化成志同道合者，这是摆在我们面前的新的研究任务。

我们的老师总有这样的心愿：多年以后，当我们的学生已为人父母、师长的时候，他们依然能记起羊坊店中心小学的老师让大家找伙伴结对学习的那份美好！

庄子说：“吾生也有涯，而知也无涯。”我们对“三高”课堂真谛的探索也将永无穷期。

6 第六章　培养国际素养的小公民

教育国际化是我们面对现代化进程的必然选择，培养学生的国际素养是各级各类学校必须要担负的重要任务。什么是国际素养？国际素养就是具有全球视野、全球胸怀；具有交流、沟通的能力；具有生存和发展，即跨文化的生存能力；具有解决问题，创造价值的能力。国际素养是人才素养的一个重要组成方面，也是经济全球化的大趋势所要求的现代人才的基本素养。培养学生的国际素养有利于学生适应时代的要求，基于此，我们学校的育人目标是培养具有国际素养的小公民，培养具有独立精神和全球化视野的高素质的小公民，让每一个孩子都具备一个信念：热爱地球村的家园——祖国；具备两种精神：科学精神和创新精神；具备三大意识：责任意识、超越意识与国际意识；具备“四自”品格：自律成长、自尊成人、自信成才、自强成功。

第一节　注重习惯养成，培养公民素养

叶圣陶先生说过：“什么是教育？简单地说，就是养成习惯。”教育从它产生的那一天起，就承担着传递社会风俗习惯的职能，我国古代教育把儿童习惯的培养放在极其重要的地位。习惯是一种力量，习惯伴随人的一生，个人的习惯一旦转化为千百万人的共同习惯，就会成为一种社会习惯和社会风俗甚至成为一种民俗习惯，其对人具有很大力量。教育是有目的培养人的活动，就更应该关注学生良好习惯的培养。也就是说从一定意义上讲，习惯是素质的体现，素质是习惯的综合。因此，学校教育既要引导学生掌握知识，发展能力，培养正确的思想、价值观、情感与态度，也要培养学生形成良好的学习习惯、生活习惯和行为习惯，培养学生良好的行为习惯，对学生的发展具有重要意义，也是我们学校教育的重要任务。因此我校注重对学生的常规养成教育，把养成教育作为我校教育的根本任务和主要内容，我们的育人

目标是培养具有国际素养的小公民，学校注重“四自品格”培养，通过办学理念来促进学生行为习惯养成，制订了《羊坊店中心小学养成教育方案》，重视学生的日常行为规范训练，做到内容落实，重点突出，从“自律成长”做起，重在培养学生的进校文明、课间文明、放学文明，倡导每一名学生做文明的羊中心人。

一、进校、放学彰显文明素养

中国素有“礼仪之邦”的美誉，礼仪作为中华民族传统文化中的一个文明标志，源远流长。早在周朝时期我国就形成了一套完整的礼仪制度。经过几千年的日积月累和日熏月染，礼仪已经深深地融入民族文化之中，成为中国人的民族性格和文化心理的重要组成部分。学校作为青少年文明礼仪行为养成的重要场所，是社会主义精神文明建设的重要阵地，因此，对学生进行礼仪素养教育，既是继承和发扬中华民族优良道德传统的重要组成部分，也是学生自身成长的需要，更是顺应时代发展、传承文明，建设社会主义精神文明的需要。

进校和放学是学生一日学习生活必须经历的两个环节，同时也是学校面向社会的进行展示风貌的窗口，我们紧紧抓住进校和放学两个环节，培养学生的文明素养，展现礼仪风采。我们要求学生每天早晨佩戴好红领巾、小黄帽，见到老师能规范行礼，主动问好，声音洪亮，在师生礼貌的问候中开启学生一天的学习。放学的时候要求各班凸显班级文化特色，喊出独有的放学口号。

刚开始的时候，进校、放学效果很不理想，有些学生不戴红领巾、小黄帽，和老师问好声音很小，有的学生敬礼姿势不正确，更多的班级放学时急匆匆，队伍不整齐，更没有口号。

为了让进校、放学这两个窗口能展现出学生的风貌。我们从以下几点入手：第一，以“红领巾你是我的骄傲”为主题，开展重温少先队知识，让学生懂得红领巾的含义，明白佩戴红领巾是队员的光荣；然后我们设立了红领巾志愿者在校门口微笑迎接学生，并提示那些没有戴红领巾的学生，渐渐地，每一名学生都能配戴鲜艳的红领巾走进校门。第二，学校以礼仪节为契机，以学会问好为主题，教会学生进校如何和老师问好，和同学问好；校门口的教师志愿者更是每天早晨七点就来到校门口，以洪亮的“同学好！”“你好！”来迎接学生进校，榜样的力量感染了学生，他们问好的声音变大了，变自信了。第三，利用升旗仪式和队会时间，专门教给学生怎么敬礼，每次升旗练习1分钟，并聘请敬礼规范的学生到各班去示范，不到一学期，学生的敬礼非常规范，立正站好，五指并拢高举头上，胸前飘着红领巾，别提多精神了。第四，学校为每个班定制了特色放学班牌，学校对举班牌的学生进行集中培训。让班主任利用班会时间带领全班学生制定班级目标、班级口号，并做成小展板贴在教室门口，要求每天放学前一分钟全班练习口号，放学时，学校领导在大门口护送学生，为那些队伍整齐、口号特色、声音洪亮的班级加上一朵小红花，并评选文明放学优秀班级进行表彰。

现在每天放学时学生不光队伍整齐，连放学口号也各具特色，放学路队各班有序，首尾相接，口号内容各不相同，有说英文的，有强调安全的，有高呼班训的，不同年级班级的口号各具风采。例如，一(3)班的口号是"我快乐我知礼我把礼仪带回家"；三(4)班的口号是"阳光体育班级，更高更快更强"；五(5)班的口号是"齐进步，共努力，互帮助，永争先!"；六(3)班的口号是"一天比一天进步，做最好的自己"。同学们每天喊着自己班级的特色口号，带着自信、快乐、健康一起回家，成了一道亮丽的风景线。

学校重视文明礼仪素养教育，我们的家长更是不放松，下面让我们看看他们的做法：

作为家长想得最多的就是怎样的孩子是优秀的，怎样培养孩子才能让她更优秀。其实无论在什么时代、什么国家，文明礼仪好的人都是受到欢迎的，别人看待的眼光会不一样。所以在我的教育理念里面，何时排第一的都是文明礼仪！告诉孩子，在你和任何人说什么之前必须要先说：您好！然后再说后面的事情。如果他人帮助了自己，要真诚地说"谢谢"。当然，首先自己要给孩子做好榜样，一起遵守。告诉孩子，待人接物一定要真诚，你真诚地对待别人，别人才会真诚对待自己！

在人才济济的时代，光凭成绩优秀，你能确定孩子的将来会过的特别好吗？但是一个身心健康、善良 、宽容、有着良好文明修养的孩子他的未来一定是开心的，光明的，一定会受到大家的认可和欢迎！而我们中国的素质教育也结结实实地提高了！我们的下一代也更加兴旺了我们祖国的新形象！

——三(1)班　张可馨雅家长《文明礼仪帮助孩子更优秀》

文明礼仪是教育孩子的必修课。良好的文明礼仪行为会提高孩子的道德修养，懂得礼仪的孩子才会受到大家的欢迎。因此我觉得文明礼仪要从日常生活的点滴做起。

首先，父母要做到以身示范。文明礼仪教育应当从小抓起。父母是孩子的第一任老师，而孩子是父母的镜子。父母的一举一动、一言一行，每时每刻影响着孩子的成长。父母就是孩子的榜样，要想让自己的孩子礼貌、谦和、大方，做父母的就应以身作则，时时处处给孩子做表率。

教育孩子懂得爱与感恩。孩子从小到大与我们朝夕相处，父母既是长辈也是朋友。我们可以在日常生活中渐渐培养孩子的文明礼仪行为。教育孩子热爱自己的家庭、尊敬父母亲人、尊敬老师、团结同学和朋友。

小树要浇水、修剪枝杈才能长成参天大树。我们的孩子就是一棵棵小树苗需要我们耐心、细致、认真地呵护，不断修剪枝杈才能茁壮成长！

——四(5)班　赵以轩家长《文明礼仪从我做起》

十年树木，百年树人，学校抓进校、放学礼仪教育，展羊中心师生风采，使学生的礼仪养成教育得到落实，形成了良好的班风班貌，让公民素养教育真正地落到实处。

二、自觉晨练，让锻炼成为习惯

目前，由于生活水平的提高，物质生活的丰富，越来越多的小学生基本上没有了家务劳动。他们的衣食住行也较以前实现了“现代化”，他们唯一的体力活动就是学校的体育课。其次是部分家长和老师只重视学生的文化学习，不重视孩子的体育锻炼，大部分学生的身体状况令人担忧，因此培养小学生体育锻炼的习惯对他们的健康、生长、发育等有着十分重要的促进作用。为了提高学生的身体素质，让学生养成自觉锻炼的意识，结合学校的教育特色，学校重视每一个学生的体质情况，发起“跑向奥林匹克——象征性晨走晨跑”活动。

活动刚开始实施的时候，很多学生不愿意到操场去训练，每天到校后就偷偷地去教室，操场上锻炼的学生有穿越跑道的，有在主席台玩要的，没有起到自觉锻炼的目的。

为了提升晨练质量，我们认真分析晨练活动的优势和问题找准提升点，从多方面入手提升晨练质量。首先每班下发了一个红领巾志愿者的绶带，倡导班主任确定小小志愿者，发挥志愿者自觉服务的意识，提醒班级每一位学生到校后按时晨练，现在早晨的时候，教师志愿者、学生志愿者纷纷出现在操场，维持学生晨练的秩序。其次为学生晨练做好保障，安排工人把小柜子装订到操场的墙边，学生到操场后，把书包有序的放在小柜子里，既干净又整齐。我们还选择一些适合学生的跑步、走步的音乐在大家晨练时放一放，学生听着轻松有节奏的音乐，晨练的积极性更高了，也有序多了。现在全校上下都掀起了晨练的高潮，老师们积极投身晨练中，以实际行动引领学生们晨练，老师们的参与带动了学生，她们参与的积极性更高了。最后，为了巩固晨练效果，尽快养成有序晨练的习惯，学校德育处进行每日一广播。在每天晨练结束后，利用全校广播鼓励、表扬积极、有序晨练的学生和班级，同时对出现的问题一一进行引导，并评选晨练优秀班级颁发奖状进行表彰，树立榜样的作用。

常年的晨练活动，带动了学校师生 90%以人的积极参与，学生已经初步养成了自觉锻炼的好习惯。下面来看一些学生自己的心得体会：

让我们一起锻炼吧！

每天早晨，还没等小闹钟唱起晨曲，我便抢在它前面睁开了眼睛，“今天是我坚持‘晨走、晨跑、晨练’的第 24 天了。”

操场上三三两两，有的慢跑，有的快走，有时她还和同学来个比赛，虽然满头大汗，但一点儿也不觉得累。早晨的锻炼使她一天都神清气爽，一天的学习都备感轻松。

我非常喜欢这项活动，并且一直坚持了下来。我觉得学校开展这项活动非常好，锻炼了身体，还让我们养成了早起的好习惯，更重要的是培养了我们持之以恒的好习惯，做事要有毅力，只要坚持就会有收获。我会坚持，加油，再坚持！

快加入到我们的队伍中来，让我们一起锻炼吧！

——三(2)班　王乃芊

晨走晨跑让我更健康

我是一名一年级的小学生了，学校的生活丰富多彩，每件事都那么新鲜有趣！

特别是每天上操前，老师都会带领我们在操场上晨练。晨练的时候，老师都会让我们在操场上先快走或者慢跑两圈，然后再排队做操。刚开始的那两天，走一会儿腿就累了，越走越慢，越走越不想走，为了不落队才坚持下来。后来，腿好像越来越有力量了，走起来不费劲儿了，而且全身都暖洋洋的，接下来做操也特别有力气。现在，我每天都盼着晨走慢跑，呼吸着校园里的新鲜空气，心里有种胜利的感觉！

老师说过，健康是一种财富，只有每天坚持锻炼才能健康，只有拥有健康才能快乐地生活在这个美丽的世界上。我想我以后一定能克服各种各样的困难，做一个健康的男子汉！

——一(1)班　龚熇丁

老师们也积极投身晨练中，以实际行动引领、带动了学生的积极性，在全体师生的共同努力下，我们的晨练工作越来越有成效，同学们来到学校都能自觉到操场进行晨练，我们还选择一些适合学生的跑步、走步的音乐在大家晨练时播放，听着轻松有节奏的音乐，学生们晨练变得热情而有序多了。看操场上跑步的、跳绳的、打球的、投包的，晨练成为我们学校的一个风尚。

三、常规升旗，培养爱国情怀

以爱国主义为核心的民族精神是社会主义核心价值体系的重要组成部分。爱国主义在今天中国具有特殊的现实意义。小学生是未来中国的中流砥柱，他们的思想素质直接影响到未来中国的素质，引导学生弘扬民族精神，树立激情爱国、理性报国的情操和思想意识，是每一个教育工作者应有的义务。《国旗法》规定的，举行升旗仪式时，全体师生要肃立、端正，注意仪态，保持安静，确保升旗仪式的庄严、神圣。我校紧抓每天早晨的常规升旗仪式，对学生进行爱国主义教育，培养学生热爱祖国的爱国主义情怀。

我校的常规升旗和别的学校有什么不同呢？一是我们的常规升旗有固定的时间，每天早晨 7 点 35 分，广播室统一播放国歌，少年仪仗队的升旗手和护旗手在操场将国旗缓缓升起。二是有明确的要求，当国歌声响起后，在教室的师生要面对墙上的国旗方向肃立敬礼，在楼道、操场、大门口的师生要面对学校操场国旗的方向肃立敬礼。三是我们的升旗仪式面向全员，无论老师、学生、保安、保洁、食堂员工，包括送孩子上学的家长，听到国歌后都会面向国旗，肃立、敬礼，参加升旗仪式。

每天早晨 7 点 35 分，学校要进行升旗仪式。国歌声中，少年仪仗队的升旗手和护旗手在操场将国旗缓缓升起。每当学校广播室播放国歌，全校师生无论在教室、楼道、操场、大门口，都肃穆站立向国旗方向敬队礼。每天的升旗仪式仅短短的 1 分钟，但在这 1 分钟时间里却是同学们逐步强化累积爱国情感，是自觉养成爱国主义精神的过程。

——李莲华 《让校园的每一个角落都能看到好习惯》节选

养成教育是我校教育的根本任务和主要内容。养成教育重在坚持，重在改变，重在自觉。我校以改变在日常为指导，创造性地开展工作，狠抓落实，注重实效，形成特色，开创我校养成教育的新局面。养成教育对于孩子养成良好的习惯至关重要。孩子优秀的精神面貌和表现，使家长对学校的教育工作交口称赞。

开学初，从孩子口中得知学校被教育部评为了奥林匹克教育特色校，作为学生家长，我们备感自豪。学校注重孩子的知识传授，更注重孩子习惯的培养。我在学校门口就能看到“让优秀成为习惯，让习惯成就卓越”几个大字。孩子说这是学校的校训，想必学校在育人这方面十分重视。而羊中心抓住了这一教育契机！每天的升旗仪式就是对学生最好的爱国教育。

很是欣慰！欣慰的是孩子能遇上这样一所致力于学生全方位素质教育发展的学校。欣慰之余也拓宽了我们对孩子的教育思路。

——六(4)班　刘伊家长《每天的升旗仪式就是对学生最好的爱国教育》

四、“无声”楼道，文明素养早养成

我们的教育特色是奥林匹克教育，是培养学生的国际素养，其中文明素养是其中重要的一项。我们每一位老师都希望我们的学生高雅、有素养、讲文明，其中无声楼道就是重要的体现。我们是在培养学生自觉自律，无声楼道不是让学生在楼道一句话都不说，而是让学生懂得在公众场合如何走路、如何说话，学校着手打造“无声”楼道。

首先，我们以羊坊店中心小学大队部的名义向全校师生发出《创建校园“无声”楼道倡议书》。

亲爱的老师、同学们：

大家好！中国自古以来就是个礼仪之邦，所以作为一个中国人，在任何场合中都应该注重礼仪，礼仪象征着一个人的品学修养。

教学楼是严肃的校园公共场所，我们都要维护它的安静、庄严与肃静。同学们在楼道的表现反映了我们的涵养，展现了我们的风貌。

我校是奥林匹克特色学校，为实现我校的奥林匹克教育目标，培养具有国际素质的青少年，与国际文明接轨，所以我们更应该规范自己的行为，创建“无声楼道”，打造奥林匹克教育文明特色。

为此校大队部特向全体同学发出倡议：

学生走在楼道时，慢步轻声靠右行，不在楼道追跑，要低声交谈，不出现高声说话，大声叫嚷现象；学生就餐、加餐时，要自觉排队，有序无声；学生集体进出楼道时，要两行队列，“无声”出入。

养成一个良好的习惯需要21天，请大家互相提醒，一直坚持。各班小干部管理自己班级，认真巡查课间楼道纪律，及时制止楼道内不文明行为。

希望经过全体同学的共同努力，使楼道课间秩序达到肃静、有序、和谐、文明，让“无声”楼道成为我校一道亮丽的风景线。

在接到倡议书后，各班都召开了主题班会，全体学生进行讨论，并根据学校的倡议书制订出班级可行的无声楼道活动方案。为了让提醒同学们时刻注意“无声”楼道，全校学生自创“无声”楼道标语，学校共收到一百多条，推选出优秀标语在楼道发布系统、大屏循环播放，营造无声楼道氛围。学生自创标语的过程也是他们自我教育的过程。下面是摘选的一些优秀标语：

无声楼道是最美的楼道。（六(6)班李晋娴）

下课不跑不闹，文明从静悄悄开始。（六(3)班王晴妍）

无声的楼道，有声的学校。（六(1)班段佳凝）

人多行走不拥挤，安全永远伴我行。（四(1)班张晓晨）

上下楼梯能互让，通道自然就通畅。（四(1)班高佐仁）

轻轻地走路，悄悄地说话。（一(3)班程诺）

轻声漫步上下楼，微笑谦让知礼仪。（一(3)班张雅妮）

上下楼梯能互让，通道自然就宽敞。（一(5)班孙王伊迪）

保持安静，营造温馨，脚步轻轻，勿扰他人。（四(6)班靳麒钰）

说话走路声音小，芊芊学子礼仪好。（三(5)班王梦涵）

无声楼道人人参与，文明有序班班受益。（三(1)班王子乐琪）

少一声喧哗，多一片宁静。（二(6)班李崇功）

课上响亮一点，课后安静一些。（五(2)班王一寒）

有声的课堂，无声的课间。（五(5)班楚柏纶）

教室门内朗朗书声，教室门外安静有序。（五(5)班李伯瑞）

为了落实"无声"楼道，学校从以下几方面入手。首先各班设立无声楼道志愿者，学生挂牌上岗，监督管理本班的行为；学校值周教师、德育干部、分校主管、小干部志愿团发挥管理、监督、引领的作用，认真巡查，记录下有问题的班级和学生，利用广播，做好每周一次的总结，总结中表扬同学们进步的地方，对有问题的班级和学生进行提示。现在学校的楼道静了下来，学生们走路慢步轻声，真是日日有改变！结合礼仪学校还评选出礼仪之星之"无声"楼道小明星进行表彰，给全体学生树立榜样，小明星的家长们纷纷写来感受。

礼仪明星在我家

孩子这次被评为"'无声'楼道小明星"了，我想与学校老师的教育家庭的环境的影响及孩子个人的努力是密不可分的，下面我与大家分享一下我家对孩子的礼仪培养。

我的家庭是一个非常重视礼仪教育的家庭，我们认为礼仪教育对孩子是必不可少的，而父母是孩子最好的老师，首先父母在生活中要给孩子做好榜样，在平时要与孩子多聊天，了解她身边发生的事情，并表现出对她事情的关注，一定要了解孩子的想法让孩子愿意与你分享她的秘密，并愿意做她的忠实听众，并给她一些适当的建议，当她愿意听你的话、信任你之后，就要慢慢培养她的礼仪习惯了。

孩子和大人一样，也应该有一定的礼仪习惯，让孩子从小养成好的礼仪习惯对她的成长非常有益，礼仪是通过对孩子的不断熏陶、渗透、强化而得到的。我认为培养孩子的礼仪习惯主要从长幼有序、尊敬师长、语言温顺、行为端庄等几个方面培养。

总之，交往中礼貌的行为能够显示一个人良好的文化内涵和修养，能够增添一个人的风采和魅力，各位家长，只要您有耐心去教导您的孩子礼仪教育，一定会有良好的成果，让我们一起努力吧！

——二(1)班　石雨馨家长

这些每天日常细节性情景，不管是操场上挥汗如雨的矫健身姿；还是升旗时肃立的身影；不管是教室里琅琅的读书声；还是"无声"楼道里温声轻语……都是塑造学生内涵，培养国际素质的青少年，是"让优秀成为习惯，让习惯成就卓越"理念外显之一，都体现着羊坊店中心小学围绕着办国际化奥林匹克教育卓越学校的办学目标，实现培养具有国际素养的小公民的育人目标，打造奥林匹克教育文明特色中学生行为规范的一部分。

第二节　以班级文化建设践行奥林匹克教育

班级是学校教学工作的基本单位，是学生在校的主要活动场所，是学生良好的道德品质、健全的人格、积极向上的精神状态形成的主要基地。荀子曰："蓬生麻中，不扶而直；白沙在涅，与之俱黑。"因此，良好的班级文化是班级的灵魂，我校通过班级文化建设，践行奥林匹克教育，促进学生的全面发展。

一、从整体性的视角进行班级文化建设

班级文化是学校文化的一部分，因而具有学校文化的共性。但班级文化又是一个相对独立的系统，所以也具有自己的特性班级文化具有整体性。[①]因而在班级文化建设过程中，我们强调各方面的有机整合。

班级文化的整体性是指班级文化体现在班级学习和活动的各个方面，是以整体的形式表现出来的，从而形成一个独特的系统。班级文化具有丰富的来源，有来自社会的大文化的影响、有来自学校文化的影响、有来自学生家庭文化(通过学生个体反映到班级)的影响，还有教师群体、个体文化的影响

---

① 林冬桂．论班级文化的功能与建设[J]．教育导刊，2000(11)：11—14.

以及学生群体文化的影响等。但是班级文化并非由来自方方面面的文化直接拼凑而成，而是在班级整合功能的作用下，逐渐对各方面文化进行有机整合，形成自己独特的体系。

让班级文化建设成为撬动班级管理的杠杆

在班级文化建设过程中，我本着对学生全面负责的态度，以促学生全面主动发展为目标，进行了探索与尝试，努力做到用心去工作，用爱去育人。努力用教师的智慧去启迪学生的智慧，用教师的心灵去感化学生的心灵。我相信，只要用心，就能收获！

我校是奥林匹克示范校，在后奥运时期，如何把奥林匹克精神所倡导的参与、合作、竞争的意识更好地融于日常的学科教学之中，用奥林匹克的精神理念指导教育教学，培养学生的合作互助，积极参与，不断超越的精神，是我们现在面临的最大问题。结合我所带的班级特点，我注重班级文化的形成，达成共识，铸造班级凝聚力，为班级取名——向阳花班级。向阳花是向往光明之花，象征着健康、快乐、活力，追求积极的人生，永远有积极的心态。我们班的35名阳光少年构成了其乐融融的大家庭，我们乐观向上，积极进取，我们团结友爱，快乐成长。我从“听、说、读、写、练”出发，设计了各种系列活动：书法专项练习——习得一手规范；周记品读盛会——读出兴趣写作好；专题讲解赏析——讲出水平表达强；体育专项竞赛——练就达标体质棒。激励学生，鼓励学生，建设羊中心“航母级”班集体，一、二年级是“一叶扁舟”，三、四年级完成“小快艇”的建设。学生有了目标，就有了前进的动力。我坚持以“系列活动”育人，取得很好的教育效果：

书法专项练习——习得一手规范字。二年级学生年龄小，正是培养习惯的关键时期，我鼓励学生们练习书法，写得一手规范字。一次5个字，精讲精练铅笔字，尽量不涂改，一月一次班级竞赛。随着年龄长大，进入三年级，我们逐步练习书写钢笔字，一月一次综合，完成一首古诗。选出优秀作品，上传班级邮箱，家长下载观看，参与评价，鼓励学生！书法练习一举多得，既能传承文化，又能修身养性，还可以提高作业的书写质量……

周记品读盛会——读出兴趣写作好。为了养成“不动笔墨不读书”的好习惯，我们商定周末只布置“一篇周记＋一份阅读”的作业。周记内容自定，得到优星的，在班内朗读。每周一次“周记品读会”，作者朗读好文，听众进行评价，听完就评，有的文章运用好词好句；有的文章选材吸引人，立意新颖；有的文章书写身边事，引起共鸣；更有点评抓的深的，能评到心理描写那部分比较充分……学生写作的热情得到激发，已经着手书写自己的系列小说。郭澄语的穿越小说《彩虹钻石》；傅瀚冬的动物小说《狮群的召唤》，每周都有新的一集诞生……他们的梦是多么的美好，比梦更加美好的是他们都在为着梦想而前行！

营造友爱氛围，点滴关爱育美好心灵。夏季炎热，为了让学生多喝点水，防暑降温，我变着花样给学生沏罗汉果茶、菊花茶、胖大海、绿茶等各种茶饮。行动之前，先给学生布置任务，了解冲泡方法，对水温的要求，容器如何选择等。实际上，是想让学生了解步骤、考虑细节。果真，第二天就有学生拿着小纸条，上面歪歪斜斜地写着"菊花，水温不宜过高……"。字迹不成熟，甚至还带着拼音，可这是他们迈出的第一步啊！我就批下，"好的，谢谢你提供的方法，就按你的方法办了"。学生好有成就感啊！过程是种享受。菊花水沏好了，学生动手，完成分发。学生们忙活的井然有序，有的是学生得到水后，说一声"谢谢"；有的得到菊花后，幸运的"窃笑"；甚至有人水多了，还会轻轻说一句"给大家留点吧"；有时候分到最后一些，负责发水的学生，会点名叫上几个人来再领一些，她还会悄悄解释一下，"刚才给你的少一点，再给你来点"……这些都是学生来做的，我就在旁边欣赏着这一切，俨然一个小社会。这里没有计较，没有争吵，有的是谦让，有的是感谢，有的是其乐融融！

结果带给我意外的感动。有次分水，有个小姑娘，转来转去，整个过程，她不是最后分到的，也并不少，但总不放心的样子，一会儿看看，一会儿又过来看看，抱着自己的水杯，也没喝，我刚想问她怎么回事？这时候她幽幽地说了一句"老师，您也喝点吧，都快没有了……"当时，我真想把她抱怀里，心里那叫一个感动啊！

每一个生命的到来都是光鲜美好的，每一朵鲜花的盛开都是热烈的，教师是守护鲜花的使者。我愿用我的不太丰满的羽翼，为他们遮蔽风霜；为鲜花的绽放积蓄力量；为生命的成长护航；让我们用"爱心"为之厚积，用"欣赏"待其薄发，于无声处期待花朵的绽放！

——韩琪

二、关注每一个学生，强化自我管理

班级文化建设可以理解为以学生的自我管理为主，以建立班级精神为核心，以班级群体行为为基础，以树立良好的班级形象为目标的班级管理模式。它能有效调动学生参与班级管理的积极性，增强班级体的向心力和凝聚力，培养学生的主人翁精神及创造意识、动手能力、奉献精神，缩短学校与社会的距离，有效提高学生的综合素质。① 在我们学校，就有许多老师从师生共同制定一套完善的班级管理制度入手，关注每一个学生，调动班级中的每个学生参与到设计班徽、班刊的过程中，在建设班级文化的过程中完成了对学生的教育。

叶的事业

花的事业是甜蜜的，果的事业是珍贵的，但是，让我做叶的事业吧，因为叶总是谦逊地垂着绿荫。班主任就是这叶的事业，也许永远不会惊天动地，但正是这平凡，成就了花儿们的绚丽与辉煌。一朵朵花儿，铺展出绚烂的天空。在这个大家庭中，我着力营造一种平等、和谐、健康、友爱的环境，让每一朵花儿都能在温暖与健康中绽放。

“没有规矩，不成方圆”。一个优秀的班集体要有一套完善的班级制度来管理。每学年开学，师生共同制定的班级口号、奋斗目标、班级公约，撰写班级和个人的“三年教育规划”使学生做到自觉、自律，形成了勤奋好学、健康阳光、文明守纪的良好风气。

在班级文化建设过程中，我带着学生追求形成班级特色，焕发集体活力。不管教哪一届学生，我都会调动人人参与到设计班徽、班刊、文集、博客等。在广泛征集班徽小样中，金睿森的设计最有象征意义符合班级特点，几经修改，定为班徽。班长高佳小组设计的班刊，版面布局合理，栏目丰富，图文并茂，定为班刊，高佳小组成员聘为“版主”。王映邱文笔细腻，写作水平高，且背后有家长做“高参”——原为丰台五小校长的姥姥，大家推选她为“小荷”文学社社长，负责文集的整理工作。王元艺热衷于网络，她毛遂自荐担任班级博客的管理工作，张云翔成了班级 QQ 群的群主，吴炳辰是公

① 李静．试论班级文化建设在班级管理中的作用[J]．云南教育，2003(3)：49—50.

共邮箱保管员，石博远承担了班级文化墙的"墙长"，王皓雯在"读书俱乐部"任部长，宋泽任"成语轩"的社长，耿雨辰"pmp"协会会长，负责对外联络工作。

一枚枚设计新颖、构思精妙的班徽影射着学生们对集体的爱，一份份班刊凝结着学生们的智慧，一本本文集浸润着学生们的情丝……班级特色彰显着集体的凝聚力，焕发着青春的气息。

我们实行民主管理，形成良性循环。在班级管理中，我充分信任、鼓励，放手让学生参与班级管理，实行"班干部轮换竞选制度"：每学期改选一次，先述职，再才艺展示、然后进入观察实习期，最后经大家考核通过后转正，最终达到"人人有事做，事事有人管"。让学生参与班级管理在此基础上，成为班级的主人，调动每个孩子的积极性，锻炼他们组织能力与领导才能，同时激发了他们自我管理的能力。最终达到"人人有事做，事事有人管"。

在节日活动中见真情。春暖花开的时候，我会组织学生去春游，有时会去大自然呼吸新鲜的空气，有时会去博物馆开阔视野，有时会去游乐园尽情享受。学雷锋月的时候，我会组织学生去献爱心，有时会去社区照顾孤寡老人，有时会去街道进行清扫，有时会去幼儿园进行实践。健康月的时候，带领学生们练跳绳、踢毽子，广播操比赛获全校第一名；教师节的时候，我会组织学生开展庆祝活动，有时会给全校老师写一封慰问信，有时会给老师们表演一些小节目，有时会给老师送去自制的贺卡。重阳节的时候，我们的"快乐小队"去敬老院表演相声，跳《龙鼓》舞；元旦的时候，我组织学生亲手缝制了椅垫、杯套，送给任课的教师。我还与学生一起布置教室，把教室打扮得像宫殿一样美丽，与学生一起庆祝，庆祝美好一年的开始……

在文化活动中展才华。为了提高文化素养，积累文化底蕴，小干部们设计了系列读书活动，争创学习型班集体。每天阅读课外读物 20～30 分钟，做三行摘抄，每周写一篇读书笔记，出一次读书报，参加一次读书演讲，每月推荐一篇好文章，推荐一本书，每月背一篇古文，一学期读一本英文读物……我班组织了"中华经典诗文朗诵"比赛。学生既要应付沉重的毕业班学习，又要投入到紧张的朗诵排练中。队员们利用中午休息和下午放学的时间练习，班长自告奋勇指挥，全班没有一个叫苦叫累，不管哪个小队获胜，学生们都是欢呼雀跃，大家的集体荣誉感和班级凝聚力更强了。

——薛秋兰

幸福地守护每一朵花开

“只有管理没有建设的班集体是一个‘死水潭’。有根的班级文化建设，经过班集体每个人的努力，班级之树就能扎根、发芽。”栾红艳老师不无感慨地说。她的高招是和全班学生共同商量在班级里开展“我的班级，我当家”活动，建立班级名称、班训、班的吉祥物；借助班级文化墙宣传班级，齐心打造小组文化。

每年开学初，我和全班学生共同商量在班级里开展“我的班级，我当家”活动。现在我教的四(2)班以学校的奥林匹克特色教育为指导，我班的班级名称定为“祥云班级”，寓意四(2)班全体同学能高举祥云火炬，传承奥林匹克精神，不断进步，不断超越。以“阳光自信，昂扬向上”为班训，以“一天比一天进步，做最好的自我”为班级口号，就像各国举办奥运会时都有奥运吉祥物一样，我们班级也选择了牵牛花为我们班的吉祥物。因为，牵牛花是一种很勤劳的花，都具有不服输的精神，朵朵牵牛花都在一个藤上生长，一藤牵牛花多么像我们团结向上的集体。心齐了，还有什么办不到的呢？班级目标的确定，让班级文化建设有了立班之本。

孩子们的健康成长、良好品德的形成具有重要的熏陶作用。每个学期一开学，我都要和孩子们一起布置教室。走进教室，黑板上方“一天比一天进步，做最好的自我”，下方贴着“参与就是快乐，自信就能成功。”不要小看这几个大字的作用，学生们每天耳濡目染，对孩子们的成长有一定的影响。班级文化墙，成为了宣传班级的窗口，外墙设计也与众不同：把学生的作品摆成一个个小花盆的样子，预示着学生们就像一盆盆茁壮成长的小花。两边摆成翅膀一样的造型。预示着：每一个孩子插上一对美丽的翅膀自由地飞翔。当一张张独具匠心的小组介绍贴到墙上时，当一片片五彩斑斓的图片环绕着学生作品时，当有着生命的花花草草，可爱的小鱼入住到我们的班级，我们的教室变得春意盎然了，真像一个温馨的家。因为用文化来装扮，不仅美化了外部环境，而且丰富了学生的内涵，更加激励了孩子们奋发向上，更多地去施展他们的才华。

齐心打造小组文化，形成向上氛围。开学初，班级学生自发四人组合成九个小组，每个小组都由两名男生、两名女生组成。我引领各小组每月有计划开展活动，活动前定好目标、方案，活动后进行活动反思、谈收获、说体会。每小组都制定出自己小组的组训、组歌、目标、口号，每小组负责班级一项管理事务。学生们给自己的小组起了亮丽的名字，像梦之翼小组，书香满园小组，放飞梦想小组，勇于超越小组，极地阳光小组，低碳环保小组，彩色铜铃小组……一个个富有创意小组的出现，使班级文化生活丰富多彩。

惹麻烦的学生——不放弃。每个班主任都会经常遇到惹麻烦的学生，不论这些孩子多么特殊，我都不会放弃。班上原来有一位“问题”学生，总是管不住自己，上课注意力不集中，影响别人，不停地为集体惹麻烦，同学们都不喜欢他，有同学还戏称他是“麻烦大王”。我曾经很认真地和他谈话，但是并没有多大的改观。直到有一天我发现大扫除中，他干起活来非常卖力气。劳动结束后，我在班里表扬了他，并和同学商量，由他担任卫生委员助理。以后的每天早上，他都第一个出现在清洁区打扫卫生。每天放学，主动留下来和值日生一起打扫干净教室才离开。他在慢慢地改变，每天的作业，开始认真完成了。逐渐和同学和睦相处，每天告他状的同学也在减少。他的变化，所有同学都看在了眼里。在班干部改选中，他以绝对的优势当选了卫生委员一职。后来，他所在的低碳环保小组的同学承担起班级卫生监督工作，我们的班级卫生越来越好，连续几个月都被评为“奥林匹克卫生优秀班级”。他的劲头也更足了。最后，我们班还成为全校“卫生示范班级”。拿着放大镜看学生的优点，夸大学生的优点，是一种肯定学生，促学生进步的好办法。

自闭症的学生——不嫌弃。我的班上有一个患有严重自闭症的孩子，她比别的孩子大两岁，许多时候根本控制不了自己的情绪，经常会突然间狂躁不已，有时上着上着课就大哭起来，还会突然间笑个没完。我就得停下来走近她，把她揽进怀里，轻声安抚她，让她感到安全，等她情绪稳定了，我们再上课。有一次，她又发作起来，我抓住她狂躁的手，她竟张嘴就咬向我，当时我也害怕，甚至身体发抖，我知道她不是故意的，只是没办法控制自己的情绪，但是我知道越是尖叫、恐惧，越会激发她的狂躁，更何况班里还有其他的孩子，我慢慢地使她平静下来。平静的时候，我多和她说说话，用温柔的声音，善意的微笑，温暖她那颗躁动的心。班上同学看我不嫌弃她，也学着我的样子，下课时和她说说话，做做她最喜欢的拍手游戏，经常给她带点好吃的给她吃。有别的班的同学欺负她时，护着她。在学校组织的春、秋季实践活动中怕她丢了，和她手拉着手带着她走，让她感受到集体的温暖。学校运动会开幕式上各班展示时，让她也和大家一样统一着装，一起参加活动。甚至在她上厕所不能照顾自己时，我也给予帮助。我还经常教育班里的孩子不歧视她，给予这个孩子更多的爱。每当她控制不了自己的情绪时，我都会自己冲上前去安抚她。老师们都说："就这样一个孩子，你和你们班的孩子对她真好。"教她的这两年我从来没有休息过一天，甚至在我严重头疼、血压很不稳定的情况下，仍坚持上班、工作。后来因为病情严重，她转到了海淀培智学校，一个偶然的机会，我去学校看她，当听到她微笑着向我问好时，看到她看我依赖的眼神时，我觉得一切付出都值得。

青春期的学生——不忽视。青春期是中高年级段学生所面临的一个重要关口，更需要老师的引领。我借助学校参与北京市课题研究的契机，每双周进行一次青春健康教育课。开展了青春期系列教育活动："我在成长——了解生命的起源"；"我和'好朋友'有个约会"关注自己生理卫生；做自尊、自信、自爱的美少女；"我成了小男子汉了"了解性逐渐成熟是男子汉的象征。我还组织学生开展"调节情绪，阳光心态——与烦恼说再见，妙招之我见"活动。我所面对的就是处于青春期的孩子们，他们生理上的迅速"成长"和心理上的不成熟、容易造成异性之间的交往问题。发现这一问题后，又结合我班实际情况在班级中开展有关异性交往为主题的班会《不一样的美丽》，校级研究课，学生在活动中受到很大触动。课上的很成功，被推荐去市里说课，《不一样的美丽》一课最终获得市级三等奖的好成绩。《我欣赏他（她）》北京市说课比赛一等奖。我写的论文《青春早期异性交往的研究》也曾获"北京青少年性健康国际论坛暨全国学校性健康教育学术研讨交流会"论文评比一等奖。经过几年的课题研究，现在我教的孩子们阳光、自信、健康、乐学，形成有特色的班风班貌。

——栾红艳

三、从环境和氛围入手开展建设

我们知道班级文化对班级集体的建设及班级成员的发展都具有非常深刻的影响，发挥着重要的功能。教育功能是班级文化的首要功能，也是区别于其他组织文化的最主要特征。班级文化作为一种特有的教育力量，渗透于一切活动之中，班级文化是以班风、学风、价值观念、人际关系和舆论等方式表现出来的观念文化，和与之相应的行为文化和物质文化，对每个学生都起着潜移默化的教育作用，就像“润物细无声”的春雨，滋润着学生的心田，陶冶着学生的情操，塑造着学生的灵魂。在进行班级文化的建设时，我们主要从物质环境和精神氛围等方面来进行。

班级物质文化属于班级文化的硬件，是看得见、摸得着的东西。班级物质文化主要体现在教室内的环境布置上，是班级文化的基础及其水平的外显标志。[①] 在班级物质文化建设中，我们要发挥学生的主体性，在教师的引导下最大限度地使学生参与到班级文化的建设中。需要注意的是，班级物质文化的建设不仅是使学生有舒适美观的学习环境，更重要的是使学生在潜移默化中受到熏陶，进而实现其教育意义。

在进行班级物质文化建设时，也不能忽视班级制度文化建设。我们常说“没有规矩，不成方圆”。班级制度文化，是班级全体成员共同认可、并自觉遵循的行为准则。制度文化的建设中要变他律为自律，为学生提供更多展现自己才华的机会；此外，还要注意评价的多元化以促进学生的个性发展；最后，要以开放性为取向，推行全员互动机制，每个人都可以献言献策。

在班级文化建设中，还有重要的一点是班级的精神文化建设。班级精神文化，是指在实践过程中被班级大多数成员认可的共同文化观念、价值观念、生活信念等意识形态。它是一个班级的灵魂，是一个班级精神面貌的集中反映，具体表现为班风、学风、舆论环境、人际关系等方面。为此，要积极开展各类活动，丰富学生的精神世界，陶冶学生的情操，帮助学生建立正确的人生观、价值观、世界观，形成良好的班级氛围。

创设温馨融洽的教育环境　形成健康的舆论氛围

在实施班级管理中，深感培养学生的集体观念的重要性。我针对所管理班级的实际情况，在培养学生的集体观念意识注重了以下方面。

创设温馨融洽的教育环境。教室是师生共同学习、生活的场所，为使它能够具有鲜明的思想性和教育性，激励孩子们不断进取，我们班将学生共同确定的班级公约、奋斗目标及座右铭等内容张贴在教室里，在教室侧板报开辟“合作学习之星”等栏目，内容丰富多彩，形式新颖活泼，成为学生参与班级管理、提高道德修养的阵地。孩子们花朵形状的照片上，贴满了他们得到

① 蒋忠．班级文化的功能与建设[J]．班主任，2003(2)：6—8.

的各种奖贴。教室后黑板的左右还设置班训班规和教师寄语，后墙还设置了荣誉栏用来张贴班级奖状等内容。班级左前方设立了“图书角”，不论名人传记，还是生活琐事，科学小窍门同学们都能通过读书有所了解。在教室的窗台和图书角上养殖盆花，既给教室增加温馨感又可以培养了学生的爱心。随着他们的成长，这些逐渐被学生视为自己班级生活的一部分，起到“润物细无声”的作用。

形成健康的舆论氛围。健康的舆论氛围能对集体成员产生一种催人向上的风气。根据“小学生守则和规范”内容要落到实处的要求，我对纪律、卫生、学习、做操和放学路队制等方面进行细化考核。采取争夺小红旗制度。例如，上课积极回答问题可夺得一个小奖花，积极主动地打扫完卫生可夺得一个小奖花，积极参加各项比赛、班级活动可夺得一个小奖花等。相反，未带齐学习用品、作业未完成一次的去掉一个小奖花，有不文明行为的去掉一个小奖花等，也就是说学生行为表现都有相应的奖惩。在孩子的练习本上，我每个月都设一项重点检查项，比如三月重点评比上课听讲及学习情况，四月重点评比文明礼仪情况，五月重点评比卫生做操情况等，每天结合孩子一天的表现进行加盖印章的活动。这样的管理和评价方式大大激发了学生的主动学习和自我管理的积极性，同时培养了学生良好品质和集体意识，进一步规范学生的行为习惯。为了争取优秀，孩子们都暗暗较劲，发扬自己的优点，改正缺点，处处以高标准来要求自己。看到同学们开始懂得自己教育自己了，我仿佛觉得他们一下子长大了不少。

——李燕

班级文化是班级成员共同创造的群体文化，寄托着他们共同的理想和追求，体现着他们共同的心理意识、价值观念和文化习性。这会激发成员对班级目标、准则的认同感和作为班级一员的使命感、自豪感和归属感，从而形成强烈的向心力、凝聚力和群体意识。这种向心力、凝聚力和群体意识又会促使学生在日常学习和生活中时刻清醒地意识到“这是我的班级，我是这个班级的学生”。班级文化还具有一定的制约功能。班级文化所形成的规范体系，制约着学生的言行。这种规范一旦形成，就会成为一种强大的力量，使班级成员都能自觉地约束自己，让自己的行为符合班级规范。班级文化对成员的这种制约功能主要通过以下三条途径得以实现：氛围制约（环境、关系、风气等）；制度制约（规章、纪律、守则等）；观念制约（理念、道德、舆论等）。于是，在一个具有良好班级文化的集体中，班级文化能为每个班级成员提供文化享受和文化创造的空间，提供文化活动的背景以及必要的活动设施、模式与规范，从而有效地激发和调动每个成员参与班级活动的积极性、主动性和创造性。

总之，班级集体的形成和发展以及班级学生的素质的全面提高，都与班级文化的建设有着密切的联系，班级文化建设必须有意识地进行精心规划和长期建设，使班级文化的育人功能能够充分发挥，为学生创造更好的成长环境。

第三节　开展奥林匹克教育系列主题活动

我们在重视学生的日常行为规范训练养成的同时，也非常重视德育活动的作用，寓德育于教育活动之中，使学生在情操、品格、心灵上受到有益的影响，达到“润物细无声”的德育境地。为此，我们建立了独特的奥林匹克活动体系，我们用系列主题德育活动，潜移默化地产生作用，动之以情，晓之以理。活动的追求目标是更快、更高、更强，使学生在活动中受到教育，争做具有国际素养的小公民。

一、建立体系，八节助力素养养成

“教育要走进学生的心灵。”教育只有深深地打动学生，引起学生心灵深处强烈的共鸣，那才是成功的教育。多年的工作经历告诉我们：对于小学生，要培养学生良好的行为习惯，要培养学生高尚的思想品质，要培养学生良好的个性和心态，光靠枯燥的正面引导的说教，效果是不可能理想的。有句话是这样说的：五彩的生活，生动、有趣的活动将在儿童的大脑中留下深深的痕迹，特别是他们乐意接受的东西，就会记得住，记得牢。所以，活动的作用实在不能小看。抓住活动，就是抓住了教育的最好契机。

我们学校是奥林匹克教育特色校，围绕奥林匹克教育特色办学理念，学校创设了奥林匹克教育活动体系，在奥林匹克系列活动中培养学生多元素养。一年中有 8 个节日，每个节日做到内容落实，重点突出。每月设有相关的教育主题。例如设定 9 月为奥林匹克礼仪节，倡导文明、尊重；10 月为奥林匹克感恩节，倡导感恩、回报；11 月为奥林匹克科技节，倡导探索、创新；12 月为奥林匹克书画节，倡导尚美、文雅；3 月为奥林匹克爱心节，倡导仁爱、奉献；4 月为奥林匹克体育节，倡导参与、健美；5 月为奥林匹克音乐节，倡导展示、欣赏；6 月为奥林匹克读书节，倡导博学、智慧。通过系列德育活动，使学生在活动中受到教育，培养学生的多元素养。具体的一些做法如下：

9 月是学校的礼仪节。礼仪节以培养学生的行为习惯、学习习惯，卫生习惯为出发点，狠抓落实，注重实效，形成特色，开创学校养成教育的新局面。八项文明，促行为习惯的培养。教育学生做到文明进校、文明课堂、文明课间、文明做操、文明用餐、文明集会、文明活动、文明放学八项文明行为，争做奥林匹克文明少年。八项习惯，促学习习惯的培养。提倡学生做到学会倾听、善于思考、敢于提问、与人合作、自主读书、认真书写、收集资料、完成作业等八项好习惯，争做奥林匹克智慧少年。五项坚持，促卫生习惯的培养。倡导学生做到个人卫生、教室卫生、物品摆放、守时惜时、锻炼身体五项坚持。争做奥林匹克阳光少年。在礼仪节中，学生说文明话，做文明事，学生处处用行动表现礼仪美。

10 月是学校的感恩节。学校开展感恩系列活动，使同学们能在自己的心中培植一种感恩的情感，无论对待父母或者老师，朋友或者对手，快乐或者悲伤，都能以一颗感恩的心去面对。学校通过开展八个一活动，读一个感恩的故事、学唱一首感恩的歌曲、记录生活中一次感恩的情景、做一件感恩父母的家务、写一句感恩教师的话、做一件感恩朋友的事情，写一段感恩节的感受、上交一份感恩活动记录表。感恩节活动，极大地激发了我校师生的活动兴趣，在全校营造“感恩”的良好氛围，让广大师生积极主动地参与此次活动，潜移默化地受教育，受鼓舞。全校每位学生均认真阅读了自己喜欢的感恩故事、学会了一首甚至几首感恩歌曲，还把自己的祝福、愿望写下来，以此深深表达自己对老师、父母、同学、亲人的感谢……一张张记录单，一句句热情洋溢的话语寄托着同学们的心声。在感恩节中，学生理解感恩、践行感恩。

11 月是学校的科技节。科技节倡导同学们人人参与科普“五个一”活动，即读一本科普书、讲一个科普故事、绘一幅科普画、听一场科普讲座、做一件科普作品的“五个一”科普活动。我校还组织了学生参加全国叶画大赛、北京市中小学生低碳生活环保你我知识竞赛、海淀区 DI 创新思维——万人大挑战大赛、海淀区建筑模型、车辆模型比赛、科技小论文比赛等创新活动，为学生搭建展现聪明才智的平台！科技节，带给学生更多的是搭建了展示自我、培养能力、同学合作的平台，每个孩子都能够感受到科技活动带来的快乐。科技节培养了学生创造力。

中华文明历史悠长，书画更是悠长历史的代表，举办书画节的目的就是为了张扬同学们的个性、展示同学们的才华，是全体师生展示魅力的一个重要平台。书画节，是我校一道亮丽的风景线，倡导“尚美、文雅”，营造高雅校园文化氛围。为全校师生彼此学习、互相探讨、共同提高提供一次极好的机会。通过学生对经典书画作品的临摹、欣赏，组织学生创作、参观和比赛。校园有了书画，就有了灵动的精神升华。在书画节中，同学们传播“书品即人品，写字学做人”的理念，培养了学生内在美。

3 月是学校的爱心节。在这一个月中学校陆续开展了：“学雷锋”活动；“三八妇女节”活动；“我献一盆花 教室美如画”活动；“节约水资源争当好少年”活动。这些活动的开展是为了让大家能够发扬雷锋精神，学习雷锋精神，提高同学们的道德素质，创建良好人文环境。感恩妈妈及长辈，明白家长对自己的辛勤付出，用实际行动报答家长。通过开展开展形式多样的护绿行动，让同学们增加对植物知识的了解，爱护植物，增强护绿的责任感。了解世界和我国的水资源现状，让同学从现在做起节约每一滴水。同学们在爱心月里收获着，成长着，你们在活动中用自己的行动诠释“让优秀成为习惯让习惯成就卓越”的校训，同学们将在爱心月里体验爱，感受爱，触摸爱，奉献爱。爱心节中培养了学生讲奉献。

4 月是学校的体育节。在这一个月中学校陆续开展了：“篮球周”活动；“跳绳周”活动；“校男女篮球队参加海淀区篮球比赛”活动；“健美操队参加北京市健美操比赛”活动。这些活动的开展是为了让更多的同学们能够参与到“我运动 我健康我快乐”的活动中来，提高同学们的体质，创建良好运动氛围。用实际行动展示体育风采。同学们在“体育节”中收获着，成长着。在体育节中，同学们通过参与体育运动培养了运动美。

5 月是学校的音乐节，音乐节的主题是“让艺术更加可爱，让可爱更加艺术”，学校举办音乐节的目的就是为张扬同学们的个性、展示同学们的才华而搭建的广阔平台。让同学在艺术的海洋里去体验美，在体验中去感悟美。音乐艺术沁人心脾。艺术，高深、美妙，动人心魄；艺术，纯洁、清雅，净人心灵。倡议同学们既要学会展示，更要懂得欣赏，让大家在文艺的花园里，感悟艺术的魅力，陶冶情操，树立正确的审美观！

6 月是学校的读书节。在学校开展好书推荐的活动，利用阅读课让学生进行交流，还发挥板报、墙报的作用，营造书香氛围。读书节期间征集读书名言，同学们把从各方面征集来的名言抄在黑板报上，做成书签与同学交换。各班级定期召开形式多样的以读书为内容的班队会。学校还根据学生的年龄特点开展讲故事、诗朗诵、课本剧、读后感、读书演讲等活动，营造“用”的浓厚氛围。在读书节中，同学们读好书、议好书、用好书，积淀了大家的文学素养。

我们的奥林匹克教育活动体系不是一成不变的，随着时代进步，每年每次节庆，都会有新鲜的主题和内容进入到我们活动体系里来。

下面是学校的奥林匹克教育活动体系：

月份	节日	活动形式	价值观	主要活动
三月	爱心节	爱心志愿者日 3 月 5 日	仁爱、奉献	爱心总动员、3 月 8 日向长辈献爱心、向同伴献爱心、向学校献爱心
四月	体育节	天使奥运会	参与、健美	设计天使奥运会入场式、筹备天使奥运会竞赛、天使奥运会彩排召开天使奥运会
五月	音乐节	艺术社团展示	展示、欣赏	管乐、舞蹈、合唱社团活动展示设计、艺术社团活动训练、活动彩排、活动展示
六月	读书节	课本剧表演	博学、智慧	课本剧报名、课本剧训练、课本剧彩排、课本剧表演
九月	礼仪节	评选奥林匹克文明之星	文明、尊重	进校礼仪、课间礼仪、用餐礼仪、放学礼仪
十月	感恩节	感恩系列活动	感恩、回报	感恩教育、制作感恩卡、感恩朗诵会、感恩活动
十一月	科技节	科技竞赛	探索、创新	科技节开幕、科技制作、科技比赛、科技节闭幕
十二月	书画节	书画展	尚美、文雅	书法作品展、绘画作品展

学校开展丰富多彩的系列德育活动，不仅要挖掘活动中美的各种因素，而且还善于启发诱导学生以美导行，使他们在活动实践中认识美、体验美、

掌握美、表现美、创造美。让学生在受到美的熏陶的同时，培养优良品格，身心都得到健康发展，提升自我的多元素养。

各项活动，学生参与其中，享受其中，同学们全情投入、满载而归，下面是学生和家长参与学校八个节活动后有感而发：

礼仪节——做谦谦君子

"同学们，下周将由你们自己组织召开一次主题班会"，当班主任邱老师告诉我们这个消息时，大家又激动又有些紧张。

主题班会开什么主题呢？大家七嘴八舌议论起来，邱老师建议以学校的礼仪节为主题，因为文明礼仪关系到生活学习的方方面面，关系到同学们的综合素养。

接下来，同学们又开始讨论主题班会的内容，为了使班会更加生动和精彩，我们还加进了故事分享和竞赛抢答的环节。好多同学非常积极地领到了分工任务，大家立即热情饱满地行动起来，爸爸妈妈也加入进来，帮忙找材料帮助配图片。我作为班长担任本次主题班会的主持人，在老师的指导下，我把各个环节的注意事项都牢记于心，自己也越来越充满了信心。

这次主题班会，同学们不仅学到了文明礼仪知识，还锻炼了自我组织和自我管理能力，期待下次主题班会！将会有越来越多的同学走上讲台，做班级管理的小主人，做自我管理的小能手，加油！

——记二(7)班主题班会《文明花儿朵朵开》

感恩的心——从小做起

"感恩的心，感谢有你，伴我一生，让我有勇气做我自己……"这首歌写得多美啊，感恩在人的一生中非常重要。感恩是什么呢？感恩就是感谢身边一切为你付出的人。随着我渐渐长大，我开始真正懂得感恩的含义。

恰值10月是学校的感恩节，学校倡导大家积极参与感恩"八个一"系列活动。在感恩月中，我要用自己的实际行动回报爱我的人。

——三(1)班　刘婉祺《在感恩中成长》

科技节——放飞科技的梦想

"今年，我们学校举办了科技节，我带着十二分的期盼和无限的向往投入到了科技节的活动中。"我兴奋极了，不仅参加了叶画、建筑模型、制作纸桥的比赛，而且自己在家组装了鸟巢(国家体育场)、世博中国馆两套建筑模型。”

所有的比赛中，我最感兴趣、也最自豪的是参加全国叶画比赛。从叶子采集到叶画制作的过程中，它不仅开发思维能力，启迪创造力，“而且还带给我无限的乐趣。”

制作叶画的过程也是思维创造的过程，需要学生有无限的想象力和创造力。首先，要对叶片的颜色和形状有非常清楚的了解和掌握，知道它们可以做什么和如何使用；其次，在头脑中要有一个构思和创意，既要考虑主题思想，又要切实可行，这是叶画创作成功的基础，一定要有整体思维；然后，就要把叶片进行试摆，把自己的构思和创意呈现出来，如果不行这时还可以进行创意思路的调整；最后，就是要粘贴叶片，固定叶片位置，完成叶画的创作。

“只要我们有科技的头脑，就能带来科技的创造力，小小的叶片就可以呈现出美丽的画面，带给我们无限的想象空间。科技节让我们的生活更美好!”孙欢辰兴奋地说。

——羊坊店中心小学科技节纪实《科技活动，给了学生创新的舞台》

金鹏论坛——播种研究的种子

金鹏科技论坛的区级比赛答辩通过后，我荣幸地以海淀区中小学生科技竞赛金鹏科技论坛比赛小学组一等奖的成绩进入到市级。经过充分的准备后，2015 年 1 月 31 日在北京市第八十中学开始市级比赛复评答辩。

在复评答辩的中间环节，我按顺序展示了我的“多功能桌椅”，而后是“魔方”，“手工金字塔”，以及第一代至第四代的螺栓成品。我如数家珍，有时指着易拉宝展示牌，有时指着实物展示架，通过实物展示、手势动作配合，一气呵成，最后以“我的自我陈述完毕，请评委老师批评指正”结束了自我阐述。

功夫不负有心人，只要付出努力，终有收获和回报。用好奇的眼睛观看世界，用创新的思想改变未来，金鹏论坛培养了我发现问题、思考问题、解决问题的能力，锻炼了我的动手能力和意志力，丰富了我的知识，开拓了我的视野，激发了我科学探究的浓厚兴趣。今后我会继续探索关键件，继续关注金鹏论坛，相信我会做得更好!

——六(2)班　丁怡《用好奇的眼睛观看世界，用创新的思想改变未来》

书画节——绘出童年的色彩

我是一名书画爱好者，我喜欢画画。

我喜欢画各种美丽的图案，动物、卡通、花鸟、仕女，我都喜欢画，那些美丽的画面可以带给我很多的欢乐。即使在我不高兴的时候，只要拿起笔来画一些自己喜欢的小图案，就可以让我重新快乐起来。

在学校，我参加了校本课程的国画班，云教师是我们的指导教师。在那里，每次活动都充满的乐趣，在云老师的悉心指导下，我的国画水平有了明显的提高，并且在一次偶然的机会里，我的一幅作品被送到了来我们学校做交流指导的美国著名指挥家的手里。

在书画节里，我和学校里很多同学都参加了环保绘画大赛，连班里也贴了很多关于书画知识的宣传资料，让我们一起走进了丰富多彩的书画天地，让我们感受到了更多的快乐。

书画让我学到了更多的知识，让我感到快乐，请大家和我一起在书画的世界里遨游吧！

——五(4)班　韩子清《在书画的世界里遨游》

爱心节——绽放爱之花

“学习雷锋好榜样。”我们一边唱着歌，一边擦着学校的旗杆，大家干得很起劲！无论周围多么热闹，丝毫没有打搅我们。

今天是3月5日，也就是“学雷锋日”。我们大家早早准备好清扫工具，等中午休息的铃声一响，我们便争先恐后地涌出教室……不要吃惊，因为——我们在学习雷锋！

通过学雷锋活动，我们深深地体会付出劳动的快乐，做好事更是令人快乐。让我们一起继续学习雷锋叔叔吧！像他那样成为一个不擅离职守的“螺丝钉”，像他那样成为一个爱做好事的人！希望人人都能主动做“雷锋”，希望“雷锋”们越来越多！

——五(2)班　叶一丰《我是一颗“螺丝钉”》

体育节——迸发运动的激情

4月是学校的奥林匹克体育节。我们四(4)班的全体队员便响应锻炼身体的号召，积极行动起来了。

下课铃一响，同学们便“左三圈，右三圈，脖子扭扭，屁股扭扭”，大家一起来做运动。教室里的海绵垫是我们做仰卧起坐的保护神。每天中午和大课间，都有很多同学互相帮助来做仰卧起坐。同学们分工合作，有的帮忙压住脚，有的计时，有的数数，而做仰卧起坐的同学则争分夺秒，半分钟下来都气喘吁吁。除了做仰卧起坐，我们早晨还到操场上锻炼，围绕着学校的操场快步走或是跑步，一圈、两圈……甚至六七圈。通过“晨走晨跑”活动，大家养成了早起的好习惯。

通过运动，我们在寒冷的天气里得到了温暖；通过运动，同学们之间友谊更加深厚；通过运动，我们的身体更加健康。今后我们要继续努力，让更多的同学加入到运动的行列中来，让我们的体质变得更好，身体更强壮，能够健康快乐地茁壮成长。

——四(4)班　刘若涵《我们一起来锻炼》

音乐节——乘着音乐的翅膀飞翔

亲爱的团员们：

你们好！屈指数来，我和大家已共同度过了两年多的时光。不计其数的训练让我们不由得感叹时间就像魔术师一般神奇，它过得如此之快，两年时间如同隔夜，一幕幕场景清晰可见；它又是如此之慢，陪伴着我们长高了个子，日渐成熟。

两年来，我们有成功也有遗憾，有欢笑也有泪水，回忆往事，往事如歌。

记得两年前的一节音乐课上，我为班里同学演奏了几首钢琴名曲，下课时，音乐老师对我说：“来校合唱团当钢琴伴奏吧！我们全体团员都欢迎你！”接到这个邀请我非常高兴，心想：“老师能选我当钢琴伴奏，这是一个多么难得的机会啊！我一定不辜负老师对我的期望。”就这样，开始了我的合唱团生涯。

一个优秀的钢琴伴奏不仅仅要有纯熟的技巧，还必须有足够的耐心和协作能力，能快速适应老师的训练方法，默契配合团队训练。在这方面，我不断积累经验，不断补充知识并进行调整。我非常珍惜每次与合唱团的排练。在排练中，我会耐心地配合大家一遍遍伴奏，努力寻找默契。我也非常珍惜和老师的探讨并努力学习，当老师指出我的不足时，我会虚心接受。功夫不负有心人，经过不断磨合，大家的配合越来越完美了。

现在，在我的写字台上摆着一张照片，那是合唱团在参加合唱比赛时的照片。每当我看到那60多张纯真的笑脸时，留恋之情油然而生。合唱团生涯已在我心中留下了深刻的记忆，它会激励着我勇往直前！两年中，我收获了很多东西，也拓宽了视野，更是获得了弥足珍贵的友情。我与六年级的团员们即将离开学习生活了6年的母校，心中万分不舍。合唱团的弟弟妹妹们，合唱团的未来都寄托在你们的身上了！相信你们会更加优秀！

——六(1)班　赵泽华《我的合唱团生涯》

读书节——浸润书香，润泽生命

虽说也有大庭广众下讲话发言的经历，但参加这次朗诵比赛还是有些紧张。学校朗诵比赛的主题是“祖国，我为你自豪”，我朗诵的题目是《我的祖国》，朗诵的文章很有气魄，但文字里生疏的面孔还是不少，背下来真是费了一番功夫，因此总觉得有些紧张。该我上场了，略带紧张的我登上演讲台，自我感觉慷慨激昂地朗诵完了，没断没忘没重复，心想应该还行吧。其实参加的过程对于自己来说就是一个锻炼提高的过程，它会提醒我在以后的事情上懂得付出、克服、珍惜与激励。

——四(2)班　王凌云《难忘的朗诵比赛》

二、主题教育活动，编织学生多彩童年

“成功的主题活动犹如生活中的浪花、记忆中的亮点，在学生的生命发展历程中会留下鲜明的痕迹，在关键时期还能成为学生发展阶段转换的敏锐出发点”，主题活动不仅是适合小学德育特点的一种新的教学思想和教学方式，同时还是提高德育时效性和针对性的有效手段和途径。

学校围绕建设社会主义核心价值体系，紧密结合学校实际，我们坚持育人为本，开展了一系列主题教育活动，对学生进行青春早期教育、队活动教育、国防教育、爱国教育、责任教育、挫折教育、环保教育、诚信教育等，培养学生的公民素养。

(一)健康成长快车前行

青春早期教育一直是学校和家长关注的内容。然而，如何有效教育孩

子，起到事半功倍的效果，且不引起孩子过分关注或者逆反心理，也是学校和家长纠结的问题。我们的校园情景剧《登上健康成长快车前行》和一系列让学生挥舞青春旗帜的校园舞台活动，也许能给众多家长和学生提供一个很好的解决办法和思路。

三四年级学生逐渐进入青春早期，内心的情感世界充满风暴，常常表现出幼稚的感情冲动和短暂的不安定状态，孤独、忧伤、烦恼、喜悦微妙地交织在一起，组成一个个动荡不安的情感世界。我们根据学生们真实的、典型的校园生活故事改编成五幕短剧，力求反映出男女生之间普通的交往、喜欢式的交往以及自我保护等内容，争取提早对学生进行有益的引领，帮助孩子们形成正确的认知。

——费俊英　徐淑霞《青春期教育情景剧》

通过小小情景剧，真实情境引导学生体验、感悟互助关爱的美好情感，引导学生树立正确的与人交往的观点和态度，学习关爱他人，宽容待人。消除男生、女生之间的隔阂矛盾，培养良好的班风，培养同学们的集体主义协作精神。

主题班队会也是对学生进行青春期教育的有效途径，班主任依托这个平台，对学生进行心理教育，有了一定的成效。

大概从四年级开始吧，不知不觉我感到和男生之间产生了界限，这种界限就像瞬间在我和男生之间形成的一道沟，把男女之间相隔两岸。彼此间不敢轻易交谈，有问题不敢相互讨论，甚至不敢正面相看，作为一名女生，主动与男生搭话会感到很羞涩。

然而，就是这场中队会让我们明白了男生和女生之间的这种界限形成完全是由心理原因造成的，如果有了这种平常的心态，男生女生之间完全是可以正常交往的。青春是美好的，充满着朝气，充满着希望，让我们敞开心扉，共同拥有一个美好的青春时光。

这次中队会对我的思想转变有着重大的帮助和指导意义。

——六(3)班　马泽涵《扬起青春的风帆》

青春早期教育使我校高年级学生青春期疑惑得到了释怀，能力得到了发展，同时他们的心理素质也有了明显的提高。较好地缓解了刚刚步入青春期的高年级学生的一些心理压力，排解了一些心理困惑，增强了自我保护意识。

(二)给我一个舞台，还你一个精彩

学校发挥少先队的优势，强化少先队组织教育，开展丰富多彩的教育活动，努力提高队员的思想道德素质、科学文化素质和身心健康素质。充分利用多种教育资源，构建社会实践大课堂，为学生创造更为广阔的成长舞台，提高少先队员文明素养。

学校利用红领巾电视台举办《校园达人》和《星光大道才艺展示》活动，看看孩子们的心理活动：

“学校要举行校园达人啦，我听了心里暗暗高兴，终于有机会在全校同学面前展示自己了，但同时又有几分忐忑。怀着复杂的心情，我报了名。我想希望通过这次活动锻炼自己，希望将自己最靓丽的一面展示给全校同学。”六(4)班姚盼竹说。

“任何一个活动，开展得好，离不开直接或间接的参与者的努力，而每一个参与者也都会因参与而体会到自己的收获。”费俊英老师在一篇随笔《身边的感动，让温暖充满校园》里写到：“在心中存一份感激，不一定只待惊天动地的来临。身边的感动，同样也是一股股暖流，不时地激荡起我们心中的层层涟漪。作为一名在教育战线工作多年的老教师，我在教学上严谨认真，指导学生一丝不苟；每天，总是到校很早，进教室辅导早自习；就连中午都坚持进教室批改学生作业，管理班级事务；放学有时还要辅导个别学生，很晚才回家。这一切都是为了我们的学生。当我们看到所教的学生健康快乐地成长，取得成绩时，做老师的是最容易被感动和感到满足的。我的学生和家长让我很感动。”

我爱“星光大道”

我校有一个特殊的电视台——红领巾电视台，学校开展了“星光大道”才艺展示，在这里，同学们可以跳上一段优美的舞蹈，可以吹奏一曲美妙的音乐，可以放声歌唱，可以大展你的才华。而我报名参加综艺类节目为大家说上一段单口相声。当主持人说出我的名字时，我紧张得不得了，上了台，说完了，我向大家鞠了一躬，耳边响起热烈的掌声，我才松了一口气，擦了擦

手心里的汗，我才明白，在电视上的比赛选手们的不容易，俗话说得好，“台上一分钟，台下十年功。”想要有一个好的成绩，平时就要刻苦练习，有付出才会有收获，每个人都不可能不劳而获，天上不会掉馅饼，天下没有免费的午餐，大概说的就是这样吧。

学校的“星光大道”不仅可以让同学们看的精彩的表演，还可以锻炼表演的同学的自信，我爱学校的“星光大道”！

——五(2)班　王一寒

为了提高队员们的综合能力，培养卓越学生，学校大队部还成立小干部志愿团，每周进行一次培训，李莲华副校长亲自主讲，他们通过专题学习、实践体验、活动反思等，不同形式，小干部们在飞速成长。小干部们是这样说的：

作为班长我有幸参加了学校组织的小干部培训班，每周一，李副校都会耐心又细致地对我们进行各种培训、交流，给我们提出工作中的问题，给予及时指导，树立榜样，让我们相互学习，使我们渐渐地成熟，变得更团结、工作更注重方法。让我知道了如何做好一名合格的小干部。

我们还会参加一些活动，比如：少先队员代表大会、小干部培训……这些培训让我们增长知识，学会如何做好自己的工作。学校还开“卓越之星”评比，让我们把他们作为榜样，不断发现自己身上的缺点，吸取别人的优点，这会使我们进步更快。

通过培训我还知道了我们就是羊中心的卓越团队，我们是全校的榜样，而且我们要为全校服务，为班级添彩，为学校争光。实行“让优秀成为习惯，让习惯成就卓越”，“做最好的自我”。

六(2)班张博同学在参加爱心活动后，在《爱心小队看望空巢老人》一文中记载：“这个寒假过得非常有意义，我和丁怡、李依纹等人响应学校的号召，组成了‘爱心小队’。2 月 14 日，我们走进四季青敬老院，看望空巢老人。时间过得很快，回想看望老人这段时间的全过程，看到他们发自内心的慈祥笑脸，听着他们互相祝福的话语，我们非常快乐，非常幸福。同学们尊老敬老是我们社会的传统美德，我们的看望为老人带来了欢乐，这次爱心活动非常有意义。真心地祝愿老人们身体健康，长命百岁！”

——五(1)班　段佳凝

给我一个舞台，还你一个精彩，丰富多彩的少先队活动，学生自己策划，自己当小主持、自己当小导演，自己当小评委。孩子们通过锻炼，增强了自信心，锻炼了胆量，还激发了同学们的参与热情。不仅丰富了学生的生活，培养学生的团队精神，更加提升了学生的艺术修养，为培养学生的综合素养助力！

（三）体验当兵的滋味

国防教育是学校德育系列教育之一。我校立足现实，着眼未来，以"强健意志体魄，加强学生的国防意识、普及国防知识"为目标，以争创"国防教育先进学校"为动力，认真开展富有成效的国防教育活动，使我校的国防教育工作扎实有效向前推进。每年 9 月，学校都组织五年级全体学生到军营开展为期一周的国防教育活动。他们练步伐、练体能、练意志、学技能。军营体验是学生一个成长的阶梯；是一段难忘的人生；是一个崭新的课堂，孩子们非常珍惜这次军营体验经历，铭记所学到的知识和做人的道理，在学习生活中锻炼自己、塑造自己、展示自己。一周的军营体验孩子们真的变了。

体验军旅生活

每年 9 月，学校都组织五年级全体学生到军营开展为期一周的国防教育活动。他们练步伐、练体能、练意志、学技能。军营体验是学生一个成长的阶梯；是一段难忘的人生；是一个崭新的课堂，孩子们非常珍惜这次军营体验经历，铭记所学到的知识和做人的道理，在学习生活中锻炼自己、塑造自己、展示自己。

今天是我们开始军旅生活的第一天。第一次亲眼看到解放军叔叔那整齐的队伍和漂亮、挺拔的军姿。今天我们也要向他们一样刻苦训练。一开始他们先给我们表演了一下军队里的动作和口号，我们也像他们一样在外面顶着烈日不断地训练。火辣辣的太阳照在脸上，汗水不断地往下淌，我真想跑到树荫底下歇一歇。有时身上有点痒痒，总想伸手挠一挠，可是一看到教官那严肃的表情，一想到还得保持军姿我又把困难克服了。好不容易到了休息的时间，可是教官只给我们二十秒时间喝水。同学们一改平时懒散、磨蹭的毛病，迅速拿起水瓶解决口渴问题。有时教官给我们讲军队里的训练情况。冬天下大雪他们也要坚持训练而且穿得很少，即使这样也会练得汗流浃背，他还告诉我，有时他们头上出的汗水都能结成冰，就算这样也不敢乱动。听到这些我的心里不由地产生一股敬佩之情。

军旅生活的第一天，让我懂得了军人的训练非常辛苦，他们在困苦中不断的磨炼自己的意志。我们也要像他们一样干每一件事都要不怕苦不怕累。

——五(4)班　杨瑞轩

一周的国防教育，孩子们有了根本的改变，由娇弱的花朵，蜕变成一只只翱翔的小雄鹰，看到孩子们的转变，家长们非常激动。

国防教育活动改变了孩子

现在的孩子有些就像温室里的花朵，但国防教育却悄悄地改变着她们，使她们更坚强、团结、向上。五年级开学前，纪念抗战胜利七十周年大阅兵，那整齐的步伐、嘹亮的歌声更是激发了孩子的爱国热情。当直升机从房顶经过，孩子不禁感慨地说：中国太强大了！

很幸运，孩子人生的第一次军训也开始了。几天来，每天放学后给全家展示训练成果，站、坐、立正、正步走、军体拳，表情严肃、一招一式有模有样。从班主任每天发来的照片中，我看到了他在校训练时发自内心的勇气和力量，看到了他的一丝不苟和坚韧不拔！

这次学校组织的国防教育活动，作为家长是非常地支持和肯定，几天下来孩子说："妈妈我的皮肤是不是有些黑了？看着是不是比以前更健康了？我们每天都在外面运动，我感觉特别快乐！当我走正步的时候感觉自己就是个小军人。"听了她的话，我真的为她感到骄傲。

感谢老师们的辛勤呵护，感谢学校给予孩子们这么好的锻炼机会。这种磨炼，在她们的人生旅途中，是一笔宝贵的精神财富，不相信有完成不了的任务，不相信有克服不了的困难，不相信有战胜不了的敌人！我们共同勉励吧，勇往直前！

——五(1)班　郝若愚家长

(四)祖国在我心中最重

爱国主义是中华民族的光荣传统，是社会主义核心价值观的重要组成部分，同时也是中国培养四有新人的基本要求。爱国主义教育是提高全民族整体素质的基础性工程，是引导广大青少年树立正确理想、信念、人生观、价值观，促进中华民族振兴的一项重要工作。因此在小学进行爱国主义尤为重要。

我们每年都会开展多样的爱国主义教育，召开诗歌朗诵会、组织学生网上签名向国旗敬礼等，积极引导学生培育和践行社会主义核心价值观，学生在潜移默化的教育中健康成长、全面发展。

上周，学校五年级开展了“祖国我为你自豪”的主题诗歌朗诵会。张伯瑞在这次比赛中获得了一等奖。孩子回家后别提多开心了。张伯瑞平时的声音洪亮，喜欢唱歌，这次诗歌朗诵会在班主任张老师的推荐下报了名。张老师鼓励他说我相信你一定会为我们班取得好成绩。有了老师的鼓励，孩子有了信心。真心的感谢老师给孩子锻炼的机会。

——五(2)班　张伯瑞《我骄傲，我是中国人》

为了庆祝中华人民共和国成立 64 周年，弘扬爱国主义精神，培养学生的高尚情操，我校组织学生参加了网上向国旗敬礼活动。

活动分两个环节进行，第一个环节由校领导向全体学生做动员，强调本次活动的目的、意义、操作过程和注意事项。第二个环节组织学生开展活动，我们在老师的指导下，以个人名义通过互联网向国旗敬礼，写出寄语，合影留念。在整个活动中，同学们态度认真严肃，体现了我校学生的风范，通过参加此次活动也受到了一次心灵的洗礼。

通过本次活动，我们增强了爱国情感，并将爱国主义与热爱生命、热爱父母、热爱学习、热爱社会等思想紧密结合起来，今后会以实际行动做一个有道德的人。

——六(3)班　李依纹《向国旗敬礼》

爱国主义教育将是学校德育工作的一项长期工程。多形式的爱国主义教育活动，增强了学生爱国意识，引导学生做一个有道德的人，让爱国主义教育在每个学生的心中生根发芽，开花结果。

(五)做个有担当的好学生

现在的学生大多是独生子女，部分学生在家由于父母的溺爱，他们任性、以自我为中心；在学校则表现为：做事缺乏责任心，对他人、集体漠不关心。针对以上现象和问题，我校举行以责任教育为主题的班队会，培养学生的责任感。

"由'36'引发的思考"主题班会

主持人1：同学们，从开学到现在刚刚过了两个多月，可经过我们的调查，发现了一个惊人的数据——"36"，你们知道这个数据表示是什么吗？这是从开学到现在我班同学让家长送东西的次数。为什么在短短的两个月时间里，我们班会有58人次让家长这么频繁地往学校送你们忘带的东西？就这个问题我们进行了随机采访。

主持人2：是啊，同学们忘带东西给家长、给保安，给老师带来多少麻烦，通过这个问题反映出我们很多同学的责任心不强，责任就像一棵大树，我们每个人都是一片绿叶，只有每个人都树立牢固的责任意识，健康茁壮地成长，才能使我们这棵责任树枝繁叶茂，才会使责任之树充满勃勃生机。那就责任这个话题我们班进行了分组讨论，下面就请每个小组给大家说一说：

老师小结：第一个故事中的苏珊为什么不喜欢自己的专业却能学得那么好，不喜欢自己的工作，却能做得那么出色？第二个故事中的小男孩能对自己说的话负责，能认真做好一个真正的军人应该做的事，我想他将来一定是一个负责任的人。通过两个小故事，我想大家一定对责任有了更进一步的理解，我们一定要向股市中的苏珊和小男孩一样，做到对自己负责，更要对他人负责。谢谢第一小组给我们带来的故事。

学生3：送别了"最美司机"，让我们融入生活的洪流，回归平凡的坚守，最美教师张丽丽在生死关头的奋力一推，定格了"最美女教师"的形象。交通事故是偶然的，但张丽丽老师舍身救人的事迹却不是偶然的。那情急之下的壮举，是本能，更是责任、爱心、无私和崇高。

老师：其实在我们社会中有很多这样负责任的人和事？谁能说一说给你印象最深的是什么？（我的爸爸、老师、邮递员、姥姥……）可以说说他们是怎么做的。

李雪的爸爸是我们学校的法制副校长，下面请李副校长给我们讲一讲他是怎么教育李雪的以及他对责任的理解。

李雪爸爸发言。

老师：李副校长给我们提的希望也是老师，学校、家长对我们的期望，希望大家不辜负我们对你们的期望，做一个做事负责的孩子。

第四小组：学生：在遇到事情的时候每个人都应该先为集体着想，而不是先考虑自己，下面就请大家看看这几个同学在碰到问题时是怎么处理的，请欣赏我们组给大家带来的情景剧《谁的责任》。

老师：谢谢第五组同学们的表演！一堆垃圾没有扫干净，这是谁的责任呢？一堆垃圾引发的思考，让我们同学懂得了这个道理。如果我们每个人把班级的事情都当做自己的事情，做到对集体负责，我们这个集体一定会更团结、更和谐。

老师：刚才同学们说的这些其实都是些微不足道的小事，就是这些小事反映出他们闪光的责任心，他们在做着对自己、对他人、对集体负责的事，希望我们同学能够真正地向他们学习，他们就是我们的榜样。

师：今天老师也给大家展示一组情景再现。

想一想：你是否将责任体现在你的行动中了呢？

责任大家谈：（小组讨论）。

班主任讲话：今天的班会上，同学们都纷纷表达了对责任的理解，知道了一个人不仅要对自己、对他人、对集体负责，还要对家庭对社会负责。同学们还自发的认领了责任岗，使我们的责任树枝繁叶茂。希望大家都能对你的责任岗认真负责，做一个负责任的人。

—— 郭冬燕

培养学生的责任感，离不开家长和学校的共同配合，我们通过家长会、家长学校、家访等多种途径，和家长进行沟通，建立了家校教育共同体，起到了很好的作用。

（六）面对挫折，我不怕

现代社会是一个充满挑战的社会，在教育中，增强青少年的心理承受能力和适应能力就成为当务之急。针对当代学生抗挫折能力低、适应能力差等特点，我校开展挫折教育，提高学生克服困难的决心、信心、恒心，增强学生对挫折的承受力、应变力、克服力，培养其完善人格。

主题班会：困难来了，怎么办？

活动背景：现在的小学生大多是独生子女，家庭环境、学习环境非常优越，在多位家长的精心呵护下，就像温室中的花朵，较少经历风雨，在困难和逆境面前常常会手足无措，或是自暴自弃。在校园的集体生活环境中，适应力较低，心理调节能力较弱，哭哭啼啼的现象时有发生。针对孩子们的这种特点，提倡并引导孩子们开展以《我要坚强》为主题的班会，希望孩子们能逐渐学会如何调节情绪，以坚强、乐观、积极向上的态度生活。

活动目的：从校运会接力赛入手，以“发现问题—分析问题—解决问题”为主线，由浅入深，由近及远，拓展到社会热点，引出学生面对困境的思考，引导他们逐步调节自己情绪，学会处理矛盾的方法，坦然地面对困难、挑战困难、最终战胜困难，提升学生的意志力品质，能坚强、勇敢、乐观地的生活。

活动总结：在我们成长的道路上，有坦途，也有坎坷；有鲜花，也有荆棘。在你伸手摘取美丽的鲜花时，荆棘同时会刺伤你的手。不要怕痛，从容面对坎坷就能成功。

——徐淑霞

学校通过主题班会对学生进行挫折教育，让学生了解挫折在人生路上的不可避免性，培养学生积极进取、不畏挫折的良好意志品质，树立信心，引导学生正视挫折，提高承受力，掌握正确方法，取得了一定的成效，让我们走进学生的心灵去看看。

挫折教育促我成长

“哗—哗—哗—”随着同学们热烈的掌声，我们五(2)班《我在挫折中成长》这节精彩的班会结束了。

我们班会主题是“我在挫折中成长”，我们之所以用这个主题，是因为我们想通过班会活动，引导同学们正确认识困难，了解怎样克服成长中的困难的方法，在活动中，培养同学们遇到困难不退缩，勇于克服困难的精神，进一步提高挫折能力。

通过这次的班会活动，同学们明白了一个深刻的道理：战胜困难和挫折的关键是积极面对和通过自己的努力去克服。困难像弹簧，你弱它就强。只要我们有信心战胜它，相信同学们一定会战胜重重困难，走向成功！最后，祝大家永远开心，烦恼越来越少！

——五(2)班　陈熠妃　邹知凝

(七)低碳生活，从我做起

保护环境是全社会的责任，对学生进行环保教育在学校教育中占有重要地位，学校每学期都会开展系列环保教育活动，师生们的环境意识在不断地增强，“从我做起，参与环保”逐渐成为全校师生的共识。

主题班会：携手低碳生活，共建绿色家园

活动背景：

随着社会的发展，人类的活动使大气中二氧化碳的含量不断增加，我们生活的环境在持续恶化，温室气体已成为全球共同面对的最紧要的问题，“低碳生活”也逐渐为全球所关注。所以召开“携手低碳生活，共建绿色家园”为主题的班会。

设计理念：

树立低碳环保的理念，推广低碳生活的理念，打造绿色生活空间。

活动目标：

通过本次主题班会，引导学生关注环境问题，了解环保知识，对学生进行可持续发展观的教育，使学生树立低碳生活的意识，认识到“保护环境就是保护我们的家”激励学生争做人人环保达人。

活动形式：

以录像和照片图像资料的形式使学生对环境现状深入了解；

辩论会和计算碳排放量的形式使学生在思辨中求得真知、明辨道理。

活动延伸：

继续开展低碳生活的各项活动，尤其是把这种理念继续推广到羊坊店中心小学，扎根于每一名学生心中，落实到每一名学生的家庭中、社区里，努力使低碳生活成为每一名同学、每一个家庭的一个习惯。

环保是一个热门的话题，也是一个迫在眉睫的问题。地球是人类赖以生存和发展的共同家园，改善环境、保护地球是我们每个人都义不容辞的责任。通过环保教育，我们的学生主动行动起来，从我做起，改变周围环境。

——薛秋兰

环保小队在行动

为了保护环境，为了落实学校假期通知中倡导的利用寒假推动社区少先队建设。建立假日小队，围绕宣传社会主义核心价值观、开展做文明有礼北京人等主题，在假期中开展一次活动，因此我们环保小队决定，从我做起，从身边的小事做起。我们组织了一次假日活动——打扫会城门公园的卫生。我们环保小队由我和胡衍东、吴优、李奕霏、刘惠昕组成。

这次活动使我收获了许多。我们体会到，“把一件简单的事做好就是不简单，把一件平凡的事做好就是不平凡。”在寒冷的冬日，我们干的浑身冒了汗，还真挺累的，但心里别提多高兴啦！我们深深地感受到了劳动的快乐。通过这次活动，让我们明白了，“人心齐，泰山移。”只要我们每一个人都贡献一份力量，就能让我们赖以生存的环境更加清新，让我们的生活更加幸福，让我们的世界更加美好！

——五(4)班　朱旭

(八)从小埋下诚信的种子

受社会不良风气影响，许多小学生身上都有不讲诚信的现象和行为，影响着同学间的交往，对学生今后的发展很不利。因此加强诚信教育，让讲诚信体现在身边的一点一滴的小事上尤为重要。学校加强诚信教育，使学生理解什么是诚实守信，懂得诚实守信的重要性。感受他人诚实守信的事例，学会从小事做起，用诚信立学，用诚信立行。

主题班会：《一本课外书的旅行》

环节一：引出问题，理解诚信

观看视频《一本书的旅行》(甲的课外书借给了乙，乙答应他第二天一定还，可乙又随便的借给了丙，丙把书放在桌子上，被丁拿到托管班，结果书丢了)

环节二：古今故事，弘扬诚信

《曾子杀猪取信》《我不能失信》……

北山愚公、三顾茅庐、李素丽……

《小学生日常行为规范》《少先队队风》……

环节三：解决问题，明辨诚信

小健和小奎是好朋友，可小奎在家里总是对妈妈出言不逊，一点也不尊重妈妈，班主任向他了解小奎的情况，他该如何向老师反映情况呢？是尊重朋友隐私还是帮小奎隐瞒？真是难死人！假设你现在就是小健，你准备怎样做呢？请简要说明理由。

重演课本剧《一本课外书》。

从我做起，践行诚信。

我身边的诚信榜样。

学生谈一谈自己身边的诚信故事（可以是同学、家长、社会上看到的事）。

我要做讲诚信的好孩子。

让学生敞开心扉说一说自己不讲诚信的例子，以此来告诫自己和他人做事情要讲诚信。

环节五：班主任总结：同学们，诚信，是做人的根本，拥有诚信，你的世界会无限大，生活会无限好；拥有诚信，你就会永远美丽，让诚信扎根在我们的心灵，让我们心中时刻装着它。在今后的学习生活中，希望同学们时时处处做到诚实守信，让诚信成为你们生活的导航灯，成长路上的好伙伴。

——郭冬燕

学校通过诚信教育引导学生树立“说诚信话，办诚信事，做诚信人”的诚信观念，唤醒学生自我教育和自我完善意识，自觉加强诚信建设，养成诚信待人，诚信处事，诚信学习，诚信立身的良好习惯，把学生培养成一名具有诚信美德的优秀小学生。从学生的感受中我们看到了教育的效果。

做诚实守信的好孩子

2014年11月21日，我们四(2)中队召开了以“诚信”为主题的队会。此次班会的目的是教育队员们从小做一个诚实守信的好孩子，懂得诚信的重要性。

队会活动正式举行这天，每个队员都兴高采烈、精神抖擞。在嘹亮的歌声中开始了今天的队会，大家结合身边发生的人和事，畅谈了对“诚实守信”的理解，进而对诚信的行为进行了歌颂，对违背诚信的行为进行了批评。整个队会活动的形式活泼多样，每个队员都拿出了自己的看家本领，通过各种方式全面挖掘了“诚实守信”的内涵。尤其是相声《拍卖诚信》、诚信书签和诚信小故事更引起了大家的强烈共鸣，将队会一次次推向了高潮。参加我们班会活动的李副校长也对同学们在今后的生活和学习中如何真正做到诚实守信给予了指导。

在这次队会上，我和队员们一样发自内心感受到了诚信的重要，正如在主持中的一句台词所说："失去了诚信就失去了一切!"我也会在今后的生活和学习中，以诚实守信的原则来做人、做事，以自己的言行彰显社会主义核心价值观的意义。虽然队会结束了，但是寻找诚信，我们仍然在行动。

——四(2)班　陈奕涵

三、缤纷社团为学生成长实现量身定做

学生社团是校园文化隐性课程的重要组成部分，是实现人才培养的重要手段，也是德育工作的重要载体。我校的缤纷社团以教师为关键和重点，以学生为立足点和归宿，从学校的实际情况和学生的实际需要出发，构建学校办学特色。课程设置力求做到全面、多样化。目的是尽可能发挥每个学生的个性与特长，实施理念是为了每个学生，使学生学有所长。培养学生自主学习的习惯，树立学生自主学习的信心；培养学生善于发现问题、解决问题的能力；磨炼学生的意志，使学生形成知难而进的品格，消除畏难心理；从学习兴趣出发，尊重每个学生的个性发展，因势利导，促使学生形成健全的人格。

学校的社团分为艺术类、体育类、科技类。艺术包括：管乐、合唱、舞蹈、儿童画、国画、书法、素描、艺术表演；体育包括：健美操、田径、跳绳、篮球、跆拳道、围棋；科技包括：计算机、科技发明、单片机、金鹏论坛。多彩的社团为学生的发展量身定做，学生们也在社团中收获着，成长着。

书法课后涮笔污水的调查

校园是我们日常生活的地方，校园生活更是我们童年最美好的回忆，保护我们的校园环境是每一名同学的责任。但近来，我们发现在校园中有个别同学在书法课后故意倾倒涮笔污水污染校园环境，保护校园环境不容小视，所以经过商量，我们小组决定对此事进行调查，解决这一问题。近两个月来，通过我们的不断努力、老师的辛勤辅导以及小组成员家长、接受调查同学的积极配合，终于完成了我们的课题。

我们调查研究的虽然是小事，但我们收获很大：

首先是初步学会了调查工作方法、思路以及调查问卷制定应该考虑的有关问题，对今后开展其他调查工作非常有帮助。

其次是深刻体会到团体协作的重要性。调研工作需要小组成员的积极筹划、开动脑筋、深入谋略、集思广益。

最后是亲身感受到环境保护的艰巨性。我们的选题在环境保护当中是非常不起眼的小问题，以至于很多人漠视。但小事不愿做，大事做不了，长此以往，环境污染如何根治？我们既呼吁广大同学养成爱护校园、保护环境的好习惯，也呼吁所有学校建立适当的环境保护制度，重视学生们的环境保护教育，教育大家从小事做起，从身边事做起。

我们相信，通过我们大家长时间的努力，一定会取得收获，保护好我们的校园。不论最终我们是否获奖，我们都会继续努力、积极参与，因为只要突破了自我就是成功。

金鹏课题研究伴我长大

要说我是怎么进科学小组的，那和别人可不一样。别人都是老师选出来的，我却是没兴趣小组上，被分配到这里来的。说实话，我当时不懂什么叫科技论文，更不懂金鹏是什么东西。我以为科学组就是写写作业，看看书，做做实验。到科技节了，我还什么研究都没做呢！看着别的同学得意洋洋地上交作品，我突然萌发出一种力量，像一颗即将破土而出的种子。我决心把课题做好。

俗话说得好，语言是花苞，行动才是果实；决心是种子，实干才是肥料。我当时根本不懂怎么做课题，我之前做的绿豆发芽，现在看只是日志。我缺乏做课题的经验，是一只不会飞翔的雄鹰，虽然有无限潜力，却无法施展。在老师的帮助下，我渐渐明白了我不知道的一些事，在我的课题上添砖加瓦，我也会做课题了，和原来相比，事半功倍。我同时也懂得了鲁迅的名言：时间就像海绵里的水，只要肯挤，总是有的。快到上交了，我突然发现我有一些小的细节没有注意，要知道，我是个不爱较真的人，可是该较真的时候就应当精益求精的较真，那时十一点以后睡已是家常便饭，细节是多么重要啊！论文总算交了，弯路也终于过去了，虽然我做课题的困难很多，但我克服过去了。

这次研究后我的收获很多，会做饼形图、流程图了，知道科技论文的格式了，要知道，我父母都不会做呢！还有一点是我的打字速度还加快了。

——六(3)班　赵文佳

“鸟巢杯”趣味田径运动会

10月23日，天气格外晴朗。几朵白云惬意的飘着，太阳把那如丝的金光洒向大地，河畔的柳树被微风吹拂着，舞动着纤细的腰肢。我来到学校，与其他同学踏上了去往鸟巢参加少儿趣味田径运动会的旅程。

我们迎来了第一项比赛——短跨接力。我一次参加体育比赛，未免有些紧张，心想：万一我没跨过栏怎么办呢？万一我掉棒了怎么办呢？不过，见其他队员都信心满满，我也就踏实下来。“砰”一声发令枪响后，我们队的第一棒选手——李天昊和对方选手如离弦之箭似地冲了出去，两个人齐头并进，跨过了一个又一个栏杆。可快到最后一个栏的时候，对方选手以惊人的爆发力突然加速，超过了李天昊。随后的第二棒、第三棒他们都一直领先。终于到我了，当郝思维把接力棒传给我时，我紧紧地握住了它。我双眼紧闭，以最快速度冲了出去，可正当我要把接力棒递给刘琛时，它突然掉在了地上，刘琛急忙以迅雷不及掩耳之势把棒捡了起来，向对面跑去，可是，我们还是落后了四秒多！我十分的失望，因为我掉棒了。不过，在后面的“十字跳”和“软式标枪”的比赛中，大家都发挥出了最好的水平，胜利的喜悦使我的心情也好转了一些。

最终，我们的团体总分获得了全国第十六名，这对我们首次参加比赛的同学可算是好成绩了！因为我们在竞赛中都已经超越了自我。

——六(1)班　周鼎宣

我爱健美操

我叫杨淏宇，参加我校健美操校本训练课程已两年多了。两年来，在学校奥林匹克精神的指引下，在健美操老师的辛勤培养下，感觉自己有了巨大的变化。

首先我对音乐节奏的感受明显增强。少儿健美操节奏明快，动作刚劲有力，经过一年多在音乐伴奏下运用各种不同类型操化动作的身体练习，我感觉自己对音乐节奏感和韵律感明显增强。

我的身体素质也明显提高。我的身上逐渐长出了肌肉群，身体变得更加匀称，有了健美匀称的体形，身体的柔韧性、灵敏性、协调性等方面也有了显著提升，参加健美操训练能明显增强体质。

另外，健美操训练培养了我正确的身体姿态。少儿健美操对学生的姿态有一定要求，对动作类型、技巧除了要有健身价值外，还强调美感。在健美操训练时，一般要求身体保持收腹、抬头挺胸的姿态，经过严格训练，我终于改掉以前含胸驼背的不良习惯，形成良好的正确姿态，为我以后有一个好的仪态姿容打下了基础。

最重要的是，我的意志力明显增强，也增强了我的集体荣誉感。良好的意志品质不是自发产生的，而是在教育和学习中形成的。我在初学阶段，由于动作记不下来，有时真是急的直哭，不止一次产生了退缩的心理，随着老师的鼓励和爸爸妈妈的劝说下，我坚持了下来，让我感受到了通过自己坚持与努力克服困难取得成功的成就感，培养了我的意志力。而且一套健美操一般都在五六分钟以上，有一定运动负荷，那么就需要一定的耐力和顽强的意志去完成，这无疑又对我形成坚强的意志力有着潜移默化的作用。

——三(3)班　杨淏宇

学校的社团活动，培养了学生的特长，锻炼了学生的意志品质，学生们成长了，发展了，家长对学校更加认可了，请听听家长的感言：

五年来，她在学校和健美操孙丹老师的培养下，从一年级开始多次参加区、市、全国的青少年和中小学健美操比赛，并取得了优异成绩，同时，在去年获得国家三级运动员的资格证书。看着她一天天长大，看着她那优美的身材，健壮的体魄和那一张张奖状、一块块金银铜牌时，我们全家人都很欣慰，我们感觉到让孩子参加学校健美操队的选择是正确的。

一是孩子增强了自信心；二是培养了孩子不怕吃苦的品德；三是使孩子有了一个苗条的身材和健壮的体魄。感谢学校为孩子们搭建了一个练健美操的平台，并祝愿我们学校的健美操队越办越好。

——五(2)班　张然家长《健美操伴我女儿健康成长》

在上海之春艺术节上，羊坊店中心小学管乐团，荣获全国金奖第一名！得知这个振奋人心的喜讯，作为一名参赛学生的家长，我为他们感到光荣和自豪！

取得了好成绩，所有人都为他们欢呼、鼓掌。但是又有谁知道金奖背后的酸甜苦辣呢？老师们辛勤的付出，让孩子们的演奏能力得到很大提高。他们用无私的爱，让孩子们懂得互相关心，互相爱护。几个月的努力奋战中，孩子们累了、烦了、病了，但他们不放弃！老师鼓励他们坚持到底，不向困难低头。几个月的共同备战，孩子们的演奏水平提高了，集体意识增强了，有了一定的团队精神。一分辛苦，一分甘甜，一分耕耘，一分收获。虽然孩子们牺牲了很多玩的时间和休息的时间，但他们收获了更多更多。

——五(3)班　王天一家长《"金奖"背后的苦与乐》

2011 年 12 月 6 日，羊坊店中心小学管乐团应邀来到了位于天安门旁边的中山音乐堂参加《2011 年首都学生演出季》的器乐专场演出，这是学校管乐团建团以来的第一次参加这样高规格的演出。

下午的时候，音乐会开始了，数以千计的观众坐在观众席上看着我们，其中有教委的领导、解放军军乐团的领导、学校的老师还有我们的家长……在舞台上，孩子们随着指挥自由地演奏，观众们在每首曲子后给予了我们很热烈的掌声，这让我们非常激动，这种激动化成了一种无形的力量注入孩子们体内，在演奏《萨克斯的桑巴舞》和《红星闪闪》的时候，观众们不由自主地随着节拍鼓起掌来，现场的气氛达到了高潮，这一刻，我觉得孩子之前的辛苦付出是值得的！努力获得了丰硕的回报！

——六(1)班　李云昊家长《一场完美的音乐会》

学校的各项社团成绩突出，孩子百分百参与其中，每年儿童画、国画、书法、素描在楼道进行书画展示，共展出国画 30 张、油画 6 张，水粉画 30 张，水彩画 10 张，素描 30 张，线描 50 张，儿童画 144 张、共 300 张，书法有硬笔书法和软笔书法，共 100 幅。

管乐团到北京中山音乐堂进行专场演出并两次荣获全国比赛金奖第一名，合唱团荣获好莱坞艺术节二等奖，舞蹈团两次荣获海淀区一等奖。管乐、合唱、舞蹈在我校红领巾电视台举办星光大道才艺展示，第一期："美妙歌声献给您"活动；第二期："载歌载舞度节日"活动；第三期："吹奏表演送金秋"活动；第四期："欢天喜地迎新年"活动。共 104 个节目，共计三百多人次登台展示。秀出了学生的艺术风采。健美操参加伦敦奥运巡演，荣获亚洲体操节金奖，参加全国、北京市、海淀区比赛共获特等奖 2 个，一等奖 5 个，二等奖 4 个，三等奖 1 个，共计一百多人次获奖。

围棋项目，参加了 2014 年北京市智运会。我校学生王宾峻、任禾、石云泽第一次代表学校参加了围棋比赛活动，经历了 7 轮奋战，获得了北京市第五名的好成绩。每年学校举行"羊中心之星"校园围棋争霸赛。

金鹏论坛、科技发明、单片机等科技项目，参加了海淀区比赛和科技节展示。金鹏科技论坛荣获北京市一等奖，单片机获海淀区一等奖，共 1042 人次参与及获奖。

四、多彩社会大课堂，实践体验不寻常

社会实践教育是学校德育的一条重要途径，也是深受学生和老师欢迎的一种教育形式。社会实践活动是沟通学校与社会、理论与实践、认识与行动的桥梁，它为学生树立正确的道德认识、形成坚定的道德信念、培养丰富的道德情感、磨炼坚强的道德意志、规范自身的道德行为，创造了一个良好的外部条件，从而成为学生思想品德形成发展的必要条件和客观基础。

学校教育是学生学习与实践的主阵地，但如何将课堂与社会实践教育有效地结合，让学生更好地融入社会生活，是教育工作者孜孜不倦追求的主要内容之一。学生作为学校教育活动的主体，其行为文化是学校文化的传播与展示，最直接地体现学校教育的成效。学校创设了丰富的社会实践活动，让每个孩子都找到自己的能量发挥点，丰富了孩子们的学习生活，提高孩子的幸福感，为成长搭建更广阔的舞台，拓宽视野，培养孩子更加自强、自信。使孩子们在大课堂实践中收获成长。

学校与军事博物馆、首都博物馆合作，培养了一批批小讲解员，我们聘请博物馆专业解说队员任教，对学生进行专业培训，他们利用假期时间给观众现场进行讲解，更加树立了孩子们从小报效祖国的远大志向。小小志愿者，使同学们在各方面也得到了锻炼，不仅加强了与人沟通的能力，还锻炼了口语表达能力，同时增强了个人的自信心。听听孩子们的想法吧！

(一)我是小小讲解员

军博解说队的小志愿者通过寓教于乐的方式，主动中汲取各种知识，受益匪浅。下面我们看看军博解说队的孩子们是怎么说的。

我不但收获了自信，我还收获了友谊，当我在休息的时候，是这些友谊来陪伴我度过休息时间。虽然我们累但我们却收获了课堂上无法得到的宝贵

之物！

——李运韬

通过这次实践活动，使我了解到许多军事武器的知识，了解我国军事的日益强大与飞速发展，深切感受到祖国的巨大变化，我们应该从小树立报国的志向，争当热爱祖国、理想远大的好少年。

——梁子瑄

成功的秘诀是什么呢？我在参加了军博讲解员志愿者活动后找到了答案：只要不怕困难，有信心，并且坚持不懈的努力，就能成功。

——郑蕴衡

我其实胆子很小，但是在实地演练时却不得不当着游客们好奇的眼光练习解说词，而就在这时，我的自信心强了，不再害怕了，反而人越多我越有表现欲。

——李少惟

既然决定要去做一件事儿就要力求做到最好。我从磕磕巴巴的背诵到流利的解说，从单纯的背诵到有段落停顿的讲解，终于顺利地通过了验收，还受到了军博老师的表扬，心里美滋滋的。

——刘一凡

回顾一下，不知自己流了多少汗，吃了多少苦，这就像父母一样辛苦地上班，每天也不叫一声苦。而我们呢？时不时就要他们伺候我们，照顾我们，竟然一点也没想到他们的辛苦啊，经过这一次磨炼，我一定要学会多为他人着想！

——商蕊

这几天的讲解工作，给我的寒假生活增添了绚丽的色彩。通过自己的亲身实践，我克服了胆怯的弱点，锻炼了意志，同时也体会到了作为一个优秀的讲解员背后的艰辛，所谓“台上一分钟，台下十年功”，我对这句话有了更深刻的认识。

——沈昊扬

这次的活动非常有意义，它改掉了我不敢在人前说话的坏毛病，让我变得相信自己，让我在锻炼中成长！

——文清烨

我已经从以前那个羞怯的小姑娘，变成了一个自信的讲解员了。当讲解员是一个很好的活动，它能让我了解到很多的军事知识，可以锻炼口头表达能力，更能增强自信心，真是一举三得的好事。

——汤林瑄

这次活动大大提高了我的口头表达能力。我的胆子也变大了，面对观众解说时，不再像第一次讲解时那样脸红，也不再因为紧张而出现小动作。课余时间我也更加喜欢看课外书来丰富自己的知识。

——叶一丰

军博小讲解员活动既历练了同学们勇气，又丰富了大家的课余生活，我们期待着更多的社会实践活动。

除军博解说队外，我们还有一支首博解说队。孩子们在社会实践中学习了知识，得到了锻炼，收获了成功的喜悦。

首都博物馆小讲解员是我向往已久的。这学期学校开展了首博进校园活动，我有幸参加了首博小讲解员培训班，心里美滋滋的。

培训班的第一个任务是背解说词，好不容易过了背诵关，接下来是声音关。连我自己都能感觉得到，刚开始讲解时，我的声音洪亮又有语气，说着说着，声音就小了，语气也没了，到最后，自己听着都费劲！哎，这样肯定不行，于是我开始训练自己大声说话。最后，也是最难的，要练习讲解姿态并克服紧张的毛病。

现在每天中午，我都会站在"身边国宝知多少"的展板旁，为全校同学进行讲解，每每听到同学们赞许的掌声，我都开心极了。

感谢学校给我们提供这次锻炼的机会，没有这次锻炼，就没有一个勇敢的我。我要像美丽的蝴蝶一样，采集更多"知识"的花蜜，传承祖国悠久的历史和灿烂的文化。

——王嘉茵

"首博小小讲解员"的培训学习和讲解活动，使她变得更加勇敢，更有自信。女儿很认真地对我说："妈妈，通过这次讲解员的活动我懂得了只要有付出，就会有回报。妈妈您放心，以后我要好好学习，我相信我的努力会换来优异的成绩。"

我被女儿的真诚感动了，我把女儿抱在怀里，欣慰地笑了……

——五(5)班　彭紫璠家长《首博小小讲解员使女儿变得更大方自信》

(二)各种职业初体验

职业体验教育是通过职业体验活动，普及社会科学、自我保护、团队协作等方面知识，让学生更好地了解社会、感知社会、感恩社会。学校组织同学们进行职业体验，大家以“仿真”形式体验了司机、交警、厨师、法官、医生、银行职员、导游、模特、邮递员、建筑设计师等社会职业的不同角色，既感受到爸爸、妈妈、老师工作的不容易，也感受到各行各业工作的困难与乐趣。

今天天气特别晴朗，太阳暖暖地照在身上，一朵朵棉花糖似的白云，飘在湛蓝的天空中，同学们迎来了盼望已久的秋季社会实践活动——迷你世界之旅。不知不觉间，实践活动在一片欢声笑语中结束了。在这短短的时间里，我体验了八种职业，同学们也都意犹未尽，相约下次再一起来玩儿。这次实践活动，使我增长了许多见识，也明白了无论什么样的职业，都是那么的不容易，都需要努力和坚持。

——六(1)班　杨潇桐《职业体验教育》

初次体验

在金风送爽的秋天里，我们刚踏入校门的一年级小学生怀着激动的心情来到了北京迷你世界体验馆，体验近百种的社会职业。一进入体验馆，我就被各种各样的职业体验吸引住了，恨不得马上亲自动手，做迷你世界的小主人。我们体验了消防员，工商执法人员，士兵，造型师等职业。最让我感兴趣的是当消防员。玻璃窗户上熊熊“大火”不断的燃烧，我们纷纷摇动滋水枪灭火，滋水枪可以上下左右摇动，我们对准火苗不停射击。我们按住按钮，水不停地喷，“大火”终于被扑灭了，我们真高兴。通过体验，我们知道一个消防员面临熊熊大火，为了保护国家财产，必须要勇敢，他们那种不怕牺牲的精神真值得我们学习。

今天的活动太有意义了，不仅培养了我们动手动脑的能力，而且还教育我们做任何事情都应认真对待，这样才能成为一个对社会有用的人！

—— 一(1)班　郭珺

(三)安全自救教育

安全是学校教育的重中之重，安全自救教育是学校教育中永恒的主题，学校每学期都会开展不同形式的安全系列教育，形成了家庭、学校、社会合力，狠抓了学生安全防范，提高了学生安全自护能力，增强同学们的安全意识，学校经常带领学生走进安全自护自救基地进行体验。

“9月24日，我们到北京航天科普教育基地去开展校外实践活动。

我带着激动的心情与同学们来到了北京航天科普教育基地。我们将在这里增长火灾逃生知识和本领，增强克服各种困难的信心。我们就要在科普教育基地展开拓展训练、消防演习等。其中我印象最深的就是消防演习了。科普基地里的老师首先带领我们来到一间屋子门口，老师先发给我们一人一张湿纸巾，告诉我们着火并同时有大量浓烟的时候，应该先拿湿纸巾捂住口鼻，如果身边没有湿纸巾，可以把衣物弄湿或把毛巾弄湿，然后把身子趴下逃离火场，不能乘坐电梯。紧接着就亲身感受如何在浓烟中逃生。进了房间之后，里面的烟特别多，我们按照老师说的方法，弯腰、用湿巾捂住鼻、口。出来以后我们还觉得很呛。接着，老师把我们带到模拟窗口的地方，跟我们说，如果大家住在楼房的1～10层里，可以拿一根绳子从窗户里慢慢地滑下去，老师又让我们演习了一遍如何从窗户逃生。我们又演习了一次在地震时应该如何逃生。

——六(4)班　孙旖阳《校外实践活动 让我学会自救》

(四)畅游科技馆

我们组织中年级学生到科技馆感受科技的发展。同学们走进科技馆，普及科学知识，探索大自然的奥秘，激发学习兴趣，进行实践体验。他们与同伴们一起动手操作，体验合作，分享欢乐；在活动中学生畅游知识的海洋。

畅游科技馆

每学期最让我期待和渴望的便是学校为同学们组织的社会大课堂活动了！这次社会大课堂的地点位于鸟巢不远处的博物馆——北京科技博物馆。刚进入馆内我的眼睛就被不远处的一座银色波浪形的巨大建筑物吸引了，天哪！这就是我朝思暮想的科技馆吗？太壮观了！怎么旁边还有一座“大球形”的建筑物呢？一看参观说明才知道这座“大球”是世界上最大的球幕影院，影院的屏幕呈现出360度的球形，让观众有仰望苍穹的感觉。科技馆实在是太大了，我们参观了一下午也没全部看全。这次科技馆之游让我感受到科学的巨大力量。其实在我们的生活中处处都隐藏着科学的奥秘，不管是一块石头还是一片树叶都有着它的故事，只是没有被我发现而已。我以后要努力地学习科学知识，用一双善于探索的眼睛去发现自然的奥妙，也希望自己成为栋梁之才，发明创造出对人类生活有帮助的机械。

——四(3)班　刘金晶

虽然已经来过好几次，但每次科技馆参观都能给我们带来不一样的感受。这次，我们又仔细参观了二、三、四楼所有的展厅，让我再次感受到了宇宙的浩瀚和神奇，物质世界的美妙，丰富多彩的生命世界……认识到了气候变迁缔造了我国的大好河山，信息技术改变了我们的生活、工作和沟通方式，纳米技术给我们带来了不一样的生活，基因技术给我们带来的影响，航天技术会让我们登上月球……

这次实践活动让我进一步感受到了科技的魅力，我希望自己能够快快成长，在不远的将来，为科技的进步奉献自己的力量。

——六(2)班　王鸣时《科技馆实践活动有感》

(五)走进博物馆

组织高年级学生去军事博物馆、抗日战争纪念馆感受中国发展的历史，弘扬民族精神。同学们走在展厅中，回味当年那些令人激动的一幕幕，重温历史给我们展现的我们伟大的民族为了争取独立流血流汗、前赴后继所进行的不屈不挠的斗争史，对历史上一切爱国者和革命先辈的尊敬与崇敬之情油然而生，增强了民族自尊心、自信心和自豪感。其次，学校还组织学生参观校史馆，把奥林匹克教育融入学校活动中。在和谐、超越的理念下，培养学生成为具有“四自”品格的国际小公民。

校史馆参观收获多

我非常爱我的学校。一直以来我都想能更深入的了解她。这次终于有了这个机会，本学期我自愿担任了学校的校史馆解说员，成为了其中的一分子。虽然我可能还有很多的方面需要提高，但是这次经历却给了我很多感触。

原以为讲解员有一份稿子在手，只要熟读就成，后来我发现这是错的。其实光靠朗读其实是远远不够的，有很多地方还需要一一去查阅资料来填补我阅历的空白。铭记每一位历史人物，逐一辨别每一张珍贵的照片。通过这次经历让我受益匪浅，能为了自己热爱的事情不断努力进步。

成为校史馆的一名讲解员，我知道了一件事：这不单单是一种锻炼，也是一种自我挑战。我为自己是校史馆的一员而感到无比的自豪，同时我衷心希望更多的同学能加入到我们的队伍中，让大家对我们学校有更深刻的了解！

——五(2)班　邹知凝

丰富的大课堂实践体验，全面提高我校学生体质健康水平，提升我校学生人文、艺术和科学素养，增强学生社会责任感、创新精神和实践能力。实践是最有效的学习，透过一篇篇孩子们的收获，其实看到的不仅仅是语文课的写作成绩，还有孩子们心灵的成长。

五、我们的奥林匹克文化节

一年一度的“羊坊店中心小学奥林匹克文化节”是我们开展奥林匹克教育的重要途径。它让学生近距离地触摸、感受、融入奥运，体验奥林匹克的魅力，增加学生的国际情感，带给学生全新的不同感觉。北京奥促会发来贺信：“欣闻羊坊店中心小学师生在北京奥运会申办成功至今的 11 年间，始终坚持开展青少年奥林匹克教育活动，这是难能可贵的。在此感谢羊坊店中心小学全体师生做出的艰辛努力。”奥林匹克文化节现在已经成为校园的盛会，成为师生的节日。

羊坊店中心小学的奥林匹克文化节分为：奥林匹克文化展览、奥林匹克文艺展示、奥林匹克体育展示和天使奥运会四个板块。每一板块都体现了学校奥林匹克教育的成果，体现师生的“奥林匹克”情结。每年的奥林匹克文化节都有一个与时代相呼应的主题。

2011—2015 年奥林匹克文化节主题一览表

年份	主题
2011 年奥林匹克文化节	情系奥林匹克、牵手中心小学、共建特色学校
2012 年奥林匹克文化节	扬奥林匹克精神、承奥林匹克文化、显校园奥运活力
2013 年奥林匹克文化节	奥林匹克梦、美丽校园行

（续表）

年份	主题
2014 年奥林匹克文化节	追逐我的奥林匹克梦
2015 年奥林匹克文化节	我们的奥林匹克
2016 年奥林匹克文化节	共筑奥林匹克梦

奥林匹克文化节上形成了最为浓郁的奥林匹克文化氛围。学生以班为单位，完全模仿奥运会开幕式盛况：孩子们头戴橄榄枝，身穿不同国度的盛装，手拿自制的道具，展示着班级特色文化建设。学校独创的大型课桌击缶健脑操令人震撼回味，环保纸球操成了胜利的礼炮。

下面是近五年我校奥林匹克文化节活动纪实：

2011 年 4 月 29 日上午，羊坊店中心小学全体师生，心怀喜悦，以饱满的精神欢聚一堂，隆重举办“2011 年奥林匹克文化节暨第十届天使奥运会”。

在《我和你》师生深情的对唱中，首都体育学院奥林匹克教育专家裴东光教授宣布“2011 年奥林匹克文化节暨第十届天使奥运会”开幕。各班同学身着奥林匹克节日盛装，精神抖擞，以各具特色的班级表演通过主席台，李冬菊校长致开幕词，回顾了羊坊店中心小学自 2001 年以来 10 年间奥林匹克教育在我校发展的辉煌历程，指出奥林匹克的种子已经扎根在每一名师生的心中，学校初步形成了奥林匹克的文化氛围。小教科副科长王振慧代表小教科做了热情洋溢的讲话，希望奥林匹克教育在羊坊店中心小学长成一棵参天大树，办成学生家长满意的学校。

《体育颂》的朗诵响彻整个校园，同学们热情讴歌了体育，抒发了奥林匹克理想。独具特色的升旗仪式令到会嘉宾耳目一新。趣味田径也是我校体育的一大亮点，由于成绩突出我校被国际田联地区发展中心命名为“国际田联少儿田径示范学校”，国际田联地区发展中心主任孙南教授在本次文化节上为我校举行了揭牌仪式，中国健美操协会技委会主任李育林为我校致贺词。

文化节还展示了学校各个艺术社团的精彩演出，大气磅礴的管乐演奏，荣获海淀区一等奖的集体舞演出，合唱团的童声合唱，不时赢得热烈的掌声。特别是学校健美操团队的展示更是将艺术节推向了高潮，让参会来宾由衷的感叹羊坊店中心小学的奥林匹克教育在后奥运时期蓬勃的发展。

海淀区体卫中心刘红艳主任、施宝萍主任、廖艳华主任，海淀教科所张干萍主任、军博陈宣处林燕燕队长、“UDS 合作学校发展共同体建设项目”主持人杨朝晖教授以及羊坊店中心小学项目联络人孙素英博士，羊坊店学区赵忠军老师也应邀参加了这次盛会。情系奥林匹克，牵手中心小学，共建特色学校。勤奋进取的羊坊店中心小学的全体师生将乘着海淀区教委“十二五”打造特色校的东风，在奥林匹克教育的道路上不断迈进！不断创新！

——《羊坊店中心小学 2011 奥林匹克文化节暨第 10 届天使奥运会纪实》

2013 年 4 月 28 日上午，我校全体师生身穿五颜六色的服饰，头戴花环，各年级“小运动员”们在引导员的带领下陆续进场。羊坊店中心小学奥林匹克文化节暨第十二届天使奥运会举行，一年一度的羊坊店中心小学天使奥运会暨奥林匹克文化节给学生全新的感觉。文化节分奥林匹克文化展览、奥林匹克文艺展示、奥林匹克体育展示和天使奥运会四个板块。每一板块都体现了学校奥林匹克教育的成果。

虽然是模拟，但程序可一点不少。在国旗下，饰演各国选手的学生们一起庄严地朗诵了《体育颂》，之后，进行了运动员、裁判员代表宣誓。2008 年北京奥运会上大气磅礴的击缶表演至今历历在目，受此启发，羊坊店中心小学学生们将击鼓演绎成击课桌。“噼、啪”学生们用手掌有节奏地敲打着座椅，声音嘹亮响彻四周，引得周边居民楼的街坊们纷纷开窗欣赏。

我校校长李冬菊坚持创建“奥林匹克教育”为特色的办学模式，通过让学生亲身经历的方式将奥林匹克精髓渗透到德育、智育、体育、美育中。

——《羊坊店中心小学 2013 奥林匹克文化节暨第 12 届天使奥运会纪实》

2014 年 4 月 29 日，羊坊店中心小学的校园内充盈着浓浓的节日氛围，每年一届的奥林匹克文化节暨天使奥运会隆重召开，这是展示学校奥林匹克教育成果的盛会，是我校奥林匹克特色教育历史的传承。我校奥林匹克特色教育开展至今已有十余年的历史，近年来奥林匹克特色教育的内涵以及模式都得到了明确和深化，在“和谐超越”的办学理念的引领下学校取得了长足的发展，今天的奥林匹克文化节便是对此最好的诠释和最全面的展示。北京国安足球队的邵佳一、张辛昕、侯森、张呈栋、郎征等运动健将也前来我校为文化节助阵。

与会当天，楼道内班级文化展览、科技展览、美术展览营造了浓浓的文化氛围。天使奥运会由我校 36 个班级组成的特色入场方阵开场，近 1300 名学生人人参与，以班为单位，每个班级在奥林匹克精神的感染下，都展现出自己独有的班级文化建设成果。他们有的身着各国特色服装，有的手拿各种运动器材，有的展示着各种体育运动方式，二年级同学的军体拳更是令大家连连称赞，洪亮的口号响彻校园，欢乐的笑容洋溢在每一个学生的脸上。操场上全体嘉宾和师生都陶醉在节日的快乐中。

8个大型团体操表演更让大家眼前一亮：震撼的开场击缶操、动感的花样跳绳、优美的集体舞，阳光的健美操，震撼的跆拳道，都体现了孩子们在用行动追逐着奥林匹克梦。创新的足球操更是吸引了国安队员，他们来到场上与我们的师生互动，共享运动的快乐！将我们的开幕式推向了高潮。

天使奥运会的趣味运动项目更是丰富多彩，低年级的海绵球包、翻烙饼比赛；中年级龙行车、射箭打靶；高年级的冰壶、小小特种兵以及全校的双龙夺珠比赛，都让孩子们去参与、感受、触摸，近距离体验奥林匹克的魅力，共享运动的快乐，展现出友谊、团结、竞争的奥林匹克精神。

“奥林匹克梦”今天在羊坊店中心小学的同学中变为现实。展望未来，我们将再接再厉，继续将奥林匹克精神发扬光大，争办国际化奥林匹克教育卓越学校，放眼世界，不断地超越自我，再续辉煌。

——《羊坊店中心小学2014奥林匹克文化节暨第13届天使奥运会纪实》

在我们羊坊店中心小学，一群勇于探索的教育工作者们正在把顾拜旦提倡的奥林匹克精神应用到教育实践中，在探索一条独特且可行的奥林匹克教育之路，一个关于奥林匹克的教育梦悄然发芽。学校紧紧围绕育人目标：培养具有国际素养的国际小公民。从培养学生的自觉、自律做起，希望他们自尊成人、自律成长。一点一滴的磨炼，目的就是要让奥林匹克精神“更快、更高、更强”等人类共同价值观融入孩子的日常教育中去。学校的教育成果得到了家长和社会各界的认可。以下是一些家长来信的摘录：

在奥运精神浸润下

为了弘扬奥林匹克精神，促进奥林匹克精神在校园教育中的发展，羊坊店中心小学成为了全国首例在学生中全面开展奥林匹克教育研究的学校。

每次送孩子去学校，都能看见老师们早早来到学校，面带着微笑站在学校门口欢迎同学，孩子们个个精神饱满见到老师敬礼问候。作为家长我深切感受到羊坊店中心小学的成功所在。

“办有特色的奥林匹克教育学校，在奥运会的背景下培养具有国际素质的少年"。学校紧扣这一理念，推出奥林匹克教育国际课校本课程。模拟古代五项奥林匹克运动会，学生们自己动手制作了"爱心彩球"进行绿色奥运宣传；成立校园里的"联合国"，彰显对奥运精神的诠释；学校艺术社团，震撼课的表演；击缶健脑操等，无不彰显了羊中心的特色。

很高兴孩子在这样的环境中成长。正是这些理念引领着孩子们，使我的孩子不再惧怕学习，快乐地学习！现在的他和同学之间团结友爱，互帮互助。更重要的是孩子在这里体验着成功，获得了自信，我很庆幸选择了她——羊坊店中心小学。真心地说声：谢谢！

——六(2)班　喻家奥家长

以鼓励为主的快乐教育理念

时光荏苒，岁月如梭，转眼间儿子即将小学毕业。从一个淘气爱哭的小孩到现在可以在课堂上大胆发言的学生；从上学需要陪伴的小孩到现在能独自坐车上学的学生；从一个什么都不懂的小孩到现在"满腹经纶"地和我辩论的学生，我们看到了他的成长和进步。

羊坊店中心小学一直坚持以鼓励为主的快乐教育理念，给孩子创造了良好的学习氛围，使他能快乐学习、健康成长。在六年的学习生活中儿子经常拿回来各种各样的奖状，充分体现出学校鼓励全面发展的教学风格，这与传统教育方式是完全不一样的。同时学校还提倡国际化奥林匹克教育，鼓励每个同学选择自己喜欢的体育运动，既满足了儿童喜爱运动的天性，也提高了身体素质。在最近举办的第一届校奥林匹克篮球联赛中，让我真正看到了成长中的"小男子汉"，作为班级的主力队员，儿子全身心地投入到本次篮球联赛中，每场球赛都能积极进取，与场上队员默契配合，充分发挥自己的技术水平。赛后，还能较客观地给我分析两队的比赛技术水平和自己的表现，让我对其刮目相看。

衷心希望儿子能健康成长、快乐学习，成为一个德智体全面发展的阳光少年。

——六(4)班　刘冠成家长

我眼中的羊中心

一年多前，心动于羊坊店中心小学的教育理念，我们毅然决定把孩子送进这所位于小胡同内，外表并不十分起眼的小学。如今孩子已经上二年级，在羊中心这个快乐的大家庭里开心地生活了一年多了，我想说说我眼中的羊中心。

一、经验丰富负责的老师

通过家长会和平日跟老师的接触，我感觉羊中心的老师经验都比较丰富，工作也很认真负责。从一年级开始，孩子们每天需要完成的任务都详细地记录在记事本上并要求家长每天签字。开始孩子们还不太会写字，老师就每天打印出来让孩子贴在记事本上，后来为了锻炼孩子就让孩子们自己抄，现在孩子们都抄得很好啦。还有一个我认为老师布置的非常好的任务是要求孩子们每天阅读并书写读书记录。阅读的重要性不言而喻，很多家长本身也都非常重视，但是经过老师这么一强调，孩子们做起来就更认真了。这里我想感谢我们二四班的班主任沈老师。孩子们每周的读书记录和家长每周的家长感言沈老师都会认真阅读并做批注，比如“孩子的字写得很好”、“孩子很认真”等，这些批注都成为了孩子每天认真阅读的动力，孩子们的阅读水平、表达能力甚至书写水平也都在这良好的习惯中不断得到提升。

二、课程设置丰富多彩

从一年级起，除了日常的语文、数学、英语、美术、体育外，学校每周还有一次健美操课。专业的健美操教室加上专门为孩子们购置的漂亮健美操服，还有漂亮耐心的健美操老师让孩子每周对健美操课充满期待，回家后还高兴地为我们表演呢。二年级开始，每周又增加了一节围棋课，开发孩子的智力。围棋老师善于鼓励孩子，激发孩子学习的兴趣，孩子跟我说了好几次想让我给她报围棋老师在外面的培训班学围棋，还想当我们的小老师教我们下围棋。

三、全面发展的兴趣班和社团活动

孩子们一周有两次的课外兴趣班，兴趣班种类很多，英语、美术、手工、书法、健美操、围棋、花样跳绳等，不同性格的孩子都能找到适合自己的兴趣班学习。我们家是双胞胎女儿，张君宜安静稳重，在书法班学习书法，感谢书法邢老师，张君宜写字真的比之前漂亮多了。张君有活泼好动，在花样跳绳兴趣班。张君有很喜欢教花样跳绳的黄老师，跳绳水平也提高很多，身体也更棒了。除了丰富多彩的课外兴趣班，学校还组织了多种社团活动，管乐团、健美操队、合唱团、田径队、篮球队等。我家双胞胎女儿都有幸进入了学校的管乐团学习次中音号。这些社团在全国、市区级比赛中取得了骄人的成绩，学生的综合素质也得到了全面提升。

四、精心安排的社会实践活动

学校每年组织两次社会实践活动，“蟹岛恐龙嘉年华”、“科技馆”等，活动时间和地点都精心安排，活动组织周到合理，让孩子们在游玩中同时学到很多的科技知识和安全常识，而且这些活动居然还都是免费的。

五、干净安全的餐饮保证

学校有自己的食堂，虽然众口难调，不能保证所有的饭菜是所有孩子们都爱吃的，但是每天到手的午饭都是热腾腾的，不够可以再加，至少可以保证孩子们都能吃饱。而且一年级时每周发两次水果，现在天天发水果。

好了，先说这么多吧。其实除了以上提到的这些，学校还有很多可取的地方，比如每月的主题月活动，比如元旦前刚刚结束的“以物易物”活动，这些让孩子们感到开心快乐的同时对孩子们的身心健康都有很好的促进作用。衷心感谢学校的老师们！也祝愿所有的小朋友们都健康快乐地成长！

——二(4)班　张君宜家长

奥林匹克精神浸润下的教育

我是三年级(2)班李妍霏的家长，当初本着就近上学的原则，我把孩子送到了离家最近的羊坊店中心小学，那时对这所小学的了解还很有限，只知道它是一所历史悠久，具有光荣传统的学校。经过孩子三年的在校学习，我对中心小学的认识也愈发全面，事实证明我当初的选择是对的。

首先，这是一个校风严谨的学校。一方面学校非常注重教师队伍的建设和培养，经常派授课老师到其他学校参观、学习并接受相关培训，学校领导也会经常到各班去听老师讲课，对老师的教学方法提出建设性的意见，还经常评选各类优秀教师，鼓励老师们争优创先；另一方面，学校对学生的要求也很严格，有一整套学生行为规范，强调让“优秀成为习惯、让习惯成就卓越”，始终把常规管理，养成教育放在首位，注重孩子的习惯培养。

其次，这里也是一个舒适安全的学校。校园虽然不大，但处处干净整洁，摄像头遍布学校的各个角落，随时关注孩子们的动向，走廊的墙壁上是每个班级的展示空间，贴满了孩子们的各种小报，书法和手工作品，教室窗明几净，每个班都配有空调、电扇和现代化的教学工具，还配有图书室、电脑房甚至小小电视台，学校还办有校报，定期向家长和孩子们展现学校的动态和新闻，充分体现了家校结合的教育理念。

第三，学校提倡“高效课堂模式”的教学理念，力求在有限的时间里让孩子们掌握更多的知识，转变上课就是老师灌输的观念，提倡孩子们更多的互动和参与，这就要求老师在备课时更加用心，不只是备课，更是“备孩子”，要掌握每个孩子的特点，在课堂上激发孩子们的积极性，让每个孩子都能快乐的参与到教学活动中来。以孩子班上为例，老师就经常在课堂上举行小竞赛、你问我答、小组互动等方式来吸引和调动孩子们的积极性，使课堂不再枯燥无味，而是充满了互动和交流。

最后，我要说这是一个很有特色的学校，学校创建了以“奥林匹克教育”为特色的办学模式，将奥林匹克精神渗透到德、智、体、美等各个环节，实现了四育并举，凸显了奥林匹克特色。学校每年都举行天使运动会，每个月都有一个主题节，平时校园活动也丰富多彩，健美操、管乐队、书画社都多次获奖，取得了傲人的成绩。

我庆幸自己当初的选择，羊中心，把孩子交给你一百个放心！

——三(2)班　李妍霏家长

为孩子们的综合素质教育而努力的羊中心

一所历史悠久的学校、全国特色学校、奥林匹克示范学校…… 学校的外墙上挂满了各种荣誉匾牌，这就是我儿子就读的羊坊店中心小学！

从开始认识这所学校，到喜欢上这所学校，经历一个从“看硬件”到“用软件”的过渡。单看学校外表，特别是学校外围环境，或许不是那么高大上，只是，这些“硬件”的看似不足，很快就被学校的高大上的“软件”而弥补：家长开放日时体操队孩子们的精彩表演，管乐团队中那些英姿飒爽的年轻教官教导出一批批小小管乐手，学校大厅里和楼道间处处可见的一幅幅精美工笔画、油彩画、孩子们自制的各种小报等，处处彰显出素质教育上软件的优势！

而最让人动容的，则是学校的高效课堂，偶尔观摩一次，就足见老师如何认真地对待课堂教育，如何竭尽全力把课堂教学变得生动有趣，并能够在有限的课堂教学时间里，把孩子们应该掌握的知识，用最短的时间最有效的方式呈现给孩子们，让孩子们既无枯燥感，亦不甘怠慢丝毫，从容又紧迫地掌握了该掌握的。从容，是因为整个课堂教学的条理性；紧迫，是因为知识点一环套一环。一堂课下来，就像老师在帮孩子们做了一堂文字游戏，而游戏结束之时，孩子们已自然而然掌握了教学要求该掌握的知识点。孩子们的全情投入，不时衍生出好多新的知识点。

除了以上这些“软件”不时让人叫好之外，学校更是搞出“主题班会”等的活动让孩子们从中受益！“主题班会”的开办，涵盖的内容更是广博：大的“硬件”方面有全程的录像装备，“软件”方面有关于人格的教育，比如关于诚信的教育和培养等；而小的方面，是落实到每个孩子身上，除了不断汲取到教育的主题之外，还给到每个孩子一个锻炼的机会，有主持、有演讲、有各种各样的才艺表演、有全体成员的一致参与，让孩子们不止于“吃知识”，更是让孩子们成为班会的主角，充分展现自己的才能，提升自己的“用技能”的能力！

学校还不忘让孩子们和社会接触，时常选派孩子们去中央电视台参与和欣赏各种节目，组织孩子们去科技馆参观，带领孩子们去消防体验基地体验等，尽一切可能去开阔孩子们的视野，全方位提升孩子们的综合素质！

这就是我眼中的羊坊店中心小学！

她无时无刻都在为孩子们的综合素质教育而努力！

——三(7)班　杜潇阳家长

扬帆远航的羊坊店中心小学

由于受父母工作调动的影响，孩子去年也从南昌转到北京学习，之所以选择到羊坊店中心小学学习，是因为外界对这所小学评价很高，认为这是海淀区比较好的一所综合性小学，我们也是慕名而来的。

第一天领着孩子去学校报到时，首先映入眼帘的是学校的宣传屏，不停滚动播放着学校近期学生们的学习文化生活以及取得的成绩，紧接着让我感受最深的是校园里处处透着干净、明亮、整洁，教室里窗明几净，不仅具备现代化的多媒体教学条件，还给人一种家的温馨。学生们的彬彬有礼，老师们的温文尔雅让我备感亲切，校园氛围时刻感染着我，整个学校浓厚的学术气息更是让我好感倍增。另外，学校从早晨入学到晚上放学，全天候的安全管理严格有序，很有安全感；再加上丰盛卫生的午餐更加让我觉得孩子在羊坊店中心小学就读很放心。

但这所学校的教学管理到底如何？说句心里话，我还是有点拿不准，一直听说北京的学校侧重于综合发展，对学习抓得不是很紧，在这一点上我还是比较担心的。但经过孩子一段时间的学习后，我觉得原来的担心是多余的，因为我觉得学校的文化底蕴很浓厚，不仅师资力量雄厚，学风也正，学习扎实却又不乏课外活动。同时，学校把奥林匹克的精神贯穿到校园活动的每一个环节，确实是很有特色的。尤其是学校每个月都举办一个主题活动，比如，体育节、书画节、科技节等，不仅活动办得有声有色，还大大地调动了孩子们的积极性，让每个孩子都拥有属于自己的发展空间，这一点是最值得称赞的。因为我们知道每个孩子都是一个不同的个体，擅长的都不一样，能用心的去欣赏每一个孩子，这必将影响孩子们的一生。个性的彰显会让他们感到更加自信，丰富多彩的活动也会让他们的童年更加快乐。我认为21世纪的孩子们就应该是这样的，有理想、有知识、热情而又富有思想。

学校教给孩子们丰富的知识，学校让孩子们快乐地成长，学校做到的也是我们家长希望的，我为孩子能在这样的一所学校学习感到欣慰。我相信孩子们今天会为他们的母校感到自豪，明天他们的母校也将会为他们的学子感到骄傲！

——六(1)班　梁博韬家长杨永丽

孩子梦想开始的地方

从2009年9月1日孩子成为一名羊坊店中心小学的小学生那天起，到2015年即将小升初，一晃六年时间过去了，如白驹过隙。沐浴着羊坊店中心小学先进办学理念和老师们阳光雨露般的爱的滋养，孩子正在健康成长。六年间，从孩子一点一滴的进步中，我也逐渐认识了羊坊店中心小学。

面临小升初，在翻看孩子一至五年级的逐年评价手册时，每个学期语文、数学、英语“全优”的成绩，足以证明羊中心对文化课的重视，在培养孩子们智育方面，下足了功夫。比如，羊中心在教学方法上大胆创新，开设了高效课堂，让孩子们有了全新的体验，自由、互助式的学习方式调动了孩子们学习的积极性，大大地提高了学生们的学习效率和质量。全新的课后作业——思维导图，在梳理分析各学科知识点的过程中，复习巩固课堂知识，同时积累课外知识，发挥了孩子自主学习的潜能，为适应中学学习打下了基础。这是我在观摩羊中心高效课堂后的深刻感受，而且，在后来孩子日新月异的进步中感受越发深刻。

羊坊店中心小学不仅重视文化课教育，而且坚持德育、体育、美育全面发展。小学六年中，我的女儿参加过健美操队、书法和合唱等兴趣班，在提高孩子综合素养的同时，培养了她坚韧不拔的精神、团队的合作意识和大胆自信的性格。书法课进入羊中心校本课程后，从小习练书法的女儿，更增添了自信，“长大后当一名书法家”成了她的梦想。每年一度的大型运动会，孩子们传承了奥林匹克超越自我的精神，养成了坚持晨练强健体魄的好习惯，“做最好的自己”也成了他们心中的追求。感恩节，通过演讲比赛、给爸妈一封信等主题活动，更是塑造了孩子感恩师长、回馈社会的优良品质。如此点点滴滴，数不胜数。作为家长，看在眼里，喜在心里。

羊中心非常重视孩子们自我管理能力的培养。在参加羊中心的家长会时，经常听老师们介绍，某某项活动是孩子们自己设计的。而活动的效果之好，真是出乎家长们的意料。六年级时，女儿当选为少先队大队长。每天放学后，除了完成家庭作业，她有时要设计无声楼道值周表，有时要安排红领巾电视台广播事项，事无巨细，占用了她课余的一些时间。从一开始的不知所措，到后来有计划地完成每一项工作，她的学习效率提高了，统筹安排时间的能力也随之增强。以后再遇到困难时，孩子不再像开始那样发愁，而是想方设法寻找解决问题的突破口。作为家长，真真切切感受到了孩子的成长，我为孩子是羊中心的一员感到由衷的高兴。

羊中心的科技教育蒸蒸日上。孩子们通过认真研讨选题、精心调研破题、动手实践验证，在思考中不断创作创新，逐渐养成了勇于创新、用大脑和双手创造美好未来的行为习惯。2014 年，女儿参加了学校的科技课外班课，从开始动手制作多功能桌椅、调研多功能家具的市场需求，到探究多功能桌椅的关键件、家具和玩具的关键件，直到创新改进高铁二等座椅的关键件，可谓是一波三折，历经煎熬。现在，看到不合理的设计或者不方便的事务时，孩子总会多问几个为什么，有时还会积极思考改进的方法，这种不断探究的精神，对孩子来说，不论将来从事什么职业，都将终身受益。

羊坊店中心小学，是孩子增长知识的殿堂，是培养孩子兴趣爱好和多元素养的地方，是孩子扬帆起航、梦想开始的地方。我相信，通过羊中心六年的精心培养，终将为她们插上梦想的翅膀。伴随着孩子们的成长，羊坊店中心小学也在不断成长。

祝愿羊中心越办越好！

——六(2)班　丁怡家长

家长的认可就是对我们办学成就的最大肯定与激励。作为北京的首批奥林匹克教育示范学校，1945 年建校的羊坊店中心小学从来没有停止过奋进的步伐。本着“和谐超越”的办学理念，我们以“让优秀成为习惯，让习惯成就卓越”为校训，以办国际化奥林匹克教育卓越学校为办学目标，以培养具有国际素养的小公民为育人目标，不断探索前行。随着学校的发展，我们将进一步挖掘学校办学理念的内涵，使之更趋完善，并深入研究奥林匹克教育的内涵及特点，探索奥林匹克特色教育课程化、国际化、系列化，努力为羊坊店中心小学打造成“国际化奥林匹克教育卓越学校”，创优质教育品牌，造福一方百姓。

驻校研究者手记

回味与思考

——《在“和”文化中生发超越的力量》读后有感

孙素英

在UDS项目中，有缘和羊中心(我们把羊坊店中心小学常常简称为“羊中心”)相遇、相知。几年来，学校发展中师生的变化令我欣喜，一点一滴的进步让我如数家珍。《在“和”文化中生发超越的力量》这本书稿记录了学校在UDS项目支持下推进奥林匹克教育的阶段性探索，读之，令我欣然，也令我回味。

一、“和”文化之含义

(一)对“和谐”的理解

2010年6月，UDS项目启动之时，也是李校长来到新学校之际。在这个学校里，近些年校长多次更迭，人心浮动，于是在第一次与羊中心全体教师的见面会上，李校长就用“家和万事兴”开始了她的讲话，并给全校教师、干部布置了一项特殊的“寒假作业”——收集“家和万事兴”的警世格言，并写出自己的感悟。这种针对学校已有状况，将学校喻为家，倡导“家和”的做法，向全校干部教师发出了一个信号。

我们常说“和为贵”、“家和万事兴”，也还常说“和而不同”。那么，这个“和”到底是指什么？“对于中国人来说，追求‘天人合一’是一种理想的境界，而在‘天人’之间的社会规范就是‘和’。这一‘和’的观念成为中国社会内部结构各种社会关系的基本出发点。”①中国人的本体论模式就是阴阳在太极之中互相调和。② 中国人的人际关系以保持和谐为最高目的。因此，中国人很重礼，自称“礼仪之邦”，礼节的作用也是为了保持人与人之间的和谐关系。正所谓“礼之用，和为贵”(论语·学而第一)中国人做人，注重礼尚往来。但“在与异民族相处时，把这种‘和’的理念置于具体的民族关系之中，出现了‘和而不同’的理念。”因此，我们可以通过“和”的理念，去努力建立一个“美美与共，天下大同”的新局面。①

在学校发展中，全校教师、干部逐渐厘清了自己对于“和谐”的认识，在“奥林匹克教育办学理念体系解读”中明确指出，“和谐”一词，蕴含和衷共济、内和外顺与协调、和睦之意。和谐就是人与自身、人与他人和社会、人与自然的和谐互动关系。中华文化的和谐精神可以归纳为“和而不同、求同存异”，即事物不仅是整齐一律和平衡对称，更重要的还在于在差异中求协调，在不齐中见整齐，在整体上给人以匀称一致、和顺适宜的感觉，并使主客体达到矛盾统一。和谐也是奥林匹克文化与中华文明的最佳结合，和平是奥林匹克和谐理念的首要内容。《奥林匹克宪章》明确指出，“奥林匹克主义的宗旨是使体育运动为人的和谐发展服务，以促进建立一个维护人的尊严的、和平的社会”。强调达到师生和谐、生生和谐，强调建设和谐的人文环境。于是在学校的发展过程中，就开始了“和文化的构建”。

在羊中心，强调“和谐”，强调内和外顺、在差异中求协调，使主客体达到矛盾统一，这种文化的构建，在学校发展的特定时期促成了全校干部教师的和衷共济，在师生和谐、生生和谐的氛围中促进了学校的迅速发展。

(二)新情境中的“和文化”

随着项目的推进，学校抓住发展契机，在学校的历史脉络中，挖掘出奥林匹克精神的育人实质，将奥林匹克精神融入学校教育，展开了构建以“和谐、超越”为核心的奥林匹克教育理念体系的探索。在探索过程中努力将奥林匹克教育纳入校园文化建设、课程资源开发、学校教育与教学之中。在

---

① 费孝通．全球化与文化自觉——费孝通晚年文选[M]．北京：外语教学与研究出版社，2013：23.

② 孙隆基．中国文化的深层结构[M]．桂林：广西师范大学出版社，2004：153.

“十二五”海淀区学校特色绽放活动中，获得了海淀区“四个十”校本项目先进校称号。

在学校迅速发展后的今天，在当今的情境中，基于学校目前的状况，我们又该如何做呢？我觉得这是摆在我们羊中心人面前的一个重要课题。对于这个问题的思考，可能不仅仅要考虑如何再致“和谐”，还要考虑“和谐”还意味着什么？在追求“和谐”的过程中，还要做什么？

我们先来讨论文化是什么？早在19世纪，人类学家泰勒(Taylor)就给出了如下的文化定义：文化是一个复杂的整体，包括知识、信仰、艺术、道德、法律、风俗以及作为一个社会成员的人所获得的任何其他的能力和习惯。这一定义指出了文化在社会生活中的渗透性。它强调文化是生活在一起的人的一种产物，并且是习得的。他的这一观点得到了大多数人的认同。因此有许多研究者从不同的角度来研究文化，主要有三种：第一种意义上的文化是指作为艺术与智力活动的文化，第二种意义上的文化是指作为生活方式的文化，第三种意义上的文化是指发展意义上的文化。① 我们认为第二种意义上的作为生活方式的文化，抓住了文化最为一般的层面，适宜于在学校发展中的文化构建。

将文化认为是一个既定人群的“全部生活方式”，这种含义意味着将“文化”定义为某个群体思考、理解、感受、信仰和表现该群体“特征”的全部方式。当个体在某个特定群体中逐渐成长时，这种禀性被个体主动习得或通过“社会化”(或者说是“灌输”)进入个体脑海里。② 也就是说每个人要受到其身处其中的文化情境的影响。那么，我们构建的和文化，该给生活于其中的每个成员以什么影响呢？换言之，其内涵还应该有哪些维度？

我们在构建“和”文化的过程中，一方面要继续探索如何达到学校进一步发展所需要的和谐状态，另一方面还要思考在一个强调相互依赖的文化中，双方互相让步，不斤斤计较自己的利益，这种依赖、谦让的态度，对于个体的自我发展、自我扩张、自我完成会有什么影响？个体的自我疆界如何建立？这可能会要求我们思考法权关系。

---

① [英]阿雷恩·鲍尔德温等．文化研究导论(修订版)[M]．陶东风等译，北京：高等教育出版社，2004：6—8.

② [英]戴维·英格利斯．张秋月等译．文化与日常生活[M]．北京：中央编译出版社，2010：9.

同时，我们也要思考如何达成文化自觉？文化自觉是当今世界的一种时代要求，文化自觉是指生活在一定文化中的人对其文化有“自知之明”，明白它的来历、形成过程、所具有的特色和它发展的趋向。① 文化自觉应该包括对自身所处的生活方式和其他生活方式的一种反思。这可能应该成为我们在学校发展过程中进一步构建学校文化所应探索的课题。

二、系列论坛与班组文化建设

文化一词的使用相当普遍，对这一概念的界定、领会因人而异。但在上文我们谈到，一般而言，人们倾向于认为学校文化是学校主体的生活方式，是学校成员共同具有的思想观念和行为方式。② 要形成这种共同的思想观念和行为方式，使之成为学校主体的生活方式，就要通过多种渠道使学校成员形成决定自己行为的价值观和信念。

在羊中心，构建和文化主要有两条路径：开展系列论坛和进行班组文化建设。

(一)系列论坛之表现内隐概念

开展系列论坛，是为了营造“和”文化的氛围，论坛主题是经过周密计划的，比如，前三次论坛的内容是：“家和万事兴，校兴我更荣”；“我身边的感动”；“弘扬正能量，做最好的自己”。在“家和万事兴，校兴我更荣”论坛上，老师们分享了自己收集到的关于“和”文化的小故事，通过牛和狼群的战斗，阐明了“合则共存，分则俱损”的道理；通过装入渔网中的群龟团结起来脱险的故事，阐明了“众人拾柴火焰高”的道理。在“我身边的感动”师德论坛上，老师们从爱岗敬业、爱生如子、关爱同事这三个方面分享了自己看到的令人感动的故事，从一个个平凡而鲜活的事例中，感受到了身边榜样的力量，不仅受到了教育、得到了启示，更感受到了爱的温暖。而“弘扬正能量，做最好的自己”，则是每个人发挥自己的主体能动性，向内自省，发掘自己

① 费孝通．全球化与文化自觉——费孝通晚年文选[M]．北京：外语教学与研究出版社，2013：56.

② Terrence E. Deal，Kent D. Peterson. Strategies for building school cultures：Principals as symbolic leaders[C]. M Sashkin，H J Walberg.(Eds). Educational leadership and school culture，Berkeley CA：McCutchchan. 1993：89—99.

的内在动力，规划自己的成长愿景，激励自己成为最好的自己。

我们可以看出，在论坛上经过分享对于“和”的理解、榜样的力量以及对自身的期望，有助于形成作为决定个体行为、价值观和信念的深层模式表现的学校文化。为什么这么说呢？因为学校文化它以精神和观念为核心，以信念、价值观等不同的“内隐概念”方式得以存在，以成员的行为方式、习俗、仪式等“内隐规矩”得以表现。① 在构建学校文化的过程中，将这种“内隐概念”以故事的形式外化出来，通过榜样的力量和对理想自我的憧憬，将自己所尊崇的行为方式等“内隐规矩”表现出来，是一种很好的路径。

(二)班文化、组文化之导向性与潜隐性

进行班组文化建设，是指在学校文化建设中，羊中心进行了“班文化”建设和“组文化”建设。班是指学校的班级，组是指年级组和教研组。我们知道班级是学校教育的基本单位，教研组和年级组主要是指一起工作的教师团队。

班级文化是在班级的特定环境中，由师生共同创造和形成的一种独特的文化，是一个班级的灵魂。我们知道，班级文化是学校文化的重要组成部分，它是以全班学生为主体，以班主任和任课教师为主导，由全班师生在教育、教学、生活与各种活动等领域的相互作用中，共同创造的以班级物质环境、规章制度以及价值理念、道德理念、班级精神、心理倾向为主要特征的班集体文化。班文化主要由两种文化构成：以班主任和任课教师构成的教师文化，以本班全体学生构成的学生文化。前者代表着本班成人世界的经验，后者代表着本班儿童青少年世界的经验，是学生特有的价值理念、道德规范、思考方式、行为方式的总称。总之，班级文化代表着班级的形象，体现了班级的生命，是每个班级所特有的。优秀的班级文化具有凝聚功能、调节功能、约束功能、激励功能等。全校 37 个教学班，每个班都设计了各具特色的班徽、“班训”、班级口号，比如，“书香墨趣”班级，其班级口号是“书香墨趣、伴我成长”。又如“祥云”班级，他们班的击缶健脑操、健美操、呼啦圈令人难忘。

在组文化建设中，建设的是年级行政组文化。因为在羊中心实行条块型

① 唐丽芳．课程改革中的学校文化[D]．东北师范大学，2005：17.

管理模式，把原来的年级组和教研组合并为年级行政组。各年级行政组通过组内沟通、组间交流、组长论坛等形式，以“和谐、超越”为核心，分别构建自己的组文化。

无论是从建设过程，还是从效果来看，羊中心的组文化与班文化都具有导向性与潜隐性的特点。所谓的导向性是指组文化与班文化都体现着特定年级组和班级的整体风貌，代表着年级组和班级的价值取向和行为趋向。具体说，其一，它们体现着年级组和班级的价值取向，反映了大多数成员共同认同的价值观、道德观以及对各种活动的态度倾向，是年级组或班级成员认识水平的反映，是教师和学生在活动和交往中形成和发展起来的共同意识的体现，代表着年级组和班级文化发展的方向。其二，这种文化反映了大部分年级组和班级成员的行为模式，为教师和学生提供了行为的基本准则及模仿的依据和评价的标准。能够引导着教师和学生的行为，促进其行为习惯的形成。

组文化和班文化不仅具有导向性，还具有潜隐性。我们知道，年级组文化和班文化主要是以精神形态的形式出现的，它潜藏在年级组和班级成员的思想意识、行为习惯中，只有通过言谈举止、待人处世以及对活动的参与程度才能看出一个年级组或班级文化发展水平及其影响力。另外，这种文化对教师和学生的影响，是在潜移默化的过程中产生的，教师和学生在年级组和班级的环境中受到感染和同化，产生一定的情感体验，使其作出一定的判断和选择，这也主要是在非自觉的、无意识的过程中实现的。

(三)学生、教师主体作用之发挥

在班文化的构建过程中，学生参与到班级特色、班级口号、班徽、班级吉祥物的确定，这个过程不仅有助于班文化的形成，也对学生的成长大有裨益。同理，教师在组文化的构建过程中，也发挥了同样的作用。这种做法，不仅有助于班文化和组文化的形成，也有助于学生和教师这两类群体的成长。为什么这么说呢？因为学生和教师作为主体参与了进来。

在学校改进中，我们应该注重每个利益相关者。学生是学校改进最大的利益相关者，是学校改进实践的最终实现者。要强调学生的主体地位，让学生参与到建构他们自己的意义和学习中去，这也是教育的基本目标。可以说学校改进从本质上是要构建学校和学生更为协调的关系，建构一个全新的学校文化体系。任何社会的变革实质上到最后都是文化的变革，这里的切入点也是学生。①

学校文化反映学校成员的共同价值观、信念和在不同范畴所信奉的事物和想法，它是建立在师生的信念之上的。影响学校文化的因素有五类：学校本身的历史、所处情境和当中的人物；学校以外的情境；在校学生和他们的社会经济背景；社会上的变化；学校的结构组成。之所以在校学生能够成为影响学校文化的因素之一，是因为学校中的每个个体都不是单独存在的，他们既有生物学意义上的相互依存关系，又有社会学意义上的促进发展的价值追求。学校教育的实践是一个群体参与的过程，是个体间在行为方式上相互作用、彼此影响的过程。学校文化作为师生共享的价值观念和行为方式，其生成过程自然蕴含着学校各成员不同行为习惯的相互影响与磨合，也蕴含着学校各成员个体文化的整合与同化。② 不论是学校管理人员、教师，还是学生，都具有成为学校文化建设策划者、推进者、参与者或者破坏者的可能，他们的行为、态度、日常生活实践存在于学校文化建设之中，因而会被学校文化吸收、容纳，并成为构成学校文化合力中的一个力量因子。

因此，只有发挥每个人在学校文化建设中的主动性，才能使学校文化真正内化为成员的个人文化，并转化为促进个体成长和学校发展的动力。

三、学校的仪式化活动

在羊中心的这几年中，要说令我印象深刻的，一是每天的常规升旗，一是每年一次的奥林匹克文化节。

(一)常规升旗

羊中心的常规升旗和别的学校有什么不同呢？一是有固定的时间，每天早晨7点35分，广播室统一播放国歌，少年仪仗队的升旗手和护旗手在操场将国旗缓缓升起。二是有明确的要求，当国歌响起后，在教室的师生要面对墙上的国旗方向肃立敬礼，在楼道、操场、大门口的师生要面对学校操场国旗的方向肃立敬礼。三是学校的升旗仪式面向全员，无论老师、学生、保

---

① 卢乃桂，张佳伟．学校改进中的学生参与问题研究[J]．教育发展研究，2007(4B)：6—9.

② 易丽．文化生成：营造学校发展“新生态”[M]．南京：凤凰出版传媒集团．江苏教育出版社，2011：163.

安、保洁、食堂员工，包括送孩子上学的家长，听到国歌后都会面向国旗，肃立、敬礼参加升旗仪式。每天的升旗仪式仅短短的1分钟，但在这1分钟时间里却是同学们逐步强化累积爱国情感，是自觉养成爱国主义精神的过程。

升旗是学校的一种仪式化活动，仪式是文化保存和传承的基本载体，负载着特定的文化意义。我们可以通过日常升旗，强调这种仪式所附带的意义，即举行升旗仪式时，全体师生要肃立、端正，注意仪态，保持安静，确保升旗仪式的庄严、神圣。进而通过每天早晨的常规升旗仪式，对学生进行爱国主义教育，培养学生热爱祖国的爱国主义情怀。每天的常规升旗，在日复一日的循环中，潜移默化地进行着爱国主义的教育。

仪式旨在重构一种情境，而非再现一个事物。仪式的一个重要因素在于它的集体性，是由若干有着相同情绪体验的人们共同作出的行为。① 在学校每周的升旗仪式上，作为学校文化传播的途径，若缺少对学校文化主观意义的阐释，不能使学校师生自动融入仪式的情境中，缺少共享的情感状态，升旗仪式就可能成为形式主义的牺牲品，可能演变为学校既有制度下重复呈现的命令符号，那么它在学校文化中所具有的象征意义便会大幅萎缩。羊中心在常规升旗之前，会对全体成员(包括学生、教师、员工和家长等)讲解升旗仪式的含义、升旗的意义，及肃立敬礼等相应要求的理由，这就有助于学生自动融入升旗仪式的情境中，油然而生民族自豪感，自觉养成爱国主义精神。

(二)奥林匹克文化节

如果说常规升旗重在日常的熏陶，那么，每年一次的奥林匹克文化节则是通过有创意的盛会给参与者以触动和震撼。在羊中心的这几年中，每年一次的奥林匹克文化节都令我难忘。因为学校是奥林匹克教育特色校，围绕奥林匹克教育办学理念，在教学教育诸方面都在探索全面培养学生健康成长的路径。一年一度的羊坊店中心小学奥林匹克文化节，让学生近距离地触摸、感受奥运，体验奥林匹克的魅力。奥林匹克文化节分奥林匹克文化展览、奥

---

① 简·艾伦·哈里森．古代艺术与仪式[M]．刘宗迪译．北京：生活·读书·新知三联书店，2008：13—19.

林匹克文艺展示、奥林匹克体育展示和天使奥运会四个板块。

在奥林匹克文化节上，以班为单位，模仿奥运会开幕式盛况：孩子们头戴橄榄枝，身穿不同国度的盛装，手拿自制的道具，展示着班级特色文化建设。形成了最为浓郁的奥林匹克文化氛围。学校独创的大型课桌击缶健脑操令人震撼，环保纸球操成了胜利的礼炮。可以说，奥林匹克文化节已经成为校园的盛会。这个盛会对于把学生培养成为“让优秀成为习惯，让习惯成就卓越”的具有国际素养的小公民功不可没。

为什么这么说呢？

仪式是学校文化的元素之一，我们可以借仪式来沟通对某种价值观的理解。虽然对仪式的界定有广义和狭义之分，但都强调作为一种社会行为的符号，仪式本身所附带的意义。有学者认为，只要是能象征某种文化意义、有角色分配的社会行为，在人类学上都可以称为仪式。也有人认为仪式是具有象征性、表演性的，由文化传统所规定的整套行为方式、一系列专门设计的程序化活动，一个较为集体和公开的予以陈述的事件。① 可以看出，无论广义还是狭义的概念，都强调仪式作为一种社会行为符号其本身所附带的意义。

附带着特定意义的仪式，其作用如何呢？有人说，如果没有典礼和仪式去铭记传统，标注时间的流逝，将现实和梦想嫁接在历史之上，或者没有典礼和仪式来强化我们的价值和信仰，我们的生活无疑会变得空虚、贫瘠、缺少意义。如果没有典礼和仪式，任何文化都将枯萎和消逝。②在学校教育中，由于面临诸多的挑战，仪式所起的作用会更大。仍记得头戴橄榄枝的孩子们着盛装入场时的神情，记得《体育颂》的朗诵在整个校园上空回响，记得各个项目中龙腾虎跃的矫健身姿……我相信每年一次的奥林匹克文化节暨天使奥运会，会让学生在参与的过程中，更好地理解“和谐”“超越”，更好地体味如何在“更高、更快、更强”的精神感召下“做最好的自我”。

学校中的各种仪式活动，一方面表现着学校文化，将仪式承传的文化意义传播出去，另一方面，又能使学校成员在参与仪式的过程中，融入仪式情

---

① 易丽．文化生成：营造学校发展“新生态”[M]．南京：凤凰出版传媒集团．江苏教育出版社，2011：77.

② Terrence E. Deal，Kent D. Peterson. Shaping School Culture：The Heart of Leadership[M]. San Francisco：Jossey-Bass Publishers. 1999：31.

境，感受、体验仪式所象征的文化意义。所以说，仪式不仅在传承着学校文化，还教育和塑造着学校成员。

四、教师的叙事与叙事研究

上文所说的是在羊中心的日子里令我印象深刻的事情，那么在一次次阅读、修改这部书稿的情境中，令我印象深刻的又是什么呢？是老师们所写的一个个故事。一个个鲜活的故事，呈现出了学校教育教学的方方面面。在成书的过程中，编著者一次次被故事中的人和事所打动，同时也一次次感叹幸亏平时学校让大家写教育叙事，才保存下来如此丰富的资料。

(一)教育叙事与教师的发展

1. 通过对以往教育事件的反思获得自我发展

UDS项目推进过程中，有一项重要的工作便是进行教育叙事评比，从培训、动员、鼓励教师们撰写教育叙事，到评比后的分享活动设计，都聚焦于叙事作用的发挥。

所谓叙事，就是叙述事情，就是把事情的前后经过记录下来①。叙事是人类基本的生存方式和表达方式。直到现在，我们依然可以通过留存众多的诗歌、寓言等叙事作品看到早期人们对世界的理解和探索。

加拿大学者康纳利和克莱丁宁(Connelly, M. & Clandinin)认为叙事是基于反思过程并通过个人经验来制造意义的，在这个过程中讲故事起到重要作用。但叙事又不同于一般的故事，它要描述事件发生的情境，彰显意义，指向实践。比如，书稿中的如下内容：不动的“集体”木鞋，学籍证明丢了，巡视不是转圈，等他化蛹为蝶，期待花开的声音，等等，都反映出了学校干部和教师在管理和教学过程中的所作所为，表现出了行为背后的教育价值追求。

之所以大力推动教师们撰写教育叙事，主要的原因是教师可通过对以往教育事件的反思获得自我发展。

这些“事”是教师所经之事，在叙事中，教师真实的经历通过生动的描述

---

① 中国社会科学院语言研究所词典编辑室编．现代汉语词典(第5版)[M]．北京：商务印书馆，2005：1539.

具有了现场感，教师独特的体验又通过场景的再现得以与他人分享。因而，教育叙事易于唤起鲜活感人的映像，引起心灵的颤动。这样一来，教师所叙述的教育故事便在意义层面得到了肯定和确认。教师所叙之事都是过去的事，撰写的过程需要对叙述材料进行思考和梳理，其实是对自己的教育教学实践重新咀嚼、回味和反思的过程。通过反思，思考教育生活事件间的联系与意义，从而对教育生活进行重构。有助于教师从平凡教育故事的叙述中寻找问题，从日常教育行为的反思中获取经验，从课堂生活实践的追述中总结规律。

2. 有助于教师个体经验与意义的呈现与梳理

身处教育教学工作一线的教师，用教育叙事的方式，描述自己或同行的教育行为、经验和感受，展示他们基于真实的教育教学情境而生发的情感体验和精神世界。可以从个人层面展开对教师实践经验与意义的梳理。

如果我们把叙事理解为一个过程，那么它就是指把一些独立的信息以某种方式连接起来形成一个有意义的陈述。所以，从这个意义上说，叙事无外乎就是两部分，一是选择，二是组合。任何叙事都首先把一些特定的信息(事件、人物、行为等)选择出来，然后再以某种特定的方式把这些信息组合起来。但它的奇妙之处就在于，各种信息经过了选择与组合之后，原本是孤立而无意义的信息往往就会被自动地赋予了意义，然后它们作为各部分合在一起又表达了一个整体的意义。①

撰写教育叙事，就要求教师对自己的成长过程进行及时地记述、回顾、反思，这一过程有助于唤醒教师对自己专业发展的内在注意。教师在记述的过程中要对已经发生的教学故事进行梳理，就需要关注故事的细节，关注自己在故事中的主观感受，并对自己当时所做的判断和处理进行思考和审视。在这个过程中，教师会逐渐形成敏锐观察和随时记录的习惯，而这种习惯会使教师既能投入教育生活之中去参与，又能抽身教育生活之外来审视，让作为实践主体的自己和作为理性主体的自己进行不断地专业对话，这种自我有意识的专业对话恰好能够促进教师的专业成长。这种对教师个体经验与意义的系统研究，对教师的自我专业发展意识至关重要，这种自我专业发展意识

---

① 柯政，田文华．对叙事和叙事研究的另一种叙述[J]．当代教育科学，2007(14)．

是将外在动力转化为内在动力的关键所在，是教师专业成长的根本。

(二)展开教育叙事研究

现在在羊中心，大多数教师已经初步具有了撰写教育叙事的意识和能力，从书稿中节选的内容就可以看出来。但在这里，我想倡导的是在以后的日子里，我们的老师要一定程度上展开教育叙事研究。

何为教育叙事研究？目前学术界对叙事研究存在着两种不同的观点。第一种观点认为所谓叙事研究就是通过叙事来研究，一个有意义或有价值的叙事就是叙事研究；第二种观点则认为叙事研究是对叙事进行研究。① 在此，我们持第二种看法——叙事研究是对叙事进行研究。“教育叙事不等同于教育叙事研究，经验的表达方式也不能代替理论的表达方式。”②教育叙事研究是“诠释”教育经验。③

可以说教育叙事研究重在对教育行为“意义”的探寻以对教育行为进行“意义解释”。叙事是为了研究，研究是为了剖析事件的质，解释现象背后的真实。“教育叙事”与“教育叙事研究”之间还不能简单地画等号，从教师所讲的故事来看，多是些简短的教育“记叙文”“日志”等，可见“讲故事”与“教育叙事研究”之间还存在着一段距离，由“叙事”到“研究”还需要经过一个提升的过程。教师如何做叙事研究呢？

1. 倾听与反思

教师面对众多的叙事，需要倾听叙事资料发出的声音。在叙事研究工作中，需要“对话式地倾听”至少三种声音：④ 以录音或文本呈现的叙述者的声音；提供诠释之概念和工具的理论框架；对阅读和诠释的反思性监控，也即对分析资料和获取结论过程的自我意识。

进行叙事研究时要考虑主体是如何叙事的，换言之，他是如何把特定的事件选择出来以及组合在一起的？在叙述一个问题的时候，叙述者肯定会选择出一些他认为重要的事件，然后以他认为合理的方式组合在一起。作为研

---

① 柯政，田文华．对叙事和叙事研究的另一种叙述[J]．当代教育科学，2007(14).

② 王枬．教育叙事研究的兴起、推广及争辩[J]．教育研究，2006(10).

③ 刘永福．教育叙事研究及其邻近概念的逻辑关系摭论[J]．上海教育科研，2010(1).

④ 艾米娅·利布里奇，里弗卡·图沃·玛沙奇，塔玛·奇尔波．叙事研究：阅读、分析和诠释[M]．王红艳译．重庆：重庆大学出版社，2008：9.

究者要知道，被选择出来的事件和特定的叙事方式，都是叙述者在很多种可能中选择出来的。所以，它们都是负载着特定的意义，没有东西是不重要的。研究者就是要通过分析这些叙事，来挖掘出其背后的意义。

2. 依目的选择分析维度

在阅读、分析生活故事以及其他叙事资料时，主要有以下两个独立的维度：整体方法和类别方法；内容和形式。①

所谓的整体方法，是看从完整文本或整部叙事里提炼出来的内容是不是作为一个整体而存在。在整体方法的视野下，个人的生活故事被看做是一个整体，文本的各个部分被放在与其他叙事部分一体的背景下做出诠释。所谓类别方法，是指从类别视角入手，先把原始故事解剖开，从整个故事或者分别来自不同叙述者的若干个故事文本里，收集起属于某一个定义范畴的部分或个别词句。

当研究目的在于探究个人作为一个整体的发展状况时，适合运用整体方法。当研究者的主要兴趣在于某一群人共有的问题或现象时，可能采用类别方法更合适。

作为叙述出来的故事，有故事内容和故事形式之间的区分。可以从不同的角度深入探讨。限于篇幅，这里我们就不再多谈。我相信在今后还会有机会再和羊中心的老师们一起交流。

《在“和”文化中生发超越的力量》呈现了羊中心近些年走过的路程。自2010年6月UDS项目启动，伴飞计划实施，我们就有缘走到了一起。六年的时光，在书中，我们可以感受到时间的流淌，也可以在一页一页中看到羊中心的成长。回味走进羊中心的日日夜夜，是如此愉悦、如此独特。

① 艾米娅·利布里奇，里弗卡·图沃·玛沙奇，塔玛·奇尔波. 叙事研究：阅读、分析和诠释[M]. 王红艳译. 重庆：重庆大学出版社，2008：10—11.

后　记

《在“和”文化中生发超越的力量》一书，终于完稿了。它是羊坊店中心小学全体干部教师自2010年以来的五年多辛勤工作的写照，记录了我们在奥林匹克教育探索之路上的点点滴滴。我们在祝贺自己的同时，对多年以来关心和支持羊坊店中心小学发展的北京市教委张凤华处长、海淀区教工委尹丽君书记、海淀区教委张彦祥副主任、教委办吴谨主任等领导，首都师范大学UDS项目的杨朝晖教授、孙素英教授等专家深表感激。你们给予了羊坊店中心小学政策的支撑和技术策略的指导，是你们给予了学校不断变革的勇气和信心。

感谢UDS项目的“伴飞计划”为学校发展插上了飞翔的羽翼。这里，要特别感谢进驻我校的孙素英教授。她，温文尔雅，博学多才。她的加入为羊坊店中心小学注入了一股清泉，她把学校当成了她的研究基地，倾心帮助、亲身培训干部，为教师进行讲座，深入课堂听课，参加教研，校园里到处都留下了她的身影。在她的带动下，干部教师不断用新理念更新自己的思想、改变自己的行为，不断超越自我。

在2006年至2009年四年的时间，学校经历了三次更换校长。频繁的校长更替，使得学校的管理长期处于无序状态。干部队伍、教师队伍都需要一个契机进行提升。要想改善学校的状态，必须上下合力、内外兼修、多管齐下，对学校进行深层次的改革。恰在此时，2010年5月，学校被纳入到UDS项目中来，自此我校和UDS项目组结缘，我们也走上了一条科学发展之路，翻开了羊坊店中心小学的新篇章。

似乎UDS项目培训中头脑风暴的场景就在昨日，似乎下一个研讨就在明天。在项目组的日子是短暂的，又是极其宝贵的。有一个有智慧的专家团队为学校的发展问诊把脉，有一个有管理思想的专家团队倾力为学校的发展出谋划策，这些陪伴都会变成永久的财富助力干部教师的成长。

如今，奥林匹克教育已经成为羊坊店中心小学响亮的名片。“和谐、超越”的理念深入到每个教职工的心中，教师团队建设成效显著，骨干教师所占比例逐年提升，构建了“高参与、高活力、高效益”的三高课堂，师生都得到发展。2015 年 9 月我们成功举行了建校 70 周年庆典活动。本书的出版也是干部、教师梳理学校发展历程的一个过程，一个不断反思的过程。它的出版将更加明晰学校的发展方向，引领学校继续走向卓越、走向未来。

本书是全体干部教师辛勤劳动的结晶。以李冬菊校长为总策划总编辑，以冯晓燕主任为首的学校发展中心为总负责，以杨朝晖教授、孙素英教授为专家指导。参加各章节编写得有：第一章，李冬菊、李秋莉；第二章，李冬菊、冯晓燕；第三章，李冬菊、陈丽；第四章，武淑红、冯晓燕；第五章，李冬菊、冯晓燕；第六章李莲华、冯晓燕。参与书稿前期稿件整理的老师有：刘艳英、李凯悦、李小芳、赵丽娜、董静、徐淑霞、安燕、吕宏艳、郭蕊；另外，为本书提供稿件并被采用的老师有王朝晖、瞿萍、李小芳、韩冰、王宏伟、张丽、郭冬燕、吕宏艳、赵忠梅、赵莉娜、李燕、薛秋兰、栾红艳、董静、郭蕊、安洪洋、云赛红、刘春海、李凯悦、李雪、费俊英、赵灵灵、黄丽、刘艳英、陈艳丽、裘燕妮、孙宏、段晓颖、田成雨、陈鹏、徐淑霞、安燕、周晨光。感谢在本书撰写过程中为本书提供帮助的赵淑敏老师。在本书即将出版之际，让我们向所有为学校做出贡献的教职员工表示深深的敬意！向一直以来支持学校发展的友邻单位、教育同仁以及所有家长朋友们表示衷心的感谢！向在本书编写过程中付出辛勤劳动的老师们表示诚挚的谢意！因为正是你们的付出，才使得我们的学校成为一个家长满意、学生快乐成长的乐园，羊坊店中心小学沐浴着奥林匹克教育的阳光一路走来，必将开辟出更加灿烂的教育新天地！

著者
2016 年 08 月 06 日

图书在版编目(CIP)数据

在“和”文化中生发超越的力量：北京市羊坊店中心小学的奥林匹克教育之路／李冬菊等著．—北京：北京师范大学出版社，2017.1(2017.4重印)

(学校改进叙事丛书／杨朝晖主编)

ISBN 978-7-303-21561-4

Ⅰ.①在…　Ⅱ.①李…　Ⅲ.①小学教育—教学研究—北京

Ⅳ.①G622.0

中国版本图书馆CIP数据核字(2016)第278243号

营 销 中 心 电 话　010-58805072　58807651
北师大出版社学术著作与大众读物分社　http://xueda.bnup.com

ZAI “HE” WENHUA ZHONG SHENGFA CHAOYUE DE LILIANG

出版发行：北京师范大学出版社　www.bnup.com
北京市海淀区新街口外大街19号
邮政编码：100875

印　　刷：北京京师印务有限公司
经　　销：全国新华书店
开　　本：787 mm×1092 mm　1/16
印　　张：18
字　　数：300千字
版　　次：2017年1月第1版
印　　次：2017年4月第2次印刷
定　　价：60.00元

策划编辑：周益群　　责任编辑：戴　轶　肖　寒
美术编辑：王齐云　　装帧设计：宋　涛　金敏峰
责任校对：陈　民　　责任印制：马　洁